변화의 삶

랄프 W. 네이버 원저
안희묵 편저

요단

변화의 삶

제1판 1쇄 발행 2011년 7월 5일
제1판 10쇄 발행 2026년 2월 6일

원저자 랄프 W. 네이버
편저자 안희묵
발행인 김용성

펴낸곳 요단출판사
등 록 1973. 8. 23. 제13-10호
주 소 07238) 서울특별시 영등포구 국회대로76길 10
기 획 (02)2643-7390
보 급 (02)2643-7290 Fax (02)2643-1877

값 16,000원
ISBN 978-89-350-1418-7 03230

Orignally published in English under the title:
Survival Kit II : Living Your Christion Values, by Ralph W. Neighbour

변화의 삶

훈련기간 : ______년 ______월 ______일부터 ______월 ______일까지

리 더 : ______________________________

훈련자 : ______________________________

파트너 : ______________________________

들어가는 말

고층 아파트에서 도심의 야경을 보면 밤하늘의 별처럼 많은 십자가가 빼곡하게 서 있는 것을 보게 됩니다. 새로 신축되는 아파트 단지나 신도시에는 거의 한 구획마다 교회가 세워지고 있습니다. 교회가 많아지는 것을 기뻐해야 하는데 오히려 부정적인 생각이 듭니다. 교회는 많지만 건강한 교회를 찾기가 점점 더 어려워지고 있습니다. 교회 다니는 사람은 많은데 거룩한 그리스도인을 만나기는 점점 더 힘들어지고 있습니다. 2005년 '갓피플' 이라는 기독포털사이트에서 "비기독교인들에게 이런 질문 많이 듣는다." 라는 제목으로 설문조사를 했습니다. 그중에서 가장 많이 받은 질문은 "믿는 사람과 안믿는 사람의 차이는 무엇인가?" 이었습니다. 오늘날 교회 안에는 믿음의 현상만 가득하지 믿음의 본질을 찾기란 쉽지 않습니다. 멋지고 웅장한 교회 건물은 세워지는데 훌륭한 성도들은 점점 사라지고 있습니다. 경건의 모양은 풍성한데 경건의 능력은 상실되고 있습니다. 세상을 변화시켜야할 교회가 세상에 의해 변질되어 가고 있습니다. 세상에 소금과 빛이 되어야할 그리스도인이 믿지 않는 사람들에게 손가락질을 받고 있습니다. 참으로 서글픈 일입니다.

예수님을 제대로 믿으면 인생이 변화되게 되어 있습니다. 예수님을 진정으로 믿으면 생각과 말이 변화되게 되어 있습니다. 예수님을 정말로 믿으면 인생의 목적과 목표가 변화됩니다. 예수님을 참으로 믿으면 삶의 태도가 변화되며, 인생을 살아가는 방식이 변화되게 되어 있습니다. 예수님을 믿으면 인생의 가치관이 바뀌게 되어 있습니다. 믿음은 사람을 변화시키는 영적인 능력이기 때문입니다. 성경에 보면 예수님을 만나거나, 예수님을 믿은 사람들은 하나같이 다 변화하는 삶을 살았습니다. 핍박자 사울이 증거자 바울이 되었고, 겁쟁이 베드로가 순교자 베드로가 되었습니다. 죽을병에 걸린 사람이 완전히 치료되었고, 절망에 빠진 사람이 희망으로 춤을 추었습니다. 예수님을 믿는 것, 그것은 변화하는 삶입니다.

그리스도인이란 무엇입니까?

「변화의 삶」을 공부하시는 분들은 우리가 얼마나 엄청난 존재인지 「예수님짜리」에서 배우셨을 것입니다. 믿음의 본질과 핵심이 무엇인지 「믿음의 삶」을 통해 공부하셨을 것입니다.(만일 이 두 과정을 공부하지 않고 변화하는 삶을 공부하고 계시다면 앞의 두 과정을 먼저 마치신 후 공부하시는 것을 강력히 추천합니다.) 우리는 세상의 보물과는 비교할 수도 없고, 세상에서 가치있는 그 어떤 것으로도 살 수 없는 특별한 존재입니다. 특별하다는 것은 TV 홈쇼핑에서 특가 제품으로 내 놓은 그런 상품정도가 아닙니다. 장인의 정신이 불어 넣어진 예술품을 의미합니다. 그런데, 신앙생활을 하면서 예수님짜리로서의 감격은 서서히 수면 아래로 사라져 버리고, 믿음의 삶에 대한 결단은 다른 사람들의 이야기처럼 들려집니다. 우리는 하나님의 자녀요 사역자라는 사실을 머리로는 알고 있지만 허공의 메아리처럼 힘이 없습니다. 우리는 하나님이 만드신 명품 인생이라고 배웠지만, 짝퉁 그리스도인처럼 느껴져 슬퍼질 뿐입니다.

도대체 왜 나는 그리스도인답게 변화되지 못할까요?

혹시 여러분 중에 이런 고민을 해보신 분은 없습니까? 주일에 예배드리고, 소그룹 모임에도 나가고, 사역팀에도 참여하고, 헌금 생활도 합니다. 그런데, 예수님을 처음 만났을 때의 기쁨은 사라지고 예수 믿는 것이 점점 부담스러워집니다. 도대체 왜 믿음의 삶에서 배웠던 말씀이 내 삶과는 관계가 없는 것처럼 느껴질까요? 저는 오랜 기간 신앙생활을 해오면서 많은 교인들의 삶이 불신자들의 삶과 왜 별로 다르지 않을까 고민하게 되었습니다. 그런데 그것은 결국 아직 변화되지 않는 사람들을 지배하고 있는 옛 가치관 때문임을 발견하게 되었습니다. 예수님을 믿고 있지만 그들은 여전히 옛 가치관에 사로잡혀 있습니다. 자기 인생에서 최고의 가치는 예수님이라고 입술로 고백하고 있지만 실제 삶에서 최고의 가치는 돈(물질)입니다. 말로는 예수님을 주인으로 모셨다고 고백하고 있지만, 삶의 현장에서 실제 주인은 자기 자신입니다. 영생의 소망으로 살아간다고 말하지만, 사실은 일생을 목표로 살아가고 있습니다. 영원한 생명을 소유했지만 육신과 목숨을 위해 무엇을 먹고 마실까 염려하며 살아가고 있습니다. 교회는 다니고 있지만 변화되지 못한 삶을 살고 있습니다. 주일에 교회 다니는 신앙적인 습관만 하나 더 추가되었을 뿐 진정한 삶의 변화는 발견할 수가 없습니다.

아프지만 변화하는 삶!

이 교재는 맹목적인 믿음과, 습관적인 신앙을 버리고 하나님이 원하시는 진정한 그리스도인으로 변화하는 삶을 살기 원하는 성도들을 위해 만들어진 교재입니다. 경건의 모양을 버리고 경건의 능력을 회복하고 싶어 하는 성도들을 위한 교재입니다. 그렇기 때문에 이 교재를 공부하는 동안 당신은 굉장한 불편함을 겪게 될지도 모릅니다. 하지만 당신이 겸손하게 열린 마음으로 이 교재를 공부한다면 그리스도인 삶의 목적과 목표는 무엇인지, 어떻게 하면 축복받은 그리스도인으로서 좀 더 가치 있게 살아갈 것인지에 대해 발견하게 될 것입니다.

당신이 예수님을 처음 만났을 때에 첫 구원의 감격은 여러분의 인생에서 가장 잘 보이는 선반에 잘 놓아두십시오. 그리고 다시 한 번 영적 훈련소에 입소하십시오. 주위를 둘러보십시오. 여러분과 함께 훈련소에 입소하는 다른 지체들이 보이십니까? 뒤에서 당신을 응원하는 교회공동체의 함성이 들리십니까? 사실 변화하는 삶에는 고통이 따릅니다. 하지만 변화하는 고통보다 변화되지 않는 고통은 훨씬 더 큰 것입니다. 이제 변화하는 삶을 시작하십시오. 하지만 여러분 혼자서 변화의 아픔을 겪지는 않을 것입니다. 여러분은 앞으로 다른 그리스도인들과 함께 변화 훈련소에서 나 자신에 대해, 물질에 대해, 관계에 대해 그리고 인생의 기초를 놓는 다섯 가지 원리를 배우게 될 것입니다. 그리고 훈련 과정이 끝난 뒤 당신 스스로 놀랄 만큼 많은 부분에서 변화를 경험하게 될 것입니다.

인생의 체인지 포인트!

그리스도인의 영적 성장은 어떤 교재를 선택하느냐에 있는 것이 아닙니다. 말씀을 배우고 참여하는 과정에 헌신하는 태도와 열정에 달려 있는 것입니다. 모쪼록 변화의 삶을 훈련하는 동안 진정한 인생의 가치를 발견하고, 자유롭고 풍성한 삶을 경험하여 변화하는 삶의 전환점이 되기를 바랍니다. 당신이 배운 지식은 삶이 되고 당신의 존재가 되도록 최선을 다해 공부하십시오. 성령님이 당신으로 하여금 알게 하고 깨닫게 하고 결단하도록 도울 것입니다. 하나님은 당신이 미처 생각하지 못했던 놀라운 삶을 준비하고 계십니다. 「변화의 삶」 양육 훈련 과정을 당신 인생의 체인지 포인트로(Change Point) 삼으십시오.

특별히 본 교재는 랄프 W. 네이버가 쓴 「영적 성장의 정상에서」를 큰 틀의 기초로 하였지만 교회 현장에서 성도들의 변화하는 삶을 위해 기도하고 고민하며 연구한 말씀들로 재구성하여 새롭게 만든 양육 훈련 교재입니다. 모쪼록 이 교재를 통하여 상상 그 이상의 놀라운 하나님의 풍성한 은혜와 축복을 경험하기를 간절히 기도합니다.

"기록된바 하나님이 자기를 사랑하는 자들을 위하여 예비하신 모든 것은 눈으로 보지 못하고 귀로 듣지 못하고 사람의 마음으로 생각하지도 못하였다 함과 같으니라" (고전 2:9)

2011년 3월 안희묵 목사

contents

4단원 존재혁명
하나님의 자녀들이 존귀함을 얻는 방법

5단원 물질혁명
인간적인 관점

6단원 물질혁명
하나님의 관점

10단원 생각혁명
갈등 상황에서 승리하는 길

11단원 인생혁명
내적인 기초석

12단원 인생혁명
외적인 기초석

1 단원

서론 _ 그 변화된 삶의 시작을 향하여!

1 단원

서론 _ 그 변화된 삶의 시작을 향하여!

마태복음 5장 48절에 보면 주님께서는 “하늘에 계신 너희 아버지의 온전하심과 같이 너희도 온전하라” 고 말씀하고 있습니다. 하나님이 우리에게 성경말씀을 주신 것은 우리가 하나님의 자녀답게(삶) 온전해지고 하나님의 사역자로서의 삶(사역)에서 온전해지도록 만들기 위해 주신 것입니다(딤후 3:16-17). 우리가 온전한 삶을 살려면 하나님의 뜻이 무엇이며 우리에 대한 하나님의 목적이 무엇인지를 확실하게 알아야 합니다. 에베소서 5장 17절에 보면 이렇게 말씀하고 있습니다.

“그러므로 어리석은 자가 되지 말고 오직 주의 뜻이 무엇인가 이해하라”

또 로마서 12장 2절에 보면 이렇게 말씀합니다.

“너희는 이 세대를 본받지 말고 오직 마음을 새롭게 함으로 변화를 받아 하나님의 선하시고 기뻐하시고 온전하신 뜻이 무엇인지 분별하도록 하라”

하나님의 뜻이 무엇인지를 이해하고 새롭게 변화되어야 합니다. 하나님의 목적대로 사는 것이 아니라면 우리의 삶이 무슨 의미가 있겠습니까? 그러면 하나님의 목적을 따라 사는 온전한 사람으로 변화된다는 것은 무슨 의미입니까? 갈라디아서 2장 20절이 그것을 잘 표현해주고 있습니다.

"내가 그리스도와 함께 십자가에 못 박혔나니 그런즉 이제는 내가 사는 것이 아니요 오직 내 안에 그리스도께서 사시는 것이라 이제 내가 육체 가운데 사는 것은 나를 사랑하사 나를 위하여 자기 자신을 버리신 하나님의 아들을 믿는 믿음 안에서 사는 것이라"

그렇습니다. 이제는 우리가 사는 것이 아닙니다. 그리스도께서 사신 것입니다. "그리스도께서 사셨다"는 것은 그리스도를 목적으로 사는 사람을 의미합니다. 지금까지는 내 주장과 내 생각대로 살아왔지만 예수 믿은 뒤부터는 하나님의 목적과 하나님의 뜻에 따라 살아야 합니다. 예수님을 믿는다는 것은 예수님이 나의 주인이 되셨으므로 예수님의 뜻과 말씀대로 살겠다는 것을 의미하는 것입니다. 예수님을 잘 믿으려면 하나님이 나에게 품고 계신 뜻과 목적에 따라 살아야 합니다.

"너희 안에서 행하시는 이는 하나님이시니 자기의 기쁘신 뜻을 위하여 너희에게 소원을 두고 행하게 하시나니"(빌 2:13)

하나님은 우리 안에 소원(=목적)을 두고 행하십니다. 사람이 잘 산다고 하는 것은 돈이 많은 것을 의미하는 것이 아닙니다. 하나님의 목적에 따라 사는 것이 잘사는 것입니다. 고린도전서 10장 31절에 보면 "그런즉 너희가 먹든지 마시든지 무엇을 하든지 다 하나님의 영광을 위하여 하라"고 가르쳐주고 있습니다. 그리스도인은 나를 목적으로 사는 사람이 아니라, 하나님을 목적으로 사는 사람입니다.

그렇기 때문에 우리는 고린도후서 5장 17절의 말씀처럼 그리스도 안에서 하나님의 목적과 뜻을 위해 살아가는 사람이 되어야 합니다. 단지 예수 믿기 이전보다 나은 사람(Better Person)이 되는 것이 아니라, 예수 안에서 전혀 새로운 사람(New Person)이 되어야 합니다. 이것이 새로운 피조물이 된다는 것의 진정한 의미입니다. 그리스도인은 살아가는 삶의 방법만 바뀌는 것이 아니라, 삶의 목적이 바뀌는 사람입니다. 사람에게 삶의 목적이 바뀌면 삶의 방법과 태도도 새로워지게 되어 있습니다.

그러면 구체적으로 무엇이 새로워지는 것입니까? 그것은 우리의 가치체계가 새로워지는 것을 의미합니다. 인생에서 중요하게 생각하는 것들의 우선순위가 바뀌는 것입니다. 게리 해멀은 이렇게 말했습니다. "신대륙을 찾는데 예전의 지도를 사용할 수 없다." 우리가 예수 믿고 새로운 존재가 된다는 것은 단지 우리의 외부적인 환경이나 육적인 겉모습이 바뀌는 것을 의미하지 않습니다. 세상에 의해 뒤죽박죽 되어버린 우리의 가치체계가 하나님의 목적을 따라 온전해지는 것을 의미합니다. 우리의 내면세계가 새로워지는 것입니다. 예수님을 믿은 우리는 길과 진리와 생명이신 예수님을 기준으로 인생의 가치체계를 새롭게 구성해야 합니다.

예수님은 자기 생애 첫 기적을 물이 포도주로 변하도록 만드셨습니다. 이 기적은 중요한 사실을 내포하고 있습니다. 예수 믿는다는 것은 물이 포도주로 바뀌는 것처럼 우리의 본질이 완전히 새롭게 변해야 된다는 것을 의미하고 있는 것입니다. 예수님을 믿으면서도 여전히 믿기 이전에 갖고 있었던 삶의 목적대로 살아간다면 뭔가 잘못된 것입니다. 예수님을 인생의 최고 가치로 생각한다면 예수님을 삶의 목적으로 여기며 살아야 합니다. 예수님을 믿지 않았던 때에 소유하고 있었던 삶의 가치관과 결별해야 합니다. 이 말은 지금까지 당신이 갖고 있던 인생의 가치에 혁명이 일어나야 한다는 것을 의미하는 것입니다. 예수님께서는 제자들에게 이렇게 말했습니다. "새 포도주는 새 부대에 담아야 한다."

「변화의 삶」은 당신이 하나님 안에서 새로운 가치체계를 형성하는 일을 돕기 위해 쓰여 진 것입니다. 당신이 성장해감에 따라 이전에 입었던 낡은 옷을 벗어버리듯이 당신이 귀중히 여기던 이전 것들을 내어버려야 합니다. 당신에게 익숙한 삶과 과감하게 결별해야 합니다. 세상적인 표현으로는 패러다임이 변화되는 것입니다. 새로운 렌즈를 가지고 새로운 관점에서 새롭게 세상을 바라보는 눈을 갖게 되는 것입니다. 당신의 삶을 하나님 자녀의 관점에서 바라보아야 합니다. 일생의 렌즈가 아니라 영생의 렌즈로 인생을 바라보아야 합니다. 왕 같은 제사장으로서, 하나님 사역자로서의 가치관을 가지고 세상을 바라보아야 합니다. 이제부터「변화의 삶」을 공부하는 동안 그리스도인이 가져야할 다섯 가지 기초적인 가치체계에 대해 배우게 될 것입니다.

그리스도인이 되기 전에 당신에게 가장 비극적인 사실은 존귀한 당신의 가치를 발견하지 못하고 살아왔다는 것입니다. 당신 자신이 하나님께 얼마나 중요한 존재인지 느끼지 못했습니다. 그래서 당신은 어린 시절에 자신을 중요한 존재로 느끼게 해주는 일을 하려고 애썼습니다. 중요하고 인정받는 존재가 되려는 강한 욕망에 초점을 맞추어 오랜 세월 동안 삶의 습관을 형성해 왔습니다. 그러나 이제 당신은 그리스도인으로서 존귀하고 중요한 존재로 다시 태어났습니다. 다른 어떤 일도 더 이상 당신의 지위나 가치를 높여줄 수 없습니다. 하나님의 자녀라는 단 한 가지 사실만으로 당신의 중요성을 인정받게 되었습니다. 이것보다 더 당신을 가치 있는 존재로 만들어줄 수 있는 것이 무엇이겠습니까? 하나님께서는 당신을 독특하게 지으셨고, 이 세상에서 하나밖에 없는 걸작품으로 만드셨습니다. 당신은 하나님 가문의 일원이며, 하나님 나라의 유산을 상속 받도록 약속되었습니다. 당신은 왕이신 하나님의 자녀입니다. 하나님께 유일하고 특별한 존재가 된 것입니다. 무가치한 존재였던 당신이 세상에서 가장 귀한 존재가 된 것입니다. 예수님짜리로 말입니다. 첫 번째 단원에서는 당신의 영원한 행복을 시작하게 하는 존재혁명에 대해 다루게 될 것입니다.

두 번째로 두 가지 물질관에 대해서 공부하게 됩니다. 비그리스도인들은 돈, 명예, 부를 소유함으로 자신의 가치를 드러내려고 합니다. 사업적 성공을 통해 중요한 인물이 되려고 노력합니다. 그들에게는 물질이 지위의 상징이자 자기 보호의 원천입니다. 사람들은 돈을 소유함으로 대단한 존재가 될 수 있다고 생각합니다. 그러나 결국은 돈의 노예가 되어 불행한 삶을 살게 됩니다. 그리스도인에게 물질은 더 이상 지위의 상징도 아니고 참다운 안정도 제공해 주지 않습니다. 그리스도인은 물질에 대한 새로운 가치기준을 공부해야만 합니다. 사람들이 가장 중요하게 여기는 물질관에서 혁명이 일어나야 합니다. 물질에 대한 당신의 새로운 가치기준은 곧 사역자와 청지기의 입장에서 돈을 대하는 것입니다.

세 번째로 사역자의 삶에 있어서의 세 가지 필수적인 관계를 재평가하는 방법에 대해 생각하게 될 것입니다. 그리스도인이 되기 전에는 하나님 아버지와의 관계가 거의 진전이 없었습니다. 기도를 해보려고 애썼을지 모르나 그 기도는 단지 하나님의 힘을 빌려 자신의 생애 가운데 이루기 원하는 것을 얻어 보려는 것과 같은 것이었습니다. 그러나 이제 하나님의 사역자가 된 당신은 하나님께서 당신의 생애를 통해 이루려고 계획하신 일이 얼마나 놀라운 일인가를 발견하게 될 것입니다. 그리스도의 몸인 교회와의 관계가 새로운 가치를 지니게 됩니다. 교회에 소속되기 전에는 자기중심적인 사람이었지만 지금은 동료 그리스도인과 더불어 한 지체로 느끼기를 좋아합니다. 당신은 이제 교회공동체와 함께 하는 삶의 풍성함을 경험하게 될 것입니다. 그리고 비그리스도인과의 관계도 변화됩니다.

당신이 그리스도인이 되기 전에는 하나님을 거역하며 육신의 소욕에 따라 살았습니다. 육신적인 충동을 따라 살아왔습니다. 그러나 이제는 본능을 따라 사는 것이 아니라 영성을 따라 사는 법을 배우게 될 것입니다. 당신은 이미 존귀한 하나님의 자녀가 되었습니다. 물론 하나님의 가족이 되었다고 해서 불신자들과 따로 떨어져 사는 것은 아닙니다. 하나님이 당신을 하나님의 사역자로 부르신 것은 당신이 아는 모든 죄인들에게 희망의 증거가 되도록 하기 위한 것입니다. 당신 친구들에게도 진정으로 의미 있는 삶이 무엇인지를 알도록 증거하는 것입니다. 불신자(예비신자)들과 이와 같은 관계를 형성하려면 이제부터 당신 인생의 시간 관리도 새로운 가치관을 따라 재조정할 필요가 있습니다. 지금까지 당신이 유지하고 있던 사람들과의 관계에 혁명이 일어나야 합니다.

네 번째로 인생에서 중요한 네 가지 갈등의 요소들을 공부하게 됩니다. 그리스도인이 되었다고 해서 문제와 갈등이 없는 것이 아닙니다. 갈등은 누구에게나 존재합니다. 하지만 그리스도인이 갈등을 다루는 방식은 세상 사람들과 차이가 있습니다. 만일 당신의 가치관이 뚜렷하지 못하다면 갈등을 처리하는 방법도 잘 모르게 되고, 갈등의 피해자가 됩니다. 그래서 갈등을 잘 해결하는 방법을 배우는 것은 매우 중요한 것입니다. 앞으로 당신은 「변화의 삶」을 통해서 (1) 자신과의 갈등 (2) 다른 사람과 관계 속에서의 갈등 (3) 확신의 대립으로 인한 갈등 (4) 권위와 책임으로 인한 갈등의 문제를 그리스도인의 관점에서 어떻게 풀어갈 것인지에 대해서 배우게 될 것입니다. 갈등을 유발하는 원인과 이유에 대해 생각해보고 갈등을 해결할 수 있는 믿음의 방법들을 주목하십시오.

끝으로 성숙한 그리스도인을 위한 다섯 개의 기초원리에 대해 공부할 것입니다. 변화하는 삶은 일회적인 사건이 아니라, 계속해서 변화되는 삶의 과정을 의미합니다. 우리는 그리스도의 장성한 분량에 이르는 온전한 사람이 될때까지 계속해서 성장하고 성숙해야 합니다. 베드로후서 3장 18절에 보면 "오직 우리 주 곧 구주 예수 그리스도의 은혜와 그를 아는 지식에서 자라 가라 영광이 이제와 영원한 날까지 그에게 있을지어다"라고 말씀합니다. 당신이 계속해서 자라가고 성장하는 것은 하나님의 뜻입니다. 앞으로 변화의 삶은 당신이 영적으로 성장하는데 필수적인 다섯 개의 기초원리들을 제공하게 될 것입니다.

1. 당신의 마음 : 신앙과 불신앙의 원천!
2. 당신의 몸과 도덕성 :
   산제물인가? 상대평가인가? 절대평가인가?
3. 당신의 영 : 하나님의 종인가?
4. 소유물 : 주인인가? 청지기인가?
5. 사람들 : 우상인가? 사랑인가?

당신이 진심으로 변화되는 삶을 기대한다면 이 교재를 공부하는 동안 성령께서 "당신을 모든 진리 가운데로 인도하시도록" 온전히 맡겨야 합니다. 자신의 주장이나 경험을 고집하지 말고 깨달아지는 말씀에 순종하십시오. 당신이 갖고 있던 모든 편견을 버리고 어린아이처럼 순수하게 받아드리십시오. 그러면 절망과 두려움과 염려를 가져다주었던 옛 가치관은 뿌리뽑히고 희망과 안전과 평안을 주는 새로운 가치관이 형성되는 것을 경험하게 될 것입니다(요 16:13). 진리는 당신을 자유하게 만들기 때문입니다.

성경에 보면 하나님의 사역자로 크게 쓰임을 받았던 모세, 요나 그리고 베드로같은 이들도 사실은 옛 생활을 포기하고 새로운 사역자의 길에 들어서기를 망설였던 사람들입니다. 그러나 하나님의 말씀은 우리가 처한 환경보다는 부르심과 하나님의 목적에 의해 지배받도록 인도합니다. 만일 당신이 「변화의 삶」 과정에 충실히 참여한다면 놀랍게 변화될 것입니다. 열린 마음으로 출발하십시오. 세계적인 경영자 잭 웰치의 말처럼 "변화는 위협이 아니라 기회" 입니다. 우리는 단순히 우리 자신을 변화시킴으로서 우리 주위 사람들의 태도와 우리 인생 전체를 변화시킬 수 있습니다.

이제 단호하게 결심하십시오. "그리스도 안에서 철저하게 변화될 것인가? 세상 속에서 서서히 죽어갈 것인가?" 세상에 의해 변질되어가는 편을 선택하지 마십시오. 말씀으로 세상을 변화시키는 사람이 되기로 결심하십시오. 하나님 자녀의 축복과 하나님의 사역자로서의 특권을 누리는 멋진 그리스도인이 되십시오. 그것이 바로 하나님이 당신에게 기대하시는 미래 모습입니다.

2 단원

가치혁명 _ 가치체계의 확립

2단원 [암송구절 | 마가복음 10:44-45]

가치혁명 _가치체계의 확립

첫째 날 : 가치란 무엇인가?

먼저 에베소서 2장 1~7절을 읽으십시오.

"가치" 란 커다란 값어치를 지닌 어떤 것을 말합니다. 이 세상에 태어날 때 당신의 마음 깊숙한 곳에는 "보물 상자" 가 놓여 있었습니다. 당신은 어린시절부터 성장하는 동안 가치가 있어 보이는 것들을 선택해 하나둘씩 당신 보물상자 속에 담기 시작했습니다. 그러나 당신이 가치 있다고 선택한 보물들은 대부분 예수 그리스도를 구주로 믿는 믿음과는 아무런 상관이 없는 것들이었습니다.

에베소서 2장 3절의 말씀에 보면 "육체와 마음의 원하는 것을 하여…" 라고 지적합니다. 여러분이 선택한 것들은 친구들, 직장의 동료들, 가족들, 특히 부모님이 가치 있다고 말하는 것들을 맹목적으로 여러분 마음에 있는 보물상자에 주워담은 것입니다. 그리고 세상 문화로부터 또 TV나 영화를 보면서 자기에게 좋아 보이는 것들도 모았습니다. 자신이 생각할 때 가치있다고 생각되는

그는 허물과 죄로 죽었던 너희를 살리셨도다 그 때에 너희는 그 가운데서 행하여 이 세상 풍조를 따르고 공중의 권세 잡은 자를 따랐으니 곧 지금 불순종의 아들들 가운데서 역사하는 영이라 전에는 우리도 다 그 가운데서 우리 육체의 욕심을 따라 지내며 육체와 마음의 원하는 것을 하여 다른 이들과 같이 본질상 진노의 자녀이었더니 긍휼이 풍성하신 하나님이 우리를 사랑하신 그 큰 사랑을 인하여 허물로 죽은 우리를 그리스도와 함께 살리셨고 (너희는 은혜로 구원을 받은 것이라) 또 함께 일으키사 그리스도 예수 안에서 함께 하늘에 앉히시니 이는 그리스도 예수 안에서 우리에게 자비하심으로써 그 은혜의 지극히 풍성함을 오는 여러 세대에 나타내려 하심이라

(에베소서 2:1-7)

것들을 당신 마음속에 있는 가치관의 보물상자 속에 차곡차곡 쌓아갔습니다.

그리고 인생의 중요한 결정을 할때면 이러한 가치들이 무의식 세계속에 숨어있다가 자신도 모르게 나타나곤 합니다. 여러분의 내면에 축적되어 있는 가치들이 현재 여러분의 삶속에서 새로운 결정들을 내리는데 중요한 기준이 되는 것입니다. 또한 보물상자 속에 담아놓은 가치들은 시간이 지나감에 따라 그 영향력이 점점 커져 갑니다. 나이가 들면서 여러분 내면의 상자 속에는 성공, 돈, 좋은 배우자, 명예, 인정받음과 같은 가치들이 점점 쌓여 갑니다. 스스로 생각하기에 자신에게 기쁨을 줄 수 있다고 믿는 것은 받아들이고 그럴만한 가치가 없다는 생각이 들면 가차없이 내어버립니다. 어느덧 그 생각들은 여러분 인생에서 중요한 결정을 내리는 가치판단의 기준이 되고 그 생각은 곧 여러분 자신이 되어버리고 맙니다. 여러분이 어떤 일을 선택하는 것처럼 보이지만 사실은 여러분의 내면에 담겨있는 가치가 여러분의 행동과 삶을 결정하게 되는 것입니다.

여러분은 자신도 깨닫지 못하는 사이에 여러분 내면의 보물상자에 담겨있는 가치가 지시하는 대로 생각하고, 행동하고, 결정해 왔습니다. 그러던 어느 날 여러분의 가치체계에 하나님이 개입하셨습니다. 여러분 마음 깊은 곳에 자리잡고 있었던 보물상자 속에 말씀의 빛이 비추어졌습니다. 여러분이 갖고 있던 가치들과 비교되기 시작했습니다. 그동안 가치있다고 생각했던 육적 가치들과 하나님이 주신 영적인 가치들이 강력하게 충돌하기 시작했습니다. 일생을 목적으로 하는 옛 가치와 영생을 목적으로 하는 새로운 가치가 여러분 내면에서 부딪치기 시작했습니다. 여러분 마음의 상자속에 소중히 보관하고 있던 것들이 보물이 아니라 보잘 것 없는 것뿐이라는 사실을 발견하게 된 것입니다.

에베소서 2장 1~7절을 읽고, 당신 내면의 상자 안에 담겨져 있던 것들이 어떤 것들이었는지 써 보십시오.

내가 사는 문화 속에서 얻은 보물

친구로부터 얻은 보물

부모나 가족들로부터 얻은 보물

에베소서 2장 4~7절을 읽고 하나님이 개입하신 뒤 당신의 가치관에 어떤 변화가 일어나기 시작했는지 살펴보십시오. 새로운 보물상자에서 발견한 것은 무엇입니까?

그렇습니다. 영원히 죽을 수밖에 없던 우리는 하나님의 은혜와 사랑으로 인해 그리스도 안에서 새생명을 얻게 되었습니다. 덕분에 우리는 "육체의 목숨"을 위해 사는 하찮은 존재가 아니라, "영원한 생명"을 얻은 귀중한 존재가 되었습니다. 일생이 목적이 된 것이 아니라 영생이 목표가 된 것입니다. 하지만 그리스도 안에서 영원한 생명과 풍성한 삶을 보장받기 위해서는 우리 안에 있는 옛 가치를 붙들고 있으면 안 됩니다. 우리가 채워놓은 육신의 보물상자를 비워야 하나님이 주신 새로운 가치를 받아들일 수 있습니다. 예수님은 심령이 가난한 자가 복이 있다고 말씀하셨습니다.

비워야 채울 수 있기 때문입니다. 만일 예수님이 주신 새로운 영적 가치의 중요성을 알기 원한다면 그동안 당신이 간직해온 옛 가치들이 얼마나 무가치하고 하찮은 것인가를 면밀히 검토해보아야 합니다.

습관은 하나의 케이블과 같다.
끊어 버릴 수 없을 만큼 강한 줄이 될 때까지 매일 한 줄씩 엮어진다.
그러다가 그 줄이 좋은 습관이냐 그렇지 않느냐에 따라
습관이라는 케이블의 힘으로 우리를 어느 한쪽으로 몰고 간다.

- 지그 지글러

묵상하고 열매 맺기

1. 오늘 공부를 통해 당신이 깨달았거나 배워야 할 진리는 무엇입니까?

2. 주님의 사역자로 변화된 삶을 살기 위해 당신이 기억하고 적용해야 할 것은 무엇입니까?

3. 변화된 삶을 위해 하나님께 드리는 기도를 하십시오.

둘째 날 : 옛 가치와 새 가치

그러므로 내가 이것을 말하며 주 안에서 증언하노니 이제부터 너희는 이방인이 그 마음의 허망한 것으로 행함 같이 행하지 말라 그들의 총명이 어두워지고 그들 가운데 있는 무지함과 그들의 마음이 굳어짐으로 말미암아 하나님의 생명에서 떠나 있도다 그들이 감각 없는 자가 되어 자신을 방탕에 방임하여 모든 더러운 것을 욕심으로 행하되 오직 너희는 그리스도를 그같이 배우지 아니하였느니라 진리가 예수 안에 있는 것 같이 너희가 참으로 그에게서 듣고 또한 그 안에서 가르침을 받았을진대 너희는 유혹의 욕심을 따라 썩어져 가는 구습을 따르는 옛 사람을 벗어 버리고 오직 너희의 심령이 새롭게 되어 하나님을 따라 의와 진리의 거룩함으로 지으심을 받은 새 사람을 입으라 그런즉 거짓을 버리고 각각 그 이웃과 더불어 참된 것을 말하라 이는 우리가 서로 지체가 됨이라 분을 내어도 죄를 짓지 말며 해가 지도록 분을 품지 말고 마귀에게 틈을 주지 말라 도둑질하는 자는 다시 도둑질하지 말고 돌이켜 가난한 자에게 구제할 수 있도록 자기 손으로 수고하여 선한 일을 하라 무릇 더러운 말은 너희 입 밖에도 내지 말고 오직 덕을 세우는 데 소용되는 대로 선한 말을 하여 듣는 자들에게 은혜를 끼치게 하라 하나님의 성령을 근심하게 하지 말라

먼저 에베소서 4장 17~32절을 읽으십시오.

프랑스의 소설가 모파상이 지은 단편 소설 가운데 『목걸이』라는 작품에 나오는 이야기입니다. 마틸드 루와젤이라는 여인은 사치와 허영심이 많은 여자였습니다. 그런데 불행하게도 그녀에게는 보석은 물론 변변한 옷 한 벌 없었습니다. 그러던 어느 날 보석과 좋은 옷을 소망하는 이 여자에게 장관이 여는 파티의 초대장이 날아왔습니다. 그녀는 고민하기 시작했습니다. 무엇을 입고 갈까? 어떻게 자신을 치장할까? 그러다가 돈 많은 친구가 생각이 났습니다. 그래서 그 친구에게 보석을 좀 빌리기로 했습니다. 그 친구에게는 아름다운 다이아몬드 목걸이가 있었습니다. 마틸드는 빌린 목걸이를 달고 무도회에 가서 밤새도록 마시면서 즐겁게 자신의 미모와 다이아몬드 목걸이를 자랑했습니다. 파티가 끝나고 밤늦게 집에 돌아왔습니다. 그런데 목에 걸려있어야 할 목걸이가 없어진 것을 뒤늦게 발견하게 되었습니다. 결국 그녀는 아는 여러 사람들에게 빚을 내어 그와 비슷한 목걸이를 사서 잃어 버렸다는 이야기를 하지 않고 친구에게 전해 주었습니다. 그때부터 10년 동안 마틸드는 목걸이 값을 갚기 위해 온갖 고생을 하며 살았습니다. 가정부로 일하고, 가진 재산을 다 팔아 버리고, 심지어 남편도 직업을 바꾸어야 했습니다. 그렇게 10년이 흐르는 동안 그녀는 마치 할머니처럼 늙어 버리고 말았습니다. 어느 일요일 길을 가다가 10년 전 목걸이를 빌려 주었던 친구를 길거리에서 만나게 되었습니다. 그 친구가 마틸드를 보며 깜짝 놀라며 "너 왜 이렇게 늙어 버렸니?" 하고 묻습니다. 그제서야 마틸드는 지나온 10년 동안의 일을 이야기합니다. "다 너 때문이야. 10년 전 너에게 빌렸던 그 다이아몬드 목걸이를 내가 잃어 버렸어. 그래서 그 목걸이와 비슷한 것을 사서 돌려주기 위해 다른 사람들에게 돈을 빌렸

지. 그리고 10년간 그 빚을 갚느라고 이렇게 늙고 말았어." 이야기를 듣던 친구가 깜짝 놀라며 말합니다. "어머 그 다이아몬드 목걸이는 가짜였어!"

에베소서 4장 17~19절은 인생의 거리에서 방황하는 사람들의 모습에 대해 지적하고 있습니다. 생각없이 보석들을 모으고 마음은 무가치한 것들에 집중해 있습니다. 그들의 내적인 삶은 무지와 탐욕, 무모한 감정들에 대한 호기심으로 가득차 있습니다. 마치 어린 아이가 마트에 들어가 자신의 눈을 자극하는 물건들을 마구 집어 드는 것과도 같습니다. 그들은 자신의 눈과 호기심을 자극하는 것들을 마구 주워담아 인생의 가치관을 만들어 버렸습니다. 그리고 이런 가치관을 따라 자신의 일평생을 허비하며 살아가고 있습니다. 에베소서 4장 17~19절에서는 사람들이 마구 주워담은 가치관에 대해 지적해 주고 있습니다. 말씀 속에서 하나님과 분리된 사람들의 육적 가치관을 암시해 주는 단어들을 찾아서 기록해 보십시오.

그렇습니다. 찾아낸 단어들은 우리의 삶에 진정한 의미와 참된 가치를 줄 수 없는 것들이라는 것을 금방 깨달을 수 있었을 것입니다. 우리에게는 그리스도를 만나기 이전의 가치관들을 분류해 내는 작업이 필요합니다. 바울은 에베소서 4장 22~23절에서 "너희는 유혹의 욕심을 따라 썩어져 가는 구습을 따르는 옛 사람을 벗어버리고 오직 너희의 심령이 새롭게 되어"라고 말하고 있습니다. 우리들이 선택해서 쌓아놓은 육신의 보물상자 속에 있는 옛 가치와 하나님이 주신 새로운 가치는 함께 존재할 수 없습니다. 당신이 만일 하나님의 가치를 선택하지 않는다면 당신이 주워담은 옛 가치들과 계속해서 부딪칠 것이고 그 갈등은 당신을 괴롭게

그 안에서 너희가 구원의 날까지 인치심을 받았느니라 너희는 모든 악독과 노함과 분냄과 떠드는 것과 비방하는 것을 모든 악의와 함께 버리고 서로 친절하게 하며 불쌍히 여기며 서로 용서하기를 하나님이 그리스도 안에서 너희를 용서하심과 같이 하라

(에베소서 4:17-32)

만들 것입니다.

우리는 신앙생활을 하면서 옛 가치관 때문에 고민하고 갈등하는 그리스도인들을 보았거나 보게 될 것입니다. 성숙한 그리스도인이라고 믿었던 사람이 자신의 내면에 숨겨진 옛 가치관을 버리지 못하고 옛 가치관에 의해 살아가는 모습을 발견하게 될지 모릅니다. 운전을 하면서 집으로 향하는데 접촉사고가 난 사고현장에서 상대방과 똑같이 욕설을 퍼부으면서 싸우고 있는 한 집사님을 발견할 수도 있습니다. 직장회식을 하는 식당에 앉아 함께 술을 마시고 있는 교회의 성도를 보게 될지도 모릅니다. 여러분은 그들로 인해 마음의 상처를 받고 "어떻게 그럴 수 있을까?" 라고 생각하며 씁쓸하게 집으로 향하게 될 것입니다.

그들의 이런 모습은 마음의 보물상자 안에 담았던 세상의 가치관들을 버리거나 변화시키지 못한 채 여전히 간직하고 있기 때문입니다. 그러나 당신도 보물상자 속에 하나님이 주신 새로운 가치로 바꾸어 넣지 못한다면 당신 역시 어느 순간에 그들처럼 될 수 있습니다. 옛 가치는 자연스럽게 없어지는 것이 아닙니다. 옛 가치들의 무익함과 의미 없음을 깨달아야 합니다. 또한 하나님 안에서 발견한 새 가치의 중요성과 유익을 알아야 합니다. 당신이 생각없이 모아들였던 쓸모없는 가치들을 철저하게 분류해서 버릴 것은 버리고 바꿀 것은 과감하게 바꾸어야 합니다. 여러분 내면의 보물상자를 새로운 가치들로 바꾸어 채워야 합니다. 사도 바울은 빌립보서 3장 8절에서 그동안 자신이 세상에서 주워 모았던 가치들은 그리스도 안에서 배설물로 여겼다고 고백합니다. 당신도 배설물과 같은 육신의 가치들을 버리고 아름다운 그리스도의 영적 가치들로 가득 채우십시오!

에베소서 4장 22~32절을 읽고 바울이 말한 옛 사람의 특징과 새 사람의 특징들을 분류해서 기록해 보십시오.

옛 사람	
새 사람	

당신이 영적으로 성숙하고 변화된 새 사람으로 살기 위해서는 당신의 마음상자 안에 있는 더러운 가치들을 과감하게 치워 버려야 할 것입니다. 만일 옛 가치를 방임하고 내버려둔다면 옛 가치들은 새로운 가치들을 오염시킬 것입니다. 그리고 결정적인 순간에 당신을 무너뜨릴 것입니다. 그러므로 구습을 좇는 옛 사람을 버리고 의와 진리의 거룩함으로 거듭난 새 사람이 되기를 결심하십시오.

현재 당신의 모습은 당신의 과거 생각의 결과이며
미래의 당신의 모습은 당신의 현재 생각의 결과이다.

- 제임스 알렌

묵상하고 열매 맺기

1. 오늘 공부를 통해 당신이 깨달았거나 배워야 할 진리는 무엇입니까?

2. 주님의 사역자로 변화된 삶을 살기 위해 당신이 기억하고 적용해야 할 것은 무엇입니까?

3. 변화된 삶을 위해 하나님께 드리는 기도를 하십시오.

셋째 날 : 방치해 온 부분을 점검하라!

먼저 에베소서 5장 1~18절을 읽으십시오.

지금 당신의 내면속에는 예전에 주워 담은 가치관과 하나님이 주신 새로운 가치관들이 뒤섞여 있다는 사실을 깨닫기 시작했을 것입니다. 이제 당신이 갖고 있는 많은 가치관들 가운데 하나님이 주신 새로운 가치들을 주의 깊게 선택해야만 됩니다.

우리의 손 안에는 실패의 씨앗과 성공의 씨앗이 동시에 들어있다. 어떤 씨를 심을 것인지는 당신의 선택이다.

- 지그 지글러

에베소서 5장 1절을 읽어보십시오. 우리가 인생의 가치관을 새롭게 할 때 기억해야 할 성경적 원리에 대해 이렇게 말해 주고 있습니다. "너희는 사랑을 받는 자녀같이 하나님을 본받는 자가 되라." 우리는 하나님의 자녀가 되었기 때문에 하나님을 본받는 자가 되어야 합니다. 어린 아이들은 모방 심리를 지니고 있습니다. 모방을 통해 늘 새로운 것들을 학습합니다. 부모들이 아이 앞에서 어떤 행동을 하느냐에 따라서 아이는 곧 바로 실천에 옮겨보고 반복해서 행동함으로 새로운 학습을 하게 되는 것입니다. 부모는 자신을 보고 똑같이 따라하려는 어색한 아이의 행동을 바라보면서 신기해하고 행복감을 느끼게 됩니다. 아이를 너무나도 사랑하기 때문입니다. 하나님 앞에서 우리도 어린 아이처럼 하나님을 닮아 가는 삶을 시작해야 합니다. 하나님은 우리를 너무나도 사랑하시기에 하나님이 우리의 모범이 되길 원하십니다.

그러므로 사랑을 받는 자녀 같이 너희는 하나님을 본받는 자가 되고 그리스도께서 너희를 사랑하신 것 같이 너희도 사랑 가운데서 행하라 그는 우리를 위하여 자신을 버리사 향기로운 제물과 희생 제물로 하나님께 드리셨느니라 음행과 온갖 더러운 것과 탐욕은 너희 중에서 그 이름조차도 부르지 말라 이는 성도에게 마땅한 바니라 누추함과 어리석은 말이나 희롱의 말이 마땅치 아니하니 오히려 감사하는 말을 하라 너희도 정녕 이것을 알거니와 음행하는 자나 더러운 자나 탐하는 자 곧 우상 숭배자는 다 그리스도와 하나님의 나라에서 기업을 얻지 못하리니 누구든지 헛된 말로 너희를 속이지 못하게 하라 이로 말미암아 하나님의 진노가 불순종의 아들들에게 임하나니 그러므로 그들과 함께 하는 자가 되지 말라 너희가 전에는 어둠이더니 이제는 주 안에서 빛이라 빛의 자녀들처럼 행하라 빛의 열매는 모든 착함과 의로움과 진실함에 있느니라 주를 기쁘시게 할 것이 무엇인가 시험하여 보라 너희는 열매 없는 어둠의 일에 참여하지 말고 도리어 책망하라 그들이 은밀히 행하는 것들은 말하기도 부끄러운 것들이라 그러나 책망을 받는 모든 것은 빛으로 말미암아 드러나나니 드러나는 것마다 빛이니라 그러므로 이르시기를 잠자는 자여 깨어서 죽은 자들 가운데서 일어나라 그리스도께서 너에게 비추이시리라 하셨느니라 그런즉 너희가 어떻게 행할지를 자세히 주의하여 지혜 없는 자 같이 하지 말고 오직 지혜 있는 자 같이 하여 세월을 아끼라 때가 악하니라 그러므로 어리석은 자가 되지 말고 오직 주의 뜻이 무엇인가 이해하라 술 취하지 말라 이는 방탕한 것이니 오직 성령으로 충만함을 받으라

(에베소서 5:1-18)

하나님을 닮아가기 위해서는 무엇보다 우리가 버려야 할 옛 가치들은 무엇인지 살펴봐야 합니다. 에베소서 5장 3~18절에 보면 우리 안에 존재하고 있는 더러운 옛 가치들이 무엇인지 말해 주고 있습니다. 우리가 버려야 할 옛 가치들이 그동안 우리의 삶 가운데서 어떻게 나타나는지 생각해 보십시오. 그동안 여러분들이 인생의 가치기준으로 삼던 것은 무엇이었는지 기록해 보십시오.

그러나 이제는 그런 것들이 무가치하게 느껴지는 이유는 무엇인지 써 보십시오.

당신이 기록한 위의 것들을 생각해보면 그동안 우리가 얼마나 무익한 것을 모범으로 삼아 무가치한 인생을 살아왔는지를 깨닫게 되었을 것입니다. 우리는 언제나 넘어질 수 있는 불완전한 인간을 영적인 모델로 삼아서는 안됩니다. 유한한 인간을 구원자로 여겨서도 안됩니다. 우리의 완전한 모범은 뿌리깊은 나무처럼 언제나 든든하게 서 계시는 하나님뿐이십니다. 이런 사실을 깨달았다면 당신은 "하나님의 자녀"로서의 삶을 살아가기를 결심해야 합니다. 그러나 우리는 여기서 중요한 하나님의 원리를 기억하고 있어야 합니다. 하나님은 우리를 수동적인 존재로, 로봇처럼 만들지 않으셨다는 것입니다. 하나님은 우리가 스스로 선택하고 판단할 수 있는 자유의지를 가진 능동적인 존재로 창조셨습니다. 그렇기 때문에 우리가 새로운 가치들을 추구하며 인생을 변화시키고 그릇된 가치들을 제거하는 작업은 말씀안에서 주도적으로 추진해야 할 우리의 영적 과제입니다.

에베소서 5장 14절에서 바울은 이렇게 말합니다. "잠자는 자여

깨어서 죽은 자들 가운데서 일어나라 그리스도께서 너에게 비추이시리라." 우리는 그리스도께서 비추어 주시는 말씀의 빛을 통해 그동안 우리가 인생의 거리에서 주워담은 허접한 세상적인 가치들을 재조명해 보아야 합니다. 그리고 우리 인생에 진정한 의미와 평안을 주는 가치들을 붙들어야 합니다. 의도적으로, 그리고 능동적으로 하나님의 뜻을 분별하기 위해 노력해야 합니다. 나쁜 습관은 푹신한 의자와 같아서 앉기는 쉬워도 일어나기는 쉽지 않는 법입니다. 영적인 무지에서 깨어 일어나야 합니다. 아무것도 자각하지 못하고 육적 가치관에 매달려 살았던 인생을 말씀의 다림줄로 재보고 바로잡아야 합니다. 당신이 가진 인생의 가치관을 말씀으로 평가해 보십시오.

습관은 위대한 사람의 하인이자 모든 실패한 이들의 주인이다.

- 지그 지글러

묵상하고 열매 맺기

1. 오늘 공부를 통해서 깨닫거나 새롭게 발견한 진리는 무엇입니까?

2. 당신이 지금까지 본받고 싶어 했던 사람은 누구이며 무엇 때문에 그런 생각을 했는지 써 보십시오.

3. 오늘 말씀을 공부하고 느낀 것 중 변화된 삶을 위해 당신의 삶에 적용할 것은 무엇입니까?

넷째 날 : 생존을 위한 선택 : 영적 전투

먼저 베드로전서 5장 8~10절, 에베소서 6장 10~18절을 읽으십시오.

『로빈슨 크루소 따라잡기』에 보면 현대판 로빈슨인 '로빈손'이 등장해 자신에게 처한 고립된 환경을 풀어나가는 삶을 보여주고 있습니다. "얼굴을 적시는 바닷물의 차가운 감촉을 느끼며, 로빈손은 눈을 떴습니다. 온 몸은 소금에 절인 배추처럼 축 늘어져 손끝 하나 까딱할 수 없었습니다. 칠흑 같은 밤, 무시무시한 굉음, 추락, 그리고 비명들...... 흐릿한 의식 속으로 그 아찔한 비행기 사고의 순간이 다시 떠오르기 시작했습니다. '설마 그 많은 승객들 중에 나 혼자만 살아난 건 아니겠지?' 로빈손은 고개를 들고 주변을 살펴 보았습니다. 그러나 넓은 바다와 파도만이 있을 뿐 아무런 인기척조차 느낄 수 없었습니다. 그는 혼자 외딴섬에 고립되었다는 생각과 함께 이를 악물고 모래사장에서 일어섰습니다. 약간 떨어진 모래밭에는 네모난 깡통 하나가 밀려와 반짝이고 있었고 내용물이 다 빠져나간 깡통이 지난밤 무시무시했던 비행기 사고의 현장을 생생하게 이야기 해주고 있었습니다. 밀려오는 두려움 속에서 이 섬을 어떻게 빠져나가야 할 것인지에 대한 고민은 뒤로 한 채 그에게 지금 가장 필요한 것은 한 모금의 물이었습니다. 바닷물을 마시고 땀까지 다 쏟은 터라 이미 눈의 초점까지 희미해진 상태였습니다. 불안이 가득한 그의 얼굴 위로 무언가가 흘러내리기 시작했습니다. 땀인지 눈물인지 모를 찝찔한 액체를 혀로 핥으며 로빈손은 비틀거리는 걸음으로 바닷가를 떠났습니다. 죽음 같은 갈증을 해갈해 줄 한 모금의 생명수를 찾아서."

베드로전서 5장 8절에 보면 "너희 대적 마귀가 우는 사자 같이 두루 다니며 삼킬 자를 찾나니"라고 경고합니다. 주님 말씀처럼 신앙생활은 보이지 않는 영적 전쟁입니다. 신천지를 비롯한 사이

근신하라 깨어라 너희 대적 마귀가 우는 사자 같이 두루 다니며 삼킬 자를 찾나니 너희는 믿음을 굳건하게 하여 그를 대적하라 이는 세상에 있는 너희 형제들도 동일한 고난을 당하는 줄을 앎이라 모든 은혜의 하나님 곧 그리스도 안에서 너희를 부르사 자기의 영원한 영광에 들어가게 하신 이가 잠깐 고난을 당한 너희를 친히 온전하게 하시며 굳건하게 하시며 강하게 하시며 터를 견고하게 하시리라

(베드로전서 5:8-10)

끝으로 너희가 주 안에서와 그 힘의 능력으로 강건하여지고 마귀의 간계를 능히 대적하기 위하여 하나님의 전신 갑주를 입으라 우리의 씨름은 혈과 육을 상대하는 것이 아니요 통치자들과 권세들과 이 어둠의 세상 주관자들과 하늘에 있는 악의 영들을 상대함이라 그러므로 하나님의 전신 갑주를 취하라 이는 악한 날에 너희가 능히 대적하고 모든 일을 행한 후에 서기 위함이라 그런즉 서서 진리로 너희 허리띠를 띠고 의의 호심경을 붙이고 평안의 복음이 준비한 것으로 신을 신고 모든 것 위에 믿음의 방패를 가지고 이로써 능히 악한 자의 모든 불화살을 소멸하고 구원의 투구와 성령의 검 곧 하나님의 말씀을 가지라 모든 기도와 간구를

하되 항상 성령 안에서 기도하고 이를 위하여 깨어 구하기를 항상 힘쓰며 여러 성도를 위하여 구하라

(에베소서 6:10-18)

비 집단과 각종 이단들은 성도들을 미혹하려고 아우성입니다. 점점 심해지는 생존에 대한 위협과 경쟁은 우리를 막다른 골목으로 몰아갑니다. 지뢰처럼 펑펑 터지는 각종 문제와 어려움들은 우리로 하여금 생활의 염려로 마음이 둔해지도록 만듭니다. 지금 우리는 영적 생존을 위한 치열한 삶의 현장에서 살고 있습니다. 그러나 우리는 홀로 버려진 것이 아닙니다. 성령님이 우리를 도우십니다. 우리는 패배할 것이 아니라 반드시 승리할 것입니다. 하나님이 보장하셨기 때문입니다. 그럼에도 불구하고 사탄은 여전히 우리의 약점을 통해 공격하고 있습니다. 만일 당신이 아직까지 옛 가치관 속에 머물고 있거나 옛 가치의 잔재들을 붙들고 있다면 당신은 사탄에게 가장 좋은 통로를 허락해 준 것이나 다름없습니다. 당신이 방관하고 있는 사이에 사탄은 옛 가치관이라는 통로를 이용해 공격합니다. 그리고 결정적인 순간에 당신을 무력하게 만들고 무너지게 만들 것입니다.

사탄이 당신의 믿음으로 침투하기 위해 사용하는 문은 적어도 세 가지가 있습니다. 첫 번째 감정과 감각과 욕망이라는 문입니다. 대부분의 사람들은 이 문을 지켜내지 못하고 무너져 내립니다. 그동안 마음속에 깊이 자리 잡고 있던 상처들과 다른 사람들에 대한 분노의 마음, 마음속에 끊임없이 솟구쳐 오르는 탐욕들이 당신의 마음 상자 속에 비밀스럽게 간직되어 있습니다. 그러다 자신도 모르는 사이 생활 현장 속에서 순식간에 나타나게 됩니다. 사탄은 이 문을 통해 우리의 삶 에 쉽게 침투합니다.

두 번째 우리의 습관과 옛 생활양식이라는 문입니다. 사탄은 우리의 잘못된 습관과 옛 가치관 안에 우리 인생을 철저하게 묶어 두었습니다. 전통이라는 이름으로, 혹은 우리도 모르게 굳어진 죄악과 세상적인 습관으로, 육적인 생활 방식에 우리의 모든 영적 가능성을 묶어 놓았습니다. 그러나 성경은 우리를 새롭게 창조된 하나님의 피조물이라고 선언합니다. 이전 것은 다 지나간 것이며

옛 것으로부터 자유한 존재라고 선포하셨습니다. 이제 우리는 잘못된 옛 습관과 잘못된 삶의 방식을 버리고 새로운 삶에 어울리는 거룩한 영적 습관을 만들어 가야 합니다. 옛 가치관에 의존해 사는 것이 편해 보여도 과감하게 포기해야 합니다. 깨끗하게 청소하지 않으면 더러운 벌레가 생기는 것처럼 새로운 삶으로 변화되지 않는다면 사탄은 당신의 삶에 몰래 들어와 당신 인생을 괴롭힐 것입니다.

세 번째 사탄이 사용할 세 번째 출입문은 우리의 마음입니다. 사탄은 우리가 예수 그리스도를 알기 전에 지녔던 지식, 가치기준, 생각, 잘못된 정보들을 통해 우리 마음에 들어와 군림하고 우리를 자신의 노예가 되도록 만들어 버립니다. 미국 최고의 부흥사였던 찰스 피니는 사탄의 전략을 이렇게 소개합니다. "영적인 삶을 살고자하는 어떤 부류의 사람들은 오직 자신의 마음속 감정에 오는 직접적인 느낌(impression)만을 주시기를 기대해 마음속에 느낌으로 가득 차게 되는데 이때 사탄은 흔히 천사를 가장하고 나타나서 사람들이 충동과 느낌에 자신을 던지도록 설득한다." 고 말하고 있습니다. 그렇지만 하나님의 영(성령님)이 우리 마음에 임하면 사람의 지성을 깨우치기 시작하십니다. 성경에 보면 성령님은 우리에게 말씀을 깨달아 알도록 만든다고 말씀하십니다. 뿐만 아니라, 모든 생각과 행동에서 지극히 타당성 있고 합리적인 사고를 할 수 있도록 지성을 통해 역사해 주십니다. 그러므로 우리는 성령의 인도하심을 따라 옛 생각과 개념들을 하나님 앞에서 재검토하고 정리하여 과감하게 변화시켜야 합니다. 그렇게 하지 않는다면 사탄이 우리의 삶 속으로 마음대로 출입하도록 또 하나의 출입문을 제공하게 되는 것입니다. 단순히 우리의 감정에 기초해서 신앙생활한다면 그것은 참으로 위험한 것입니다. 말씀을 기초로 해서, 말씀을 따라 순종하는 삶을 살아야 합니다.

그래서 바울은 에베소서 6장 14~17절을 통해 우리가 영적 전쟁에서 생존하기 위한 전략들을 소개하고 있습니다. 그것은 "하나님의 전신갑주"를 입는 것입니다. 전신갑주의 각 부분들과 역할에 대해 아래에 차례대로 적어 봅시다.

1. ______________________________
2. ______________________________
3. ______________________________
4. ______________________________
5. ______________________________
6. ______________________________

여섯 가지 무기 중 방어와 공격을 동시에 할 수 있는 유일한 무기가 있습니다. 그것은 성령의 검입니다. 검은 하나님의 말씀을 상징합니다. 하나님의 말씀은 사탄의 공격으로부터 당신을 지켜낼 수 있는 방어 무기인 동시에 상대에게 커다란 타격을 가할 수 있는 유일한 무기인 것입니다. 이제 당신은 성경만이 영적인 전쟁에서 당신이 생존할 수 있도록 돕는 가장 강력한 무기임을 깨달았을 것입니다. 사탄은 끈질기게 당신에게 도전해 올 것입니다. 그렇기 때문에 우리는 사탄과의 작은 전투에서 승리했다고 방심해서는 안됩니다. 더 큰 전쟁이 기다리고 있기 때문입니다. 사탄은 당신이 열어놓은 문을 통해 지금도 끊임없이 당신의 삶에 침투하며 당신을 손쉽게 무너뜨릴 수 있는 방법을 찾기에 혈안이 되어 있다는 것을 잊지 마십시오. 그러나 결국은 우리가 승리자가 된다는 사실을 기억하십시오. 영적인 도망자로 살지 마시고, 영적인 승리자로 사십시오.

정신병자란 똑같은 방법을 반복하면서 다른 결과가 나오기를 기대하는 사람이다.

- A. 아인슈타인

묵상하고 열매 맺기

1. 오늘 공부를 통해서 깨닫거나 새롭게 발견한 진리는 무엇입니까?

2. 당신에게는 사탄이 공격할 수 있는 가장 치명적인 약점은 어느 부분이라고 생각하십니까?

3. 오늘 말씀을 공부하고 느낀 것 중 변화된 삶을 위해 당신의 삶에 적용할 것은 무엇입니까?

다섯째 날 : 지금 여기서 시작하라!

여러분은 자기를 위하여 또는 온 양 떼를 위하여 삼가라 성령이 그들 가운데 여러분을 감독자로 삼고 하나님이 자기 피로 사신 교회를 보살피게 하셨느니라 내가 떠난 후에 사나운 이리가 여러분에게 들어와서 그 양 떼를 아끼지 아니하며 또한 여러분 중에서도 제자들을 끌어 자기를 따르게 하려고 어그러진 말을 하는 사람들이 일어날 줄을 내가 아노라 그러므로 여러분이 일깨어 내가 삼 년이나 밤낮 쉬지않고 눈물로 각 사람을 훈계하던 것을 기억하라 지금 내가 여러분을 주와 및 그 은혜의 말씀에 부탁하노니 그 말씀이 여러분을 능히 든든히 세우사 거룩하게 하심을 입은 모든 자 가운데 기업이 있게 하시리라 내가 아무의 은이나 금이나 의복을 탐하지 아니하였고 여러분이 아는바와 같이 이 손으로 나와 내 동행들이 쓰는 것을 충당하여 범사에 여러분에게 모본을 보여준 바와 같이 수고하여 약한 사람들을 돕고 또 주 예수께서 친히 말씀하신바 주는 것이 받는 것보다 복이 있다 하심을 기억하여야 할지니라

(사도행전 20:28-34)

사도행전 20장 28~34절을 읽으십시오.

바울은 하나님의 영을 통해 지금 그의 인생에서 자기에게 가장 어려운 순간이 다가오고 있다는 것을 알았습니다. 그렇지만 그는 담담합니다. 오히려 자신을 걱정하는 성도들을 위로하고 용기를 북돋아 주기까지 합니다. 바울은 자신이 겪어야 할 어려움을 이미 알고 있었지만 조금도 흔들림이 없었던 이유가 있습니다. 그리스도 안에서 새롭게 형성된 영적인 가치관이 더 이상 그를 흔들리지 않도록 만들어주었기 때문입니다. 하나님이 주신 가치관이 형성된 사람에게 두려움이란 존재하지 않습니다. 그들이 갖고 있는 가치관은 세상적인 것이 아니기 때문입니다. 우리는 사도행전 20장 24절에서 바울의 단호한 모습을 볼 수 있습니다. "주 예수께 받은 사명 곧 하나님의 은혜의 복음을 증언하는 일을 위하여 자신의 생명을 조금도 귀하게 여기지 않는다"라는 것입니다. 바울은 하나님이 자기에게 주신 사명을 이루는데 있어서 그 어떤 것도 아까워하지 않았습니다. 심지어 그의 목숨조차도 사명을 위해서는 아끼지 않는 가치관을 갖고 있었습니다. 바울에게 있어서 최고의 가치는 목숨을 유지하는 것이 아니라, 자신을 사역자로 부르신 하나님의 명령을 따르는 것이었기 때문입니다.

바울을 사역자로 부르신 하나님께서 이 시간 우리도 하나님의 사역자로 부르고 계십니다. 하나님은 잘못된 가치관과 편견으로 가득찬 마음을 가지고 다메섹으로 가는 바울을 불러, 변화시켰던 그 단호하면서도 사랑이 가득한 음성으로 우리의 이름을 부르고 계십니다. 우리는 우리의 내면에 새로운 영적 가치관을 형성하고 하나님의 사역자로서 살아가야 합니다. 오늘날 수많은 사람들 마음속엔 이기심과 자기주장이라는 옛 가치관을 갖고 자신이 손해 보는 일은 조금도 하지 않으려고 합니다. 예수님을 믿고 있음에도

불구하고 예수님을 믿는 것에 부담을 느끼고 싫어하지 않습니다. 하지만 하나님 나라의 가치관을 소유한 진정한 그리스도인은 하나님을 위한 거룩한 부담을 자랑스러워합니다.

우리는 하나님이 사역자로 부르시는 것에 응답하여 적극적으로 나아가는 것이 얼마나 축복된 삶인지 바울의 생애를 통해 배울 수 있습니다. 하나님을 만나 새로운 가치를 부여받은 그에게 하나님과 교회를 위한 그의 사역은 생명이었습니다. 주님의 부르심에 응답하는 것은 매우 중요한 일입니다. 나아가, 주님의 부르심에 결단해서 사역자로의 삶을 살기 시작하는 것은 더 중요한 일입니다. 우리 모두는 하나님을 섬기기 위해 택함 받은 하나님의 자녀요, 부름 받은 하나님의 사역자들이기 때문입니다.

사도행전 20장 27절과 31절을 통해 바울이 하나님의 부르심에 어떻게 헌신하고 있는지를 적어 보십시오.

1. ____

2. ____

바울은 자신의 전 생애를 걸고 하나님을 위해 헌신하고 자신의 눈물과 땀과 모든 정력을 사역에 투자했습니다. 바울은 하나님을 빙자해 자신의 유익을 챙기려는 사람들을 강하게 질책합니다. 우리의 잘못된 가치기준에 기초한 오래된 신앙 연륜은 하나님을 내 유익과 이익에 끼워 맞추려는 잘못된 사고방식을 낳게 합니다. 어떤 이들처럼 지극히 삶의 일부분만을 하나님께 헌신하고 나머지는 자신을 위해 사용하고 즐기려는 위험한 상상을 하게 되는 것입니다.

그러나 우리가 우리 인생을 주님께 과감하게 헌신하는 그 순간부터 우리의 마음속에는 감당할 수 없을 만큼 감격적인 새로운 가치가 자리잡게 됩니다. 더 이상 자신의 유익과 이익을 모색하는 삶이 아니라 하나님과 다른 지체들을 섬기는 축복되고 의미있는 삶을 살게 됩니다. 자기 인생을 하나님을 섬기는 사역자의 가치관으로 보게된다면 지금까지 당신이 소중하다고 생각했던 것들이 시시해 보일 것입니다. "내가 왜 조그만 문제를 가지고 고민하고 갈등했을까?" 라는 질문을 스스로에게 던지며 변화된 자신의 모습을 보고 웃음을 짓게 될 것입니다. 그리스도 안에서 변화된 삶을 열망하십시오. 변화된 삶을 위해 여러분의 생각을 변화시키십시오. 에머슨은 "생각이 열쇠다. 사람은 하루종일 자기가 생각하는 대로 된다." 고 말했습니다. 여러분이 되고 싶은 인생을 상상하지 말고, 하나님이 기대하는 인생으로 살고 싶은 거룩한 상상을 하십시오.

습관이 가치관이다.

- 게리 콜린스

묵상하고 열매 맺기

1. 오늘 공부를 통해서 깨닫거나 새롭게 발견한 진리는 무엇입니까?

2. 이번 주 우리 교회나 당신 주변에서 주님께 헌신하는 한 사람을 만나 보십시오. 그리고 그들이 왜 그런 삶을 살게 되었는지를 들어 보십시오.

3. 오늘 말씀을 공부하고 느낀 것 중 변화된 삶을 위해 당신의 삶에 적용할 것은 무엇입니까?

3 단원

존재혁명 _ 아담의 자녀들이 존귀함을 얻는 방법

3단원 [암송구절 | 에베소서 5:1-2]

존재혁명 _ 아담의 자녀들이 존귀함을 얻는 방법

첫째 날 : 존귀하게 되는 것은 중요한가?

창세기 3장 1~8절과 17~19절을 읽으십시오.

사람은 하나님의 형상대로 창조된 유일한 존재입니다. 그래서 하나님은 사람을 위해 천지를 창조하시고 사람이 살 수 있는 환경을 다 준비해 놓으신 후 맨 마지막 날 사람을 만드신 것입니다. 하나님은 자신의 형상대로 만드신 사람에게 복을 주시고 하나님이 창조하신 모든 천지만물을 다스릴 수 있는 권세와 능력과 특권을 주셨습니다.

"하나님이 그들에게 복을 주시며 하나님이 그들에게 이르시되 생육하고 번성하여 땅에 충만하라, 땅을 정복하라, 바다의 물고기와 하늘의 새와 땅에 움직이는 모든 생물을 다스리라 하시니라"

(창 1:28)

하나님은 사람을 창조하신 후 '에덴' 이란 곳에 머물게 하셨는데 에덴이라는 이름처럼 하나님 안에서 항상 기쁘고 행복한 삶을 누

그런데 뱀은 여호와 하나님이 지으신 들짐승 중에 가장 간교하니라 뱀이 여자에게 물어 이르되 하나님이 참으로 너희에게 동산 모든 나무의 열매를 먹지 말라 하시더냐 여자가 뱀에게 말하되 동산 나무의 열매를 우리가 먹을 수 있으나 동산 중앙에 있는 나무의 열매는 하나님의 말씀에 너희는 먹지도 말고 만지지도 말라 너희가 죽을까 하노라 하셨느니라 뱀이 여자에게 이르되 너희가 결코 죽지 아니하리라 너희가 그것을 먹는 날에는 너희 눈이 밝아져 하나님과 같이 되어 선악을 알 줄 하나님이 아심이니라 여자가 그 나무를 본즉 먹음직도 하고 보암직도 하고 지혜롭게 할 만큼 탐스럽기도 한 나무인지라 여자가 그 열매를 따먹고 자기와 함께 있는 남편에게도 주매 그도

먹은지라 이에 그들의 눈이 밝아 져 자기들이 벗은 줄을 알고 무화과나무 잎을 엮어 치마로 삼았더라 그들이 그 날 바람이 불 때 동산에 거니시는 여호와 하나님의 소리를 듣고 아담과 그의 아내가 여호와 하나님의 낯을 피하여 동산 나무 사이에 숨은지라

(창세기 3:1-8)

아담에게 이르시되 네가 네 아내의 말을 듣고 내가 네게 먹지 말라 한 나무의 열매를 먹었은즉 땅은 너로 말미암아 저주를 받고 너는 네 평생에 수고하여야 그 소산을 먹으리라 땅이 네게 가시덤불과 엉겅퀴를 낼 것이라 네가 먹을 것은 밭의 채소인즉 네가 흙으로 돌아갈 때까지 얼굴에 땀을 흘려야 먹을 것을 먹으리니 네가 그것에서 취함을 입었음이라 너는 흙이니 흙으로 돌아갈 것이니라 하시니라

(창세기 3:17-19)

릴 수 있는 복도 주셨습니다.(참고: 히브리어로 에덴은 '기쁨' 이라는 뜻을 갖고 있습니다.) 사람은 다른 피조물과는 전혀 다른 존재입니다. 사람은 하나님의 형상대로 창조된 '존귀한 존재' 이기 때문입니다. 그러나 하나님은 이 모든 권리와 축복은 사람이 하나님을 섬기며 하나님과 바른 관계를 유지할 때만 가능하도록 만드셨습니다.

성경 말씀 중 "하나님의 형상대로" 라는 말은 사람이 하나님처럼 영적 속성을 지닌 존재로 지음 받았다는 것을 의미합니다. 피조물에 불과한 사람이 영이신 하나님과 소통할 수 있는 영적인 존재로서의 권리를 부여받은 것입니다. 모든 피조물 중 오직 사람만이 영이신 하나님과 교제할 수 있는 유일한 특권을 부여받았습니다. 세상의 다른 피조물과는 비교할 수 없는 엄청난 권리를 갖게 된 것입니다. 그러나 불행하게도 하나님에 대한 아담과 하와의 불순종은 하나님이 창조하신 영적 존재로서의 존귀함과 특별한 가치를 상실하게 만들었습니다. 하나님을 닮게 창조되어 하나님과 소통할 수 있는 영적 특권을 스스로 저버리고 만 것입니다. 슬프게도 하나님께 불순종한 인간의 죄는 하나님이 주신 인간의 존엄성을 파괴하여 스스로를 아무런 가치없는 육적 존재로 전락하도록 만들었습니다.

"여호와께서 이르시되 나의 영이 영원히 사람과 함께 하지 아니하리니 이는 그들이 육신(=육적존재)이 됨이라" (창 6:3)

아담과 하와는 아주 특별한 존재였음에도 불구하고 하나님의 사랑을 입은 자녀로서의 특권을 중요하게 생각지 않았습니다. 어리석게도 그들은 하나님과 소통할 수 있는 관계 이상의 것을 추구했습니다. 하나님 안에서만 자신이 존귀하게 될 수 있는 존재라는 사실을 망각했습니다. 사탄은 잘못된 마음과 생각을 가진 아담과 하와에게 접근했습니다. 그들의 약점을 공격해 하나님과 맺어 왔

던 영적인 관계를 한 순간에 무너뜨렸습니다. 결과적으로 아담과 하와는 하나님이 주신 자유의지라는 큰 축복을 불순종을 통해 영원한 저주로 만들어버린 것입니다.

하나님이 아담과 하와에게 먹지 말라고 한 선악과는 동산 중앙에 있었습니다. 동산 중앙에 있는 선악과는 에덴동산에서 너무나 잘 보이는 곳에 위치해 있었습니다. 그 나무는 사람이 하나님의 피조물이라는 사실을 아담과 하와에게 매일 상기시켜주는 시청각 교재였습니다. 선악과는 사람이 하나님께 순종하고 하나님 안에 있을 때만 행복한 존재라는 것을 가르쳐 주는 영적 신호등과도 같은 것이었습니다. 그러나 하와는 하나님이 금지한 장소에 들어가 보고 싶은 인간적인 욕망을 절제하지 못했습니다. 사탄은 이때를 놓치지 않고 하와에게 잘못된 목표를 갖도록 했습니다. 사탄은 하와의 감정을 통해 하나님의 영역에 대한 하와의 잘못된 호기심을 자극했습니다. 결국 하와는 자신도 하나님과 같이 될 수 있다는 그릇된 판단을 하게 되고 하나님 앞에서 돌이킬 수 없는 큰 범죄를 저지르게 된 것입니다.

"너희가 그것을 먹는 날에는 너희 눈이 밝아 하나님과 같이 되어 선악을 알 줄을 하나님이 아심이니라 여자가 그 나무를 본즉 먹음직도 하고 보암직도 하고 지혜롭게 할 만큼 탐스럽기도 한 나무인지라 여자가 그 열매를 따먹고 자기와 함께 있는 남편에게도 주매 그도 먹은지라" (창 3:5-6)

원래 에덴동산은 하나님께서 아담과 하와가 원하는 모든 것을 다 얻을 수 있고, 누릴 수 있도록 예비하신 축복의 장소였습니다. 그러나 아담과 하와는 하나님이 주신 것 이상의 것을 원했습니다. 그들은 자기들이 원하지 말아야 할 것을 원했습니다. 품어야 할 그 이상의 생각을 품었습니다. 결국 그들의 잘못된 욕망은 하나님과의 관계를 단절시켜 버렸습니다. 야고보서 1장 15절에서는 이렇게 경고하고 있습니다. "욕심이 잉태한즉 죄를 낳고 죄가 장성한즉 사망을 낳느니라."

아담과 하와의 잘못된 욕심과 욕망이 에덴동산에서 쫓겨나도록 만들었습니다. 뿐만 아니라 죽을 때까지 애쓰고 땀흘려 일해야 하는 황폐한 땅을 얻게 되었습니다. 아무리 수고해도 땅은 사람에게 가시덤불과 고통만 안겨 주었습니다. 죄를 범한 인간이 땅에서 얻게 된 것은 오직 생존을 위한 치열한 경쟁과 질투와 시기심뿐이었습니다. 이 모든 것이 죄의 열매인 것입니다.

그러나 불행하게도 오늘날 그리스도인들의 모습속에서 아담과 하와가 가졌던 탐욕의 그림자를 발견하게 됩니다. 세상에 대한 욕망이 때 묻은 손톱처럼 마음속에서 자라고 있습니다. 스스로에게 자부심을 가져다주는 야망들, 사람들에게 인정받고 싶은 업적들 때문에 자신의 수고와 땀으로 존귀해지려는 목표에 더 집착을 하고 있습니다. 아마도 당신은 지금까지 당신의 욕망을 채우기 위해 많은 대가를 치르며 살아왔을 것입니다. 하지만 이제 잠깐 시간을 내어 당신의 모습을 돌아보십시오. 당신의 야망을 성취하기 위해 치른 대가는 무엇입니까? 또, 그 대가를 통해 얻은 결과는 무엇입니까? 아래에 써 보십시오.

이루고 싶은 야망이나 목표	당신이 치른 대가 (야망을 위해 포기했던 것)

그러나 명심하십시오. 당신은 하나님의 자녀가 되었기 때문에 존귀해지려고 하지 않아도 이미 존귀한 존재가 되었습니다. 이제

부터 당신이 할 수 있는 일은 당신이 얼마나 존귀한 존재인지를 깨닫는 것입니다. 오늘날 많은 사람들이 하나님의 말씀에 순종하는 대신 여전히 잘못된 욕망을 품고 자신의 인생을 스스로 파괴하고 있습니다. 하나님과의 바른 관계를 통해서만 존귀한 존재로 인정받을 수 있다는 하나님의 계획을 따르지 않고, 자신의 노력으로 존귀해지려는 교만함을 갖고 있습니다. 하지만 우리가 가진 이러한 욕망들은 잘못된 것입니다.

우리는 하나님의 형상대로 창조된 하나님의 자녀로서 이미 존귀한 존재가 되었습니다. 예수 믿고 구원받는 순간 하나님의 영이 우리 안에 임하여 존귀한 영적 존재로 회복되었습니다. 하나님의 자녀가 된 당신은 영적인 존재이며 존귀한 하나님의 자녀임을 깨달아야 합니다. 하나님의 자녀라는 사실 하나만으로도 범사에 감사하는 삶을 살아갈 수 있는 믿음을 가져야 합니다. 아직도 스스로의 노력으로 존귀해지려는 내적 충동에 이끌리고 있습니까? 환경과 조건, 가진 재산이나 지위, 당신의 현재 모습과는 상관없이 당신이 하나님의 자녀라는 사실 때문에 존귀한 존재라는 것을 명심하십시오.

묵상하고 열매 맺기

1. 오늘 공부를 통해서 깨달거나 새롭게 발견한 진리는 무엇입니까?

2. 당신은 이미 존귀한 존재가 되었다는 사실에 대해 묵상해 보고 당신의 생각을 말해 보십시오.

3. 당신이 존귀한 하나님의 자녀라는 사실을 확신한다면 당신의 오늘 하루의 삶은 어떻게 달라지겠습니까?

둘째 날 : 나의 업적으로 존귀해지는가?

창세기 4장 16절, 25절, 전도서 6장을 읽으십시오.

9월 27일 아침 캐나다 CBC뉴스 시간에 다음과 같은 내용이 보도되었습니다.

"여러분 100미터 세계신기록 보유자인 우리나라의 영웅 벤 존슨이 약물복용으로 선수자격을 상실하고 그 모든 기록이 취소되었습니다. 우리나라의 수치입니다." 이어서 기자가 존슨과 인터뷰한 내용이 보도되었습니다. 기자가 "왜 약물을 복용했습니까?" 라고 묻자 그는 이렇게 대답했습니다. "그동안 나는 훈련을 등한시 했습니다. 그렇지만 챔피언이 되고 싶은 욕망 때문에 어쩔 수가 없었습니다."

더러운 욕망과 인간적인 욕심은 인간의 존엄성을 무너뜨립니다. 가인도 마찬가지였습니다. 인간적인 노력으로 인정받아 보려고 하던 자신이 무시당하자 그는 더욱더 자신의 욕망에 집착하게 되었습니다. 그의 마음속에는 아벨과의 비교의식 때문에 생긴 소외감이 자리 잡았습니다. 열등의식의 산물로 나온 좌절과 낙심이 그를 사로잡았습니다. 가인은 피해 의식에서 나온 자신의 분노와 절망감을 살인이라는 극단적인 형태로 동생 아벨에게 표출할 수밖에 없었습니다.

성경에 나타난 가인의 후손들을 살펴보면 많은 종류의 사람들이 등장합니다. 그들 또한 조상 가인처럼 다양한 방법들을 통해 사람과 하나님께 인정받으려 했습니다. 하지만 그들의 가치 기준은 이미 하나님과 멀어져 있었기 때문에 더 이상 존귀함을 느낄 수가 없었습니다. 오늘날 많은 사람들이 부모님, 선생님, 친구들, 직장이나 교회, 심지어 자기 자신에게 인정받기 위해 무척 노력하

가인이 여호와 앞을 떠나서 에덴 동쪽 놋 땅에 거주하더니
(창세기 4:16)

아담이 다시 자기 아내와 동침하매 그가 아들을 낳아 그의 이름을 셋이라 하였으니 이는 하나님이 내게 가인이 죽인 아벨 대신에 다른 씨를 주셨다 함이며
(창세기 4:25)

내가 해 아래에서 한 가지 불행한 일이 있는 것을 보았나니 이는 사람의 마음을 무겁게 하는 것이라 어떤 사람은 그의 영혼이 바라는 모든 소원에 부족함이 없어 재물과 부요와 존귀를 하나님께 받았으나 하나님께서 그가 그것을 누리도록 허락하지 아니하셨으므로 다른 사람이 누리나니 이것도 헛되어 악한 병이로다 사람이 비록 백 명의 자녀를 낳고 또 장수하여 사는 날이 많을지라도 그의 영혼은 그러한 행복으로 만족하지 못하고 또 그가 안장되지 못하면 나는 이르기를 낙태된 자가 그보다는 낫다 하나니 낙태된 자는 헛되이 왔다가 어두운 중에 가매 그의 이름이 어둠에 덮이니 햇빛도 보지 못하고 또 그것을 알지도 못하나 이가 그보다 더 평안함이라 그가

비록 천 년의 갑절을 산다 할지라도 행복을 보지 못하면 마침내 다 한 곳으로 돌아가는 것뿐이 아니냐 사람의 수고는 다 자기의 입을 위함이나 그 식욕은 채울 수 없느니라 지혜자가 우매자보다 나은 것이 무엇이냐 살아 있는 자들 앞에서 행할 줄을 아는 가난한 자에게는 무슨 유익이 있는가 눈으로 보는 것이 마음으로 공상하는 것보다 나으나 이것도 헛되어 바람을 잡는 것이로다 이미 있는 것은 무엇이든지 오래 전부터 그의 이름이 이미 불린 바 되었으며 사람이 무엇인지도 이미 안 바 되었나니 자기보다 강한 자와는 능히 다툴 수 없느니라 헛된 것을 더하게 하는 많은 일들이 있나니 그것들이 사람에게 무슨 유익이 있으랴 헛된 생명의 모든 날을 그림자 같이 보내는 일평생에 사람에게 무엇이 낙인지를 누가 알며 그 후에 해 아래에서 무슨 일이 있을 것을 누가 능히 그에게 고하리요

(전도서 6:1-12)

는 삶을 삼고 있습니다. 당신은 다른 사람에게 인정받기 위해 노력했던 일은 무엇입니까? 자신의 삶을 되돌아보면서 아래에 써 보십시오.

____

____

____

종교개혁가 루터는 수도원에 들어가 수도하면서 영적인 존귀함을 얻으려고 계획했습니다. 수많은 시간 동안 많은 방법을 통해 자신의 존귀함을 확인 받으려고 노력했습니다. 하지만 그의 마음은 점점 더 커다란 부담감으로 채워지기 시작했습니다. 존귀한 존재가 되기 위해 자신의 몸을 자학하는 방법으로 육체적인 고통을 자초하기도 했습니다. 그러나 루터는 존귀함을 얻을 수 없었습니다. 그러던 그는 사람은 자신의 업적과 노력을 통해 존귀해지는 것이 아니라 오직 믿음으로 존귀해진다는 사실을 발견했습니다. 인간의 노력이나 사람의 선한행실을 통해서 존귀해지는 것이 아니라 오직 믿음과 하나님과의 바른 관계를 통해서만 구원을 얻고 존귀해진다는 것을 깨달았습니다. 사람의 행위로서가 아니라, 오직 믿음으로 구원을 얻는다는 핵심 진리가 부패한 중세 종교를 개혁하는 원동력이 되었습니다.

오늘날 많은 사람들이 자신의 업적과 노력을 통해 존귀해질 수 있다고 생각합니다. 어떤 사람은 다른 사람들이 부러워 할 만큼의 돈을 모으기도 합니다. 어떤 이는 다른 사람들이 쳐다볼 수도 없는 학력을 소유함으로 존귀해지려 합니다. 아름다운 외모와 몸매를 위해 성형수술과 다이어트를 합니다. 최고의 남편과 예쁜 아내를 맞이해 존귀해지려고 합니다. 그러나 이들은 잘못된 목표를 향해 빠른 속도로 질주하고 있기 때문에 자신의 삶을 돌아보고 생각할 여유조차 갖고 있지 못합니다. 그저 육체의 충동과 인생의 욕

심에 이끌려 살아갈 뿐입니다. 세상에서는 자신들이 원하는 것들을 소유했을지 모르지만 그들의 내면세계 속에는 돌이킬 수 없는 공허함과 허망함이 자리 잡고 있습니다.

전도서 6장은 자신이 원하는 모든 것을 소유했던 솔로몬 왕의 고백을 소개하고 있습니다. 솔로몬 왕은 전도서에서 자신이 남긴 업적과 소유들이 얼마나 무익한지 구체적으로 전해 주고 있습니다. 예수 그리스도를 삶의 가치기준으로 삼지 않는 사람은 열심히 살아도 밑 빠진 항아리에 물을 붓는 것과 같이 헛된 인생을 살아가는 것입니다. 완전한 만족은 오직 하나님을 통해서만 가능합니다. 솔로몬은 전도서 1장 2절에서 "모든 것이 헛되다"는 말로 하나님 없는 삶의 무가치함을 노래하고 있습니다.

철학자 파스칼은 하나님으로부터 그 누구에게서도 찾아 볼 수 없을 만큼의 명석한 두뇌를 선물로 받았습니다. 그는 하나님 안에서 자신에게 주어진 달란트를 사용해야 한다는 사실을 알고 있었습니다. 하지만 그는 자신의 욕망과 업적을 위해 하나님이 주신 달란트와 재능들을 함부로 사용하기 시작합니다. 하나님은 그에게 하루도 빼놓지 않고 찾아오는 심한 두통을 통해 자신의 업적과 존귀함을 추구했던 파스칼에게 경고했습니다. 사람들을 놀라게 했던 그의 두뇌는 지끈거리는 두통으로 더 이상 제 기능을 발휘할 수 없었습니다. 그는 39살의 짧은 생애를 마감하면서 이렇게 고백합니다. "하나님 당신이 주신 이 두통을 통해, 내가 받은 달란트를 세상과 나를 향해 마구 사용했음을 새삼 깨달았습니다."

당신은 당신에게 주신 은사와 재능을 파스칼처럼 자신을 위해 마구 사용했던 적은 없습니까? 있다면 무엇인지 적어보고 어디에 사용하고 있는지 구체적으로 말해 보십시오.

우리 인생의 궁극적인 가치를 인생의 성공과 나의 업적에 둔다면 우리 마음은 공허함과 실망감으로 가득 차게 될 것입니다. 참된 행복은 하나님과 올바른 관계를 회복하는 것에 있습니다. 기쁨은 하나님이 주신 달란트를 올바로 사용하는데 있습니다. 하나님은 우리에게 세상에서 성공할 수 있는 엄청난 가능성을 주셨습니다. 그러나 그 가능성은 오직 하나님과의 올바른 영적 관계 안에서만 발견될 것입니다. 하나님과의 바른 관계 이외에 그 어떤 것도 당신을 존귀하게 해주지 못한다는 사실을 기억하십시오.

로널드 레이건 미국 대통령의 책상에는 이런 글이 담긴 액자가 놓여 있었다고 한다. "인정받는 것을 개의치 않는다면 인간은 무한히 많은 일을 할 수 있다."

묵상하고 열매 맺기

1. 오늘 공부를 통해서 깨닫거나 새롭게 발견한 진리는 무엇입니까?

2. 지금까지 당신은 존귀한 존재가 되기 위해서 어떤 노력과 시도를 했습니까?

3. 오늘 당신이 하나님께 드리는 기도를 해보십시오.

셋째 날 : 나를 인정해 줄 사람들이 필요한가?

여호와여 도우소서 경건한 자가 끊어지며 충실한 자들이 인생 중에 없어지나이다 그들이 이웃에게 각기 거짓을 말함이여 아첨하는 입술과 두 마음으로 말하는도다 여호와께서 모든 아첨하는 입술과 자랑하는 혀를 끊으시리니 그들이 말하기를 우리의 혀가 이기리라 우리 입술은 우리 것이니 우리를 주관할 자 누구리요 함이로다

(시편 12:1-4)

시편 12편 1~4절을 읽으십시오.

한 꼬마가 바울에게 이렇게 물었습니다. "저 있잖아요. 창세기를 읽어보니까, 하나님께서는 7일에 걸쳐 만물을 하나씩 다 만드셨잖아요? 그리고 하나님은 전지전능하신 분이잖아요? 그런데 왜 교회 십자가 꼭대기 위엔 피뢰침을 설치해 놓은 거죠? 천둥 번개랑 하나님이랑 싸우면 하나님이 지기 때문인가요?" 바울은 웃음을 참지 못하며 그 꼬마에게 조용히 속삭여 주었습니다. "십자가의 높이가 믿음의 깊이를 나타내 주는 것은 아니란다. 그리고 천둥 번개는 우리들의 죄가 만든 것일 수도 있지? 천둥 번개가 치는 날이면 하나님께서는 스스로 교회 십자가 위에 피뢰침이 되어 서계신 거란다. 그리고 천둥 번개를 온몸으로 끌어안으신단다."

(이솝이 빠뜨리고 간 이야기 중)

사람들은 하나님이 세상을 창조하셨다면 왜 사람에게 고통이 있게 하셨냐고 반문합니다. 하지만 고통은 하나님이 만드신 것이 아닙니다. 인간이 죄를 지음으로 스스로 자초한 것입니다. 오히려 하나님은 사람을 사랑하셔서 죄를 지은 사람이 받아야 할 무서운 고난과 형벌을 대신 감당하셨습니다. 우리를 위해 형벌의 틀인 십자가를 친히 온몸으로 지셨습니다. 그런데 아직도 많은 사람들은 이러한 하나님의 사랑과 은혜를 깨닫지 못하고 믿지 못하고 거절하고 있습니다.

사람들이 빛 되신 하나님을 떠났기 때문에 캄캄한 인생의 두려움과 불안을 경험하게 됩니다. 영적 어둠이 가져다주는 고통과 괴로움을 겪게 됩니다. 황량한 사막처럼 적막한 인생의 공허와 고독을 맞이하게 됩니다. 사람들은 자신을 인정해주고 함께 해주고 칭

찬해줄 사람을 찾고 있습니다. 자신의 불안과 두려움을 해소해 줄 무엇인가를 찾아 점을 치고 궁합을 보고 사주팔자를 봅니다. 아이들도 예외가 아닙니다. 어릴 때부터 다른 사람에게 칭찬듣고 인정받기 위해 좋은 옷과 신발을 찾습니다. 세련된 모양의 핸드폰, 멋지게 생긴 남자친구와 여자친구를 통해 자신의 존귀함을 나타내고 싶어 합니다. 자신의 블로그나 트위터를 통해 자신을 다른 사람에게 나타내고 자랑하고 싶어 합니다. 많은 학자들은 부모들이 아이들을 인정해 주고 칭찬해 줄 때 아이들의 기가 살아나고 성공할 수 있다고 믿고 있습니다. 그러나 이러한 것들은 우리 모두가 아담의 자녀라는 사실을 간접적으로 증명해 주고 있습니다.

많은 아담의 자녀들이 주인의 눈치를 살피는 종의 사고방식과 삶에서 벗어나지 못하고 있습니다. 주인의 마음에 들지 않으면 버림받거나 책망이 따르게 될 것이기 때문입니다. 종은 주인에게 인정받기 위해 몸부림칩니다. 그렇지만 주인의 자녀는 다릅니다. 자기 아버지가 무슨 생각을 하는지 직감을 통해 알 수 있습니다. 도움이 필요하면 아버지에게 당당하게 요청합니다. 자신이 중요해지기 위해 의도적으로 노력할 필요가 없습니다. 존귀한 주인의 아들이기 때문입니다. 종은 이렇게 할 수 없습니다. 그들에게는 권리가 없습니다. 종이기 때문에 자유로운 생각을 할 수 없습니다. 종에게 자유란 환상에 불과한 것입니다. 우리는 존귀한 하나님의 자녀입니다. 예수를 믿고 하나님의 자녀가 된 우리는 진리이신 예수님의 능력 안에서 자유하게 되었습니다.

"너희가 내 말에 거하면 참으로 내 제자가 되고 진리를 알지니 진리가 너희를 자유롭게 하리라" (요 8:31-32)

아직도 자신의 업적을 통해 존귀함을 추구하고 있다면 당신 속에 내재되어 있는 종의 습관을 버리고 자유하십시오. 하나님을 믿고 있지만 여전히 당신을 자유하게 만들지 못하는 종의 습관이 남아 있다면 무엇인지 말씀해 보십시오.

____

____

____

하나님은 우리를 가족으로 부르셨습니다(엡 2:19). 하나님 안에서 영적인 가족 공동체를 형성하고 서로 사랑하고 섬기며 살도록 만드셨습니다. 당신이 하나님의 가족인 교회 안에 속한 것 자체가 당신은 이미 존귀한 존재라는 것을 증명해 주고 있습니다. 더 이상 다른 사람들에게 인정받으려 애쓰지 않아도 당신은 이미 특별한 하나님의 자녀가 되었으며 하나님의 걸작품 입니다.

하나님은 당신의 있는 모습 그대로를 사랑하십니다(찬 214장, 통 349장). 하나님의 사랑에는 어떤 조건과 이유도 달려있지 않습니다. 하나님의 자녀라는 사실 한 가지만으로도 우리는 이미 하나님이 책임져 주시는 존귀한 존재가 되었습니다. 더 이상 자신감 없이 살지 말고 전능하신 하나님 아버지 앞으로 나아오십시오. 예수님은 마태복음 11장 28절에서 이렇게 말씀하십니다. "수고하고 무거운 짐 진 자들아 다 내게로 오라 내가 너희를 쉬게 하리라." 당신은 종의 신분에서 존귀한 하나님 자녀로 변화되었습니다. 하나님 자녀로서의 특권을 가지고 당당하게 살아가십시오. 당신은 창조주 하나님의 존귀한 자녀라는 사실을 절대로 잊지 마십시오.

사람의 행동과 태도는 그 사람의 자아상에 달려 있다.

- 말츠

묵상하고 열매 맺기

1. 오늘 공부를 통해서 깨닫거나 새롭게 발견한 진리는 무엇입니까?

2. 당신을 인정해줄 특별한 사람들이 없어도 당신은 존귀한 존재라고 생각하십니까? 만일 그렇지 않다면 왜 그렇다고 생각하십니까?

3. 오늘 당신이 하나님께 드리는 기도를 해보십시오.

그러나 나도 육체를 신뢰할 만하며 만일 누구든지 다른 이가 육체를 신뢰할 것이 있는 줄로 생각하면 나는 더욱 그러하리니 나는 팔일 만에 할례를 받고 이스라엘 족속이요 베냐민 지파요 히브리인 중의 히브리인이요 율법으로는 바리새인이요 열심으로는 교회를 박해하고 율법의 의로는 흠이 없는 자라 그러나 무엇이든지 내게 유익하던 것을 내가 그리스도를 위하여 다 해로 여길 뿐더러 또한 모든 것을 해로 여김은 내 주 그리스도 예수를 아는 지식이 가장 고상하기 때문이라 내가 그를 위하여 모든 것을 잃어버리고 배설물로 여김은 그리스도를 얻고 그 안에서 발견되려 함이니 내가 가진 의는 율법에서 난 것이 아니요 오직 그리스도를 믿음으로 말미암은 것이니 곧 믿음으로 하나님께로부터 난 의라

(빌립보서 3:4-7)

넷째 날 : 자기 존엄성의 척도

빌립보서 3장 4~7절을 읽으십시오.

"이스라엘 족속이요 베냐민 지파요 히브리인 중의 히브리인"인 바울은 인간적으로 볼 때 그 누구도 따라갈 수 없는 당대 최고의 가문에서 태어났습니다. 율법으로는 바리새인이요 학력으로는 가말리엘의 문하생으로 최고의 지위와 학력을 가진 사람이었습니다. 바울은 당대에 모든 사람들이 부러워할 만한 자격을 갖췄습니다. 다른 사람들에게도 인정을 받았던 사람이었습니다. 때문에 바울은 언제나 자신을 신뢰했으며 "육적인 업적"을 사람들에게 과시하기 위해 열심히 살았습니다. 예수 믿는 사람들을 핍박하는 일에도 앞장을 선 열성적인 유대인이었습니다. 빌립보서 3장 4절에 보면 바울은 예수 믿기전 자신이 얼마나 자기 육체를 신뢰하는 삶을 살았는지에 대해 말하고 있습니다. 사람들이 자신을 부러워할 때마다 바울은 스스로가 너무나도 대견스러웠을 것입니다.

아마도 오랫동안 동안 교회생활을 했거나 혹 교회생활을 막 시작한 사람들에게는 크고 작은 차이점이 있지만 바울이 가졌던 의로움을 추구하는 마음들이 잠재되어 있습니다. 자신을 다른 사람들에게 은근히 내보이고 자랑하고 싶은 마음들이 있습니다. 남이 알아주지 않으면 간접적으로라도 알려야 속이 시원합니다. 우리 모두는 자신의 업적을 통해 존귀함과 의로움을 추구하려는 태도를 가지고 있기 때문입니다. 오늘날 현대 그리스도인들의 모습속에서 바울이 예수님을 믿기 전에 가졌던 율법주의적인 신앙을 찾는 것은 그리 어려운 일이 아닙니다.

1. 이스라엘 족속이요 베냐민 지파요 히브리인 중의 히브리인이요.
   = "나는 대대로 기독교를 믿어온 철저한 기독교 집안에서 자라왔어."

2. 율법으로는 바리새인이요. = "나는 모태신앙이야."
3. 가말리엘의 문하생 = "나는 좋은 학력과 직장을 가지고 있어."
4. 율법으로 흠이 없는 자
= "난 지금까지 윤리 도덕적으로 문제가 없는 사람이야."

기독교 집안에서 생활했다는 것은 매우 존경할 만한 일입니다. 그렇지만 이런 사실이 오히려 하나님과의 올바른 관계에 도움을 주지 못하는 결과를 가져올 수도 있습니다. 우리는 하나님과 올바른 관계없이 행해지는 것은 모두 무의미하다는 것을 알아야 합니다. 디도서 1장 15절에 보면 "깨끗한 자들에게는 모든 것이 깨끗하나 더럽고 믿지 아니하는 자들에게는 아무것도 깨끗한 것이 없고 오직 그들의 마음과 양심이 더러운지라"고 말씀합니다. 삶의 중심이 하나님이 아니라 자기 자신이라면 사람들이 보기에 아무리 착하고 선한 삶이라 할지라도 그것은 하나님 보시기에 더럽고 의롭지 못한 삶이라는 의미입니다. 사람의 평가와 하나님의 평가는 다르기 때문입니다. 사람의 기준과 하나님의 기준은 다릅니다.

"이는 내 생각이 너희의 생각과 다르며 내 길은 너희의 길과 다름이니라 여호와의 말씀이니라 이는 하늘이 땅보다 높음 같이 내 길은 너희의 길보다 높으며 내 생각은 너희의 생각보다 높음이니라" (사 55:8-9)

예수 믿기 전 바울의 모습은 자신의 노력으로 존귀함을 얻으려는 사람들의 전형적인 옛 사람의 모습을 보여줍니다. 사람들은 외적인 모습을 보고 바울을 존경했습니다. 그의 행위와 겉모습을 보고 마땅히 존귀함을 받을 자격이 있다고 생각했습니다. 그렇지만 예수를 만난 후의 바울은 그동안 자신이 추구했던 이 모든 것들이 얼마나 부질없고 헛된 것이었는지를 깨달았습니다. 훗날 바울이 고백한 "내가 그를 위하여 모든 것을 배설물로 여긴다"는 말은 전에 바울을 알고 있었던 사람들에게는 충격적인 모습이었을 것입니다. 그토록 힘들게 노력해서 주어진 것들을 "배설물"로 여긴다는 바울을 보며 미쳤다고 말했을 것입니다.

그렇지만 바울의 마음속엔 새로운 것이 자리잡고 있었습니다. 하나님은 바울의 삶에 들어오셔서 그의 마음속 깊이 숨겨졌던 보물상자에 있던 옛 가치들을 새롭고 의미있는 가치들로 바꾸어 주셨습니다. 바울은 참된 가치이신 예수님을 소유했기 때문에 더 이상 가치있어 보이려고 노력하지 않아도 자신은 이미 가치있는 존재가 되었다는 사실을 알았습니다. 우리도 마찬가지입니다. 자신의 가치를 증명하기 위해 더 이상 세상에서 애쓰거나 방황하지 않아도 됩니다. 다른 사람에게 존귀한 존재로 인정받기 위해 다른 사람들과 경쟁하고 상처주고 피해를 주지 않아도 됩니다. 바울은 참된 존엄성의 기준인 예수님을 만난 뒤부터 자신이 지금까지 추구해왔던 세상것들이 얼마나 무익한 것인지를 깨닫고 버리기로 과감하게 결단했습니다. 우리의 존귀함은 세상의 평가와 기준에 따르는 것이 아니라, 하나님과의 인격적이고, 영적인 관계를 통해 이루어지기 때문입니다.

지금의 나와 달라지기 위해서는 내가 누군지 알아야 한다.

- 에릭 호퍼

묵상하고 열매 맺기

1. 오늘 공부를 통해서 깨닫거나 새롭게 발견한 진리는 무엇입니까?

2. 예수 안에서 존귀한 존재가 되었기 때문에 당신이 집착하지 않고 배설물처럼 버릴 수 있는 것은 무엇입니까?

3. 당신이 하나님께 드리는 기도를 해보십시오.

다섯째 날 : 인생의 참된 의미를 찾으라!

전도서 2장 1~26절을 읽으십시오. (꼭 찾아서 읽으세요.)

뻐꾸기는 자신의 알을 남의 둥지에 낳는 새로 유명합니다. 주로 뻐꾸기가 이용하는 둥지는 뱁새의 둥지입니다. 뻐꾸기 어미는 뱁새 알 사이에 알을 낳고 도망가 버립니다. 뱁새는 자신이 낳은 알보다 무려 1.5배나 되는 뻐꾸기 알을 알아차리지 못하고 최선을 다해 품습니다. 뻐꾸기 알은 뱁새의 알보다 며칠 일찍 부화하는 특징을 가지고 있습니다. 그리고 알에서 깨어난 뻐꾸기 새끼는 본능적으로 자기 주위에 있는 알들을 둥지 밖으로 밀어냅니다. 그래서 먼저 부화한 뻐꾸기 새끼는 뱁새 알을 모두 나무 밑으로 밀어 떨어뜨려 깨뜨리고 둥지를 독차지하게 됩니다. 그런 것도 모르고 뱁새 어미는 자신의 둥지 안에서 태어난 뻐꾸기가 자신의 새끼인 양 열심히 먹이를 물어다 주며 키우게 됩니다. 작은 뱁새가 뻐꾸기 새끼를 기른다는 것은 자신의 새끼를 기르는 것보다 무려 3배의 힘이 더 들어간다고 합니다. 하지만 작은 뱁새 어미의 열심 때문에 뻐꾸기 새끼는 무럭무럭 자라납니다. 그렇지만 다 자라서 독립할 때가 되면 뻐꾸기는 본능에 의해 그냥 어디론가 훌쩍 날아가 버리고 맙니다.

하나님을 모르는 사람들의 인생은 이와 같은 것입니다. 나름대로 가장 가치 있다고 생각하는 것들을 위해 최선을 다했는데 어느 날 하나도 남김없이 날아가 버립니다. 오늘날 무엇이 참된 가치인지도 모르면서 무조건 열심히 최선을 다하며 사는 사람들이 있습니다. 하지만 열심을 내는 것보다 중요한 것은 핵심을 잡는 것입니다. 대부분의 사람들은 참된 인생의 목적과 가치를 알지 못한 채 살아갑니다. 살아 있는 동안에 즐겁게 살려는 목적 외에 다른 목적은 찾아 볼 수 없습니다. 그저 "즐겁게 사는 것" 이 그들의 삶에 중요한 가치입니다. 그러나 이것은 아담의 자녀들이 세상을 살아가는 방법입니다. 그러나 얼마나 빨리 성공하고 출세하느냐보다 더 중요한 것은 어디를 향해 가느냐하는 것입니다. 우리는 아무렇게나 살도록 창조된 존재가 아닙니다. 하나님의 목적과 뜻을 위해 구원받은 존재입니다. 당신은 하나님의 자녀로서 인생을 어떻게 살아가야 하는지 신중하게 생각해보아야 합니다.

에베소서 5장 1~2절을 읽고 그리스도인으로서 당신 인생의 목적과 의미가 무엇인지를 생각하십시오! 두 가지 명령으로 되어 있을 것입니다. 기록해 보십시오.

1. ____________________ 2. ____________________

그렇습니다. 그리스도인에게 인생의 참된 의미는 하나님을 본받는 자가 되며 사랑 가운데 행하는 것입니다. 전도서 저자인 솔로몬은 세상에서 누릴 수 있는 모든 것을 다 누려 본 사람입니다. 그는 자신이 원했던 세상의 모든 것을 다 소유했던 사람이었습니다. 그렇지만 그는 "결국 아무것도 남는 것이 없다" 고 전도서에서 고백합니다. 세상에서 추구했던 모든 것은 물거품과 같습니다. 세상에서 얻을 수 있는 것은 뭔가 굉장한 것 같지만 순식간에 꺼져 버리고 맙니다. 솔로몬 인생에서 하나님이 없었던 삶은 물거품과 같은 것이었습니다. 그래서 전도서 1장 2절에서 이렇게 고백합니다.

"헛되고 헛되며 헛되고 헛되니 모든 것이 헛되도다."

솔로몬은 세상에서 가장 지혜있는 사람으로 인정받았습니다. 그렇지만 그는 인생의 마지막 순간에 지혜있는 자나 우매한 자나 똑같이 죽음이 찾아온다는 사실을 발견합니다. 전도서 2장 15절에 보면 "우매자가 당한 것을 나도 당하리니 내게 지혜가 있었다

그러므로 사랑을 받는 자녀 같이 너희는 하나님을 본받는 자가 되고 그리스도께서 너희를 사랑하신 것 같이 너희도 사랑 가운데서 행하라 그는 우리를 위하여 자신을 버리사 향기로운 제물과 희생제물로 하나님께 드리셨느니라

(에베소서 5:1-2)

한들 내게 무슨 유익이 있으리요 하였도다 이에 내가 내 마음속으로 이르기를 이것도 헛되도다"라고 고백하고 있습니다. 죽음 앞에서는 그 어떤것도 중요하지 않습니다. 오직 죽음의 문제를 해결해 주신 하나님만이 우리에게 중요한 분입니다. 사람의 인생에 있어서 하나님없이 사는 것은 모두 덧없는 것입니다.

그러나 하나님의 자녀인 우리에게는 우리가 기대하지 못했던 새롭고 놀라운 삶이 주어졌습니다. 육신의 죽음으로 끝나는 것이 아니라, 영원한 생명으로 시작하는 축복을 받았습니다. 죽음은 인생의 끝을 알리는 슬픈 이정표가 아니라 영원을 향한 축복의 출발선이 되었습니다. 새로운 삶의 목적과 의미가 생겼습니다. 유한한 세상을 목표로 사는 것이 아니라, 영원한 하나님 나라를 목적으로 살게 되었습니다. 그렇기 때문에 우리는 하나님을 섬기는 사역자로 살아야 합니다. 내 명예를 위해 사는 것이 아니라, 하나님의 영광을 위해 살아야 합니다(고전 10:31). 아담의 자녀들과는 다른 차원에서의 삶을 살아야 합니다. 세상에 살지만 세상에 속하지 않는 거룩한 삶을 살아야 합니다.

우리는 존귀한 존재로 인정받기 위해 노력할 필요가 없습니다. 더 이상 자신을 인정해 줄 사람들을 찾아 나서지 않아도 됩니다. 하나님께서 이미 존귀한 존재로 만들어 주셨기 때문입니다. 지금 하나님 안에 머물고 있는 이 모습 자체가 가장 귀하고 존귀한 모습인 것입니다. 찬송가에서도 "내 모습 이대로 주 받으옵소서"라고 고백합니다. 솔로몬 왕은 전도서 마지막 부분에서 이렇게 결론을 내립니다.

"일의 결국을 다 들었으니 하나님을 경외하고 그의 명령들을 지킬지어다. 이것이 모든 사람의 본분이니라"(전 12:13)

묵상하고 열매 맺기

1. 오늘 공부를 통해서 깨닫거나 새롭게 발견한 진리는 무엇입니까?

2. 당신은 이미 존귀한 존재가 되었다는 사실에 대해 묵상해 보십시오. 어떤 생각을 하게 됩니까?

3. 오늘 당신이 하나님께 드리는 기도를 해보십시오.

4 단원

존재혁명_ 하나님의 자녀들이 존귀함을 얻는 방법

4 단원 [암송구절 | 마가복음 9:35]

존재혁명_ 하나님의 자녀들이 존귀함을 얻는 방법

첫째 날 : 하나님 자녀들의 삶의 방식

마가복음 9장 33~37절, 마태복음 18장 1~6절을 읽으십시오.

가버나움에 이르러 집에 계실새 제자들에게 물으시되 너희가 길에서 서로 토론한 것이 무엇이냐 하시되 그들이 잠잠하니 이는 길에서 서로 누가 크냐 하고 쟁론하였음이라 예수께서 앉으사 열두 제자를 불러서 이르시되 누구든지 첫째가 되고자 하면 뭇 사람의 끝이 되며 뭇 사람을 섬기는 자가 되어야 하리라 하시고 어린 아이 하나를 데려다가 그들 가운데 세우시고 안으시며 제자들에게 이르시되 누구든지 내 이름으로 이런 어린 아이 하나를 영접하면 곧 나를 영접함이요 누구든지 나를 영접하면 나를 영접함이 아니요 나를 보내신 이를 영접함이니라

(마가복음 9:33-37)

예수님과 제자들이 가버나움에 도착했습니다. 예루살렘이 점점 가까워지자 제자들의 마음은 흥분되기 시작했습니다. 예수님은 과연 어떤 방법으로 정권을 잡으실 것인가? 제자들의 흥분되었던 마음은 심한 논쟁으로 번지게 됩니다. 예수님이 왕이 되시면 누가 가장 큰 자가 될 것인지에 대한 논쟁이었습니다. 이때 예수님이 다가오셨습니다. 예수님은 논쟁하고 있는 제자들을 보면서 제자들이 무슨 생각을 하고 있는지 아셨습니다. 그래서 예수님은 제자들에게 하나님 나라의 가치체계에 대해 말씀하기 시작합니다. 예수님은 제자들에게 하나님의 평가 방법이 무엇인지 알려줘야 할 때가 되었다는 것을 아신 것입니다. 하나님의 평가는 세상의 평가와는 전혀 다르기 때문입니다. 먼저 마가복음 9장 35절을 읽고 암송하십시오.

세상에서는 사람들에게 인정받고 성공하기 위해서 다른 사람을

그 때에 제자들이 예수께 나아와 이르되 천국에서는 누가 크니이까 예수께서 한 어린 아이를 불러 그들 가운데 세우시고 이르시되 진실로 너희에게 이르노니 너희가 돌이켜 어린 아이들과 같이 되지 아니하면 결단코 천국에 들어가지 못하리라 그러므로 누구든지 이 어린 아이와 같이 자기를 낮추는 사람이 천국에서 큰 자니라 또 누구든지 내 이름으로 이런 어린 아이 하나를 영접하면 곧 나를 영접함이니 누구든지 나를 믿는 이 작은 자 중 하나를 실족하게 하면 차라리 연자 맷돌이 그 목에 달려서 깊은 바다에 빠뜨려지는 것이 나으니라

(마태복음 18:1-6)

밟고 올라서야 합니다. 나이가 들수록 더 심각하고 치열한 경쟁을 해야 합니다. 이기는 자가 행복하고 패배자는 불행하다는 생각이 사람들 마음에 잠재되어 있습니다. 그런데 예수님께서는 오히려 다른 사람들보다 낮아지라고 말씀하고 있습니다. 세상의 생각과는 전혀 다른 관점에서 말씀하시는 것입니다. 예수님은 이렇게 말씀하십니다.

첫째가 되고자 하는 자는 ______________________

크고자 하는 자는 ______________________

어떻게 보면 예수님이 제자들에게 가르쳐 주신 원리는 쉬운 것처럼 보입니다. 그러나 세상 사람들이 갖고 있는 가치관으로는 이런 예수님의 말씀을 도저히 이해할 수 없습니다. 어떻게 다른 사람의 종이 되고 섬기는 삶을 목표로 삼겠습니까? 이것은 지나친 말이며 이치에 맞지도 않고 모순처럼 보입니다. 그러나 다른 사람을 섬기는 것은 내가 부족하고 못났기 때문이 아닙니다. 우리는 하나님 나라의 풍성함을 상속받은 하나님의 자녀입니다. 그렇기 때문에 더 이상 다른 사람과 경쟁할 필요가 없습니다. 하나님이 우리에게 주신 권세와 축복만으로도 풍성한 은혜를 받은 사람이기 때문입니다.

따라서 우리는 섬기는 자가 된다는 것의 의미를 잘 이해해야 합니다. 섬기는 자가 된다는 것은 '자기가 중요해질 필요가 없는 사람'을 의미하는 것입니다. 그리스도인은 그리스도와 함께 세상을 다스리고 이길 수 있는 영적 권세를 부여받았습니다. 하나님 나라의 축복과 풍성함을 소유했습니다. 주 안에서 모든 것을 할 수 있는 능력을 부여받았습니다. 그렇기 때문에 우리는 더 이상 중요해지려고 노력할 필요가 없습니다. 이미 소유하고 있는 것만으로도 넘치기 때문입니다.

강원도 최전방에 을지부대가 있습니다. 그 부대에 2대대장이 있었습니다. 그는 신병이 도착할 때마다 직접 신병을 상담하고 상담을 마친 다음엔 항상 그들의 발을 씻어주며 복음을 전하고 있습니다. 이런 그의 모습을 보면서 다른 부대장들은 그를 비웃습니다. 그렇지만 그 부대장의 마음속엔 하나님이 주신 가치체계가 자리잡고 있었습니다. 그렇기에 비록 이등병 계급장을 달고 있을지라도 그들을 함부로 대하지 않았습니다. 오히려 자신의 지위를 복음을 전할 수 있는 기회로 삼고 있습니다. 세상의 상식으로는 도저히 이해할 수 없는 일을 하는 사람들이 바로 새로운 가치를 지닌 그리스도인들입니다. 그리스도인들은 분명한 섬김의 이유가 있기에 섬기는 것이 결코 부끄럽지 않습니다.

진정한 그리스도인은 부나 명예에 대한 관심보다 다른 사람의 필요를 채워주는 섬김에 대한 관심의 크기가 더 커야 합니다. 그리스도인은 자기가 존귀해지기 위해서 어떤 일을 함으로 중요해지려고 시도하지 않아야 합니다. 참된 그리스도인이라면 자기 욕심보다 주인되신 예수님의 뜻을 구하고, 하나님의 뜻을 충실히 수행하는 것을 좋아해야 합니다. 하나님의 은혜에 감사하면서 주를 섬기는 것을 기쁨으로 여겨야 합니다. 살펴보면 당신 주위에도 이런 섬김의 삶을 살고 있는 사람들이 있을 것입니다. 이름을 기록해 보고 그들의 섬김에 대해 말해보십시오.

이름 ______________ 섬김의 내용 ____________________

이름 ______________ 섬김의 내용 ____________________

섬김의 삶을 사는 사람은 세상에서 가장 자유로운 사람입니다. 하나님의 자녀들은 섬김을 통해 진정한 삶의 의미와 기쁨을 얻게 됩니다. 하지만 세상 사람들은 대부분 크고 작은 탐욕에 사로잡힌 욕망의 노예로 살아가고 있습니다. 야보고는 그런 사람들을 향해

"욕심이 잉태한즉 죄를 낳고 죄가 장성한즉 사망을 낳느니라" 고 경고합니다. 주님은 또 이렇게 말씀하십니다. "그들에게 이르시되 삼가 모든 탐심을 물리치라 사람의 생명이 그 소유의 넉넉한 데 있지 아니하니라" (눅 12:15). 섬기는 삶은 욕심을 버리는 것으로부터 시작됩니다. 주님은 '마음이 가난한 사람이 복이 있다' 고 가르쳐 주십니다. 하나님의 자녀들은 하나님 나라의 축복과 소망을 약속 받은 사람들입니다. 그렇기 때문에 세상의 모든 것들에 대해 초연할 수 있어야 합니다. 세상것들에 대한 탐욕과 집착, 욕심은 사람으로 하여금 죄의 종이 되게 만들기 때문입니다. 자유한 삶을 살기 위한 하나님의 방법은 섬기는 자가 되는 것입니다.

따라서 우리가 완전한 자유인이 되기 위해서는 두 가지 선택을 해야 합니다. 첫째는 하나님의 자녀가 되는 것이고, 둘째는 섬기는 사람이 되는 것입니다. 이제 당신 내면의 상자 속을 정리하십시오! 가장 큰 자가 되려고 했던 세상적인 마음을 정리하고 가장 낮은 자가 되겠다는 겸손한 마음을 품으십시오. 그러면 그 어떤 세상 유혹에도 흔들리지 않는 자유인이 될 것입니다.

예수님은 마가복음 9장 36~37절에서 어린아이를 예로 들며 섬김의 삶을 설명하고 있습니다. "누구든지 내 이름으로 이런 어린 아이 하나를 영접하면 곧 나를 영접함이요." '영접한다' 는 말은 '호의를 거절하지 않고 손으로 받는다' 는 뜻입니다. 예수님은 제자들에게 어린아이들을 섬길 수 있는 마음을 가지면 모든 사람들을 섬길 수 있다고 말씀합니다. 당시 노예들 중에서도 어린아이를 맡았던 노예들은 신분이 가장 낮은 노예들이었습니다. 이런 예수님의 가르침을 들은 제자들은 이해할 수가 없었습니다. 그러나 하나님은 하찮아 보이는 어린아이를 섬길 준비가 되어 있는 자를 통해 일하십니다.

그러나 여기서 말하는 "섬김"은 위치나 지위를 말하는 것이 아닙니다. 우리의 마음 자세와 내면의 동기를 의미하는 것입니다. 하나님의 자녀는 언제나 누구든지 섬길 준비가 되어 있어야 합니다. 여러분 스스로가 삶의 주도권을 쥐고 행하려고 하지 마십시오. 여러분 인생과 가정, 교회의 주도권은 오직 하나님께만 있다는 것을 잊지 마십시오. 하나님이 당신을 책임지십니다. 그래서 섬기는 삶을 살려면 우리 삶의 주도권을 하나님께 넘겨 드려야 합니다. 자기주장과 고집과 아집으로 살아가는 것이 아니라 하나님의 영광을 위해 살아가야 합니다(고전 10:31). 섬기는 삶은 하나님의 자녀들이 살아가는 삶의 방식이며 감동적인 삶의 새로운 출발점입니다. 하나님을 기쁘시게 하는 것이 우리가 원하는 전부가 될 때 우리는 필요한 모든 것을 갖게 될 것입니다.

묵상하고 열매 맺기

1. 오늘 공부를 통해서 깨닫거나 새롭게 발견한 진리는 무엇입니까?

2. 하나님의 자녀들은 왜 섬기는 삶을 살아야 합니까? 그 이유를 본문에서 찾아서 말씀해 보십시오.

3. 당신이 섬기는 삶을 살기 위해서 변화되어야 할 것은 무엇입니까?

둘째 날 : 나의 신분이 나를 존귀하게 한다.

창세기 1장 27절, 마태복음 18장 1~16절을 읽으십시오!

어린 오이가 엄마 오이에게 물었습니다. "엄마 나 오이 맞아요?" 그러자 엄마가 아이에게 말했습니다. "당근이지!" 이 말을 들은 어린 오이는 자기가 오이가 아니라 당근이라는데 충격을 받고 가출을 결심하게 됩니다. "맞다"라는 말이 "당근이지"라는 신조어를 사용하면서 항간에 유행했던 이야기입니다. 당신은 당신이라는 존재에 대해 의문을 가져본 일은 없었습니까? 아마도 당신은 지금까지 당신의 가치를 다른 사람이 말하는 것에 의해서 결정했을지 모릅니다. 그래서 사람들에게 인정받고 칭찬 받아야만 마음이 놓였을 것입니다. 반대로 당신은 사람들에게 인정받고 있지 못하다는 생각이 들때면 마음이 늘 불안하고 어떻게 해야 할지 몰라 방황했을 것입니다. 더구나 누군가에게 무시당한다는 느낌을 받으며 커다란 상처를 받았을 것입니다. 다른 사람들의 평가에 의해 자신의 가치가 결정되는 사람은 다른 사람의 말 한마디와 행동 하나가 굉장히 중요하게 작용됩니다.

당신이 이런 방법으로 자신의 가치를 평가하는 방법은 하나님의 자녀가 되기 오래 전부터 형성되었습니다. 오랜 세월동안 다른 사람들이 당신에 대하여 말하고 평가하는 것에 당신의 가치를 매기는 습관을 발전시켜 왔습니다. 당신은 지금까지 돈 버는 능력, 외모, 가정 배경, 학벌 등 다른 사람과 비교하고 평가할 수 있는 것들을 기준으로 삼아왔을 것입니다. 물론 이외에도 더 많은 기준들이 있을 것입니다. 지금까지 당신의 가치를 평가해왔던 것들과 기준들을 아래에 기록해 보십시오.

하나님이 자기 형상 곧 하나님의 형상대로 사람을 창조하시되 남자와 여자를 창조하시고

(창세기 1:27)

그 때에 제자들이 예수께 나아와 이르되 천국에서는 누가 크니이까 예수께서 한 어린 아이를 불러 그들 가운데 세우시고 이르시되 진실로 너희에게 이르노니 너희가 돌이켜 어린 아이들과 같이 되지 아니하면 결단코 천국에 들어가지 못하리라 그러므로 누구든지 이 어린 아이와 같이 자기를 낮추는 사람이 천국에서 큰 자니라 또 누구든지 내 이름으로 이런 어린 아이 하나를 영접하면 곧 나를 영접함이니 누구든지 나를 믿는 이 작은 자 중 하나를 실족하게 하면 차라리 연자 맷돌이 그 목에 달려서 깊은 바다에 빠뜨려지는 것이 나으니라 실족하게 하는 일들이 있음으로 말미암아 세상에 화가 있도다 실족하게 하는 일이 없을 수는 없으나 실족하게 하는 그 사람에게는 화가 있도다 만일 네 손이나 네 발이 너를 범죄하게 하거든 찍어 내버리라 장애인이나 다리 저는 자로 영생에 들어가는 것이 두 손과 두 발을 가지고 영원한 불에 던져지는 것보다 나으니라 만일 네 눈이 너를 범죄하게 하거든 빼어 내버리라 한 눈으로 영생에 들어가는 것이

두 눈을 가지고 지옥 불에 던져지는 것보다 나으니라 삼가 이 작은 자 중의 하나도 업신여기지 말라 너희에게 말하노니 그들의 천사들이 하늘에서 하늘에 계신 내 아버지의 얼굴을 항상 뵈옵느니라 11 (없음) 너희 생각에는 어떠하냐 만일 어떤 사람이 양 백 마리가 있는데 그 중의 하나가 길을 잃었으면 그 아흔아홉 마리를 산에 두고 가서 길 잃은 양을 찾지 않겠느냐 진실로 너희에게 이르노니 만일 찾으면 길을 잃지 아니한 아흔아홉 마리보다 이것을 더 기뻐하리라 이와 같이 이 작은 자 중의 하나라도 잃는 것은 하늘에 계신 너희 아버지의 뜻이 아니니라 네 형제가 죄를 범하거든 가서 너와 그 사람과만 상대하여 권고하라 만일 들으면 네가 네 형제를 얻은 것이요 만일 듣지 않거든 한 두 사람을 데리고 가서 두세 증인의 입으로 말마다 확증하게 하라

(마태복음 18:1-16)

그 안에서 발견되려 함이니 내가 가진 의는 율법에서 난 것이 아니요 오직 그리스도를 믿음으로 말미암은 것이니 곧 믿음으로 하나님께로부터 난 의라

(빌립보서 3:9)

하나님이 주시는 가치와 세상의 가치는 함께 공유할 수 없습니다. 둘 중 하나만 선택해야 합니다. 당신은 어떤 가치를 선택하시겠습니까? 어떤 리더는 "돈을 얼마나 많이 가지고 있는가보다 돈으로 계산할 수 없는 것을 얼마나 많이 가지고 있는가가 더 중요하다"고 강조합니다. 이제 당신 안에 있던 이전의 가치관들을 모두 휴지통에 버려야 할 때가 되었습니다. 하나님께서는 우리를 그리스도 안에서 새로운 피조물로 재창조 하셨습니다(고후 5:17). 하나님은 우리가 보다 나은 사람이 되기를 원하시는 것이 아니라 완전히 새로운 사람이 되기를 원하십니다. 사도 바울은 빌립보서 3장 8~9절에서 자신이 그동안 소중하게 여겼던 모든 것을 배설물로 여긴다고 고백합니다. 바울은 지금까지 귀하게 여겨왔던 모든 것들을 왜 배설물처럼 여겼습니까? 빌립보서 3장 9절을 읽고 대답해 보십시오.

그렇습니다. 바울은 자신의 인생이 새로운 가치체계인 그리스도를 통해서만 평가받기를 원했습니다. 그리스도 안에서 하나님의 자녀로 거듭난 자신의 신분이 자신을 존귀하게 한다는 사실을 깨달았기 때문입니다. 모든 그리스도인은 내재하신 예수님 때문에 존귀한 존재가 되었습니다(요 1:12). 따라서 우리의 가치기준은 완전히 새롭게 되어야 합니다. 갈라디아서 2장 20절에 있는 말씀처럼 그리스도 안에서 이전과는 전혀 다른 새로워진 영적 삶의 가치를 소유해야 합니다. 그리스도의 성품이 나의 삶 속에 나타나도록 해야 합니다. 주님은 다음과 같이 말씀하셨습니다. "너희가 돌이켜 어린 아이들과 같이 되지 아니하면 결단코 천국에 들어가지

못하리라" (마 18:3). 예수님은 우리 모두가 어린아이같이 순수한 마음으로 아버지 하나님께 순종하는 삶을 살기 원하십니다.

이제부터 그리스도인이 된 당신 안에 내재해 있는 성령님은 당신에게 거룩한 부담을 주고 변화를 주도해 나가실 것입니다. 하나님은 당신의 모든 삶에 관심을 갖고 계십니다. 당신을 가장 존귀한 존재로 창조하셨기 때문입니다. 당신은 더 이상 어떤 큰일을 해서 그분의 주목을 받으려 노력하지 않아도 됩니다. 하나님은 자기 자녀인 당신을 언제나 주목하고 계시기 때문입니다. 하나님의 모든 관심사는 하나님의 형상대로 창조된 우리 한 사람 한 사람에게 고정되어 있습니다. 우리는 다만 모든 사람을 섬기는 자로 살면서 우리 안에 거하시는 그리스도를 보여주면 됩니다. 다른 사람들이 당신을 어떻게 생각하든 무슨 말을 하든, 당신과 하나님의 영적 관계에 아무런 영향도 미치지 못합니다. 당신의 존엄성은 당신이 하는 일에 있지 않고 하나님과의 바른 관계에 있음을 잊지 마십시오.

당신 안에 내재해 계신 그리스도께 순종하는 삶을 사십시오. 어린아이처럼 순수한 마음과 겸손한 태도로 배우십시오. 더 이상 당신이 중요해지려는 생각으로 인생을 낭비하지 마십시오. 다른 사람을 섬기는 삶을 통해 당신이 얼마나 존귀한 존재가 되었는지를 조용히 느껴보십시오. 당신의 가치는 당신이 하는 일과 노력에 있지 않습니다. 하나님의 자녀가 된 당신의 신분이 당신을 가치있게 한다는 사실을 결코 잊지 마십시오. 우리가 가치있는 인간이기에 하나님이 우리를 사랑하시는 것이 아니라 하나님이 우리를 사랑하시기 때문에 우리가 가치있는 인간이 된 것입니다.

당신은 우연한 존재가 아니다.

당신은 대량 생산된 존재가 아니다. 당신은 조립 제품이 아니다.

당신은 최고의 장인에 의해서 신중하게 계획되었고,

특별한 재능을 부여받았으며, 애정이 담겨 이 세상에 보내어졌다.

- 맥스 루케이도

묵상하고 열매 맺기

1. 오늘 공부를 통해서 깨닫거나 새롭게 발견한 진리는 무엇입니까?

2. 하나님의 자녀들은 왜 존귀한 자가 되었습니까? 간단히 설명해 보십시오.

3. 하나님께 드리는 기도문을 작성해 보십시오.

셋째 날 : 하나님만이 중요하다.

깊도다 하나님의 지혜와 지식의 풍성함이여, 그의 판단은 헤아리지 못할 것이며 그의 길은 찾지 못할 것이로다 누가 주의 마음을 알았느냐 누가 그의 모사가 되었느냐 누가 주께 먼저 드려서 갚으심을 받겠느냐 이는 만물이 주에게서 나오고 주로 말미암고 주에게로 돌아감이라 그에게 영광이 세세에 있을지어다 아멘

(로마서 11:33-36)

그러므로 형제들아 내가 하나님의 모든 자비하심으로 너희를 권하노니 너희 몸을 하나님이 기뻐하시는 거룩한 산 제물로 드리라 이는 너희가 드릴 영적 예배니라 너희는 이 세대를 본받지 말고 오직 마음을 새롭게 함으로 변화를 받아 하나님의 선하시고 기뻐하시고 온전하신 뜻이 무엇인지 분별하도록 하라

(로마서 12:1-2)

로마서 11장 33~36절, 로마서 12장 1~2절을 읽으십시오!

하나님은 로마서 12장 1절에서 우리에게 무엇을 요구하고 계십니까?

하나님은 우리의 존재 전체를 요구하십니다. 이 말씀은 당신 내면의 상자 안에 놓여 있는 기본적인 가치관을 변화시키라는 것을 의미합니다. "산 제물," 즉 당신이 쥐고 있는 모든 삶의 주도권을 그분께 넘기라는 것입니다. 당신 인생의 주도권을 당신이 붙잡고 있으면서 온전한 변화를 기대하기란 어렵습니다.

아마도 당신 마음속에서 이런 갈등이 일어날 수도 있습니다. "내가 꼭 그렇게 해야 할 이유가 있는가?" 그러나 한 가지 분명한 것은 이렇게 하는 것이 당신을 사랑하는 하나님의 말씀이라는 것입니다. 이것은 누구에게나 동일하게 적용되어지는 하나님의 명령입니다. 로마서 11장 33~36절에서는 하나님의 속성에 대해 말해 주고 있습니다. 하나님의 위대한 속성에 대해 당신의 말로 정리해 보십시오.

잘 정리했다면 당신은 하나님이 왜 중요한 분이시고 왜 그분의 요구에 우리가 전적으로 순종해야 하는지에 대한 답을 얻었을 것입니다. 하나님은 우리의 전적인 헌신을 받기에 합당한 분입니다. 이 땅에 존재하는 모든 것들은 오직 그분을 통해 나온 것입니다. 모든 사람이 그분에게로 돌아갈 것입니다. 위대한 하나님의 속성

에 비추어 볼 때 유한한 인간들의 모습은 얼마나 우스꽝스럽습니까? 다른 사람들을 감동시켜 나오는 탄성소리를 통해 자신의 가치를 확인하려 하는 사람들의 애처로운 모습이 바로 우리의 모습이었습니다. 아담의 자녀들은 자기자신에게 집착한 나머지 하나님의 존귀함을 미처 깨닫지 못했습니다. 자신 스스로가 대단한 존재인 것처럼 자랑하고 다른 사람들에게 인정받으려 시도하지만 그 누구도 하나님과 비교할 수 없습니다. 오직 하나님만이 완전하고 중요한 분이십니다.

바울은 로마서 12장 2절에서 "너희는 이 세대를 본받지 말고 오직 마음을 새롭게 함으로 변화를 받아 하나님의 선하시고 기뻐하시고 온전하신 뜻이 무엇인지 분별하도록 하라" 고 말하고 있습니다. 이 말씀이 의미하는 것은 무엇입니까? 첫째 이 세상을 본받지 말라는 것입니다. 우리는 세상을 본받지 말고 하나님을 본받는 자가 되어야 합니다. 둘째 마음을 새롭게 하라는 것입니다. 이것은 자신의 가치관을 새롭게 하라는 것을 의미합니다. 예수 믿는 것은 단지 우리가 가진 습관의 일부분이 바뀌는 것이 아닙니다. 우리의 근본적인 가치체계가 새로워지는 것입니다. 마지막으로 하나님의 뜻이 무엇인지 분별하는 것입니다. 우리의 가치관이 새롭게 될 때 우리는 우리의 삶을 구별해서 하나님께 드리게 됩니다. 그렇게 사는 것이 가장 행복하고 아름다운 것임을 발견하게 되기 때문입니다. 그러나 이것은 세상에서 도피하거나 외면하는 것을 의미하는 것이 아닙니다. 세상사람들이 사는 것과는 구별된 당신의 삶을 통해 오직 하나님만이 중요한 분이시라는 것을 증거하는 것입니다.

아브라함 카퍼(Abraham Kuyper)라는 분이 이런 말을 했습니다. "우리 삶의 지극히 적은 부분도 예수 그리스도께서 '나의 것'이라고 말하지 않는 부분은 하나도 없다." 이 말은 우리 모두에 내가 산을 향하여 눈을 들리라 나의 도움이 어디서 올까 나의 도움은 천지를 지으신 여호와에게서로다 여호와께서 너를 실족하지 아니하게 하시며 너를 지키시는 이가 졸지 아니하시리로다 이스라엘을 지키시는 이는 졸지도 아니하시고 주무시지도 아니하시리로다 여호와는 너를 지키시는 이시라 여호와께서 네 오른쪽에서 네 그늘이 되시나니 낮의 해가 너를 상하게 하지 아니하며 밤의 달도 너를 해치지 아니하리로다 여호와께서 너를 지켜 모든 환난을 면하게 하시며 또 네 영혼을 지키시리로다 여호와께서 너의 출입을 지금부터 영원까지 지키시리로다

(시편 121:1-8)

게 해당되는 말입니다. 하나님은 그 누구도 피할 수 없는 분입니다. 우리 인생은 그분 안에서만 의미가 있기 때문입니다. 그렇기 때문에 인생의 모든 주도권을 그분께 드리는 삶이 가장 현명한 삶입니다. 하나님을 주인으로 모신 자에게 하나님은 주체할 수 없을 정도의 평화와 기쁨으로 채워 주십니다. 하나님은 우리를 위해 지금도 일하고 계십니다. 이제는 우리의 기도도 이렇게 바뀌어져야 합니다. "주님! 내가 하는 일을 축복해 주십시오."가 아니라 "주님! 주님이 축복하는 일을 제가 하게 해주십시오."

시편 121편을 읽고 하나님이 어떤 분인지 간단히 요약해서 써 보십시오.

묵상하고 열매 맺기

1. 오늘 공부를 통해서 깨닫거나 새롭게 발견한 진리는 무엇입니까?

2. 왜 우리의 인생 속에서 하나님이 그토록 중요하신 분인지 설명해 보십시오.

3. 당신이 섬기는 삶을 살기 위해서 변화되어야 할 것은 무엇입니까?

넷째 날 : 존귀한 삶의 새로운 기준

자기의 생명을 사랑하는 자는 잃어버릴 것이요 이 세상에서 자기의 생명을 미워하는 자는 영생하도록 보전하리라 사람이 나를 섬기려면 나를 따르라 나 있는 곳에 나를 섬기는 자도 거기 있으리니 사람이 나를 섬기면 내 아버지께서 그를 귀히 여기시리라

(요한복음 12:25-26)

그들의 발을 씻으신 후에 옷을 입으시고 다시 앉아 그들에게 이르시되 내가 너희에게 행한 것을 너희가 아느냐

(요한복음 13:12)

내가 주와 또는 선생이 되어 너희 발을 씻었으니 너희도 서로 발을 씻어 주는 것이 옳으니라

(요한복음 13:14)

요한복음 12장 25~26절, 요한복음 13장 1~17절을 읽으십시오.

한 자리에 모인 제자들의 마음속에는 공통된 하나의 생각이 자리잡고 있었습니다. 존귀한 인물이 되어 보려는 욕망입니다. 그들이 예수님을 따랐던 처음의 목적도 예수님이 가진 능력으로 로마인들을 몰아내고 회복시킬 이스라엘 나라의 지위에 있었습니다. 그래서 제자들은 어떻게 해서든 다른 제자들보다 인정받아 보다 높은 지위를 얻으려했던 것입니다. 제자들의 마음속에는 이러한 잠재된 욕망 때문에 보이지 않는 내면의 치열한 전투가 계속해서 진행되고 있었을 것입니다. 이런 제자들의 태도는 주님으로 하여금 친히 수건을 두르고 제자들의 발을 씻게 만들었습니다. 당시 로마제국에는 수많은 노예들이 있었습니다. 물론 예수님은 제자들의 노예가 아니었습니다. 그럼에도 불구하고 당시 선생이신 예수님이 제자들의 발을 씻기신 것은 충격적인 사건이었습니다. 예수님은 제자들에게 존귀함을 얻을 수 있는 새로운 방법을 가르쳐 주고 싶으셨습니다. 제자들은 스스로 자유인이라고 믿고 있었지만 지금 그들의 모습은 중요한 인물이 되려는 야망에 사로잡힌 욕망의 노예들이었습니다.

주님은 요한복음 12장 25~26절에서 제자들이 높은 지위와 명성을 얻으려는 욕구를 먼저 버릴 때만이 참다운 자유를 누릴 수 있다고 가르치셨습니다. "지위"라는 단어의 의미는 다른 사람과의 관계에서 차지하는 위치나 계급을 의미합니다. 더 주목해야 할 사실은 다른 사람과 비교된 위치와 계급이라는 것입니다. 다른 사람보다 얼마나 앞서 있는지를 강조합니다. 사람들은 자신이 원하는 지위를 얻기 위해서 다른 사람과 경쟁해서 더 높이 올라가야 합니

다. 그렇기 때문에 아담의 자녀들에게 지위는 매우 중요합니다. 대단한 평가기준이 됩니다. 왜냐하면 그들은 경쟁을 생존의 방법으로 삼는 진화론적인 가치관을 소유한 사람들이기 때문입니다. 그러나 하나님과의 관계 속에서만 삶의 의미를 발견한 존귀한 하나님의 자녀들에게는 세상의 지위나 계급 따위가 우리를 묶는 올무가 될 수 없습니다. 이런 것들은 단지 다른 사람들을 보다 효과적으로 섬기고 세우기 위한 도구로 사용될 뿐입니다. 이제부터 우리는 삶의 목적어를 바꿔야 합니다. 창조론적인 가치관을 소유하고 존귀한 하나님의 자녀임을 확신하며 살아야 합니다.

오늘날 많은 아담의 자녀들은 물질의 소유여부나 학벌에 따라 사람의 존엄성을 판단합니다. 타고 다니는 차의 종류와 살고 있는 아파트의 평수로 사람의 존엄성을 평가합니다. 예수님의 제자들도 마찬가지였습니다. 하지만 예수님은 제자들이 하나님 나라의 방식을 깨닫기 원하셨습니다. 불과 몇 시간 후 예수님은 온갖 굴욕과 채찍과 가시 면류관을 쓰고 손과 발엔 대못을 박히고 옆구리는 창에 찔리는 고난의 길을 걸어야만 했습니다. 예수님은 너무나 답답했습니다. 자신의 평소 삶으로 섬김의 삶의 중요성에 대해 가르치셨음에도 불구하고 제자들의 관심은 여전히 세상적인 야심에 머물러 있었습니다. 그래서 예수님은 제자들의 발을 다 씻기신 후 제자들에게 이렇게 질문을 던졌습니다. "내가 너희에게 행한 것을 너희가 아느냐?"(요 13:12). 그렇지만 욕망의 노예가 된 제자들은 미처 깨닫지 못했습니다. 이런 제자들을 향해 주님은 마지막 명령을 던져 주십니다. "내가 주와 또는 선생이 되어 너희 발을 씻었으니 너희도 서로 발을 씻어 주는 것이 옳으니라"(요 13:14).

당신은 이제까지 교회, 혹은 가정과 직장에서 섬김의 삶에 대해 부담을 주는 하나님의 음성을 들었을 것입니다. 그렇지만 체면 때문에 실행에 옮기지 못한 일도 있었을 것입니다. 그러나 예수님이 우리를 위해 하신 일들을 조용히 묵상해 보십시오. 그러면 우리는 하나님을 섬기고 서로 섬기며 살아가는 것이 얼마나 아름다운 것인지 깨닫게 될 것입니다. 이번 주간 당신이 하나님 자녀의 가치관을 가지고 다른 사람을 위해 할 수 있는 구체적인 섬김의 삶을 기록해 보십시오.

가정에서 : ____________________

교회에서 : ____________________

직장(사업, 학교)에서 : ____________________

만일 우리들이 기꺼이 다른 사람들을 도와 필요한 것을 얻도록 한다면 우리가 필요로 하는 모든 것을 얻을 수 있다.

- 지그 지글러

로마인들을 몰아내고 새로운 왕국을 세우실 것으로 기대했던 예수님이 십자가에 못 박히자 제자들의 마음은 혼란스러웠습니다. 주님을 따르던 많은 사람들이 도망을 쳤습니다. 제자들도 사람들의 눈을 피하여 다락방으로 숨어들었습니다. 거기서 제자들은 예수님이 지난날 하신 말씀을 기억하며 그분의 말씀들에 대해 생각하기 시작했습니다. "자기의 생명을 사랑하는 자는 잃어버릴 것이요 이 세상에서 자기의 생명을 미워하는 자는 영생하도록 보존하리라"(요 12:25). 제자들은 아직 모든 것을 이해할 수는 없었지만 조금씩 주님의 의도와 마음을 느끼기 시작했습니다. '죽는 것이 사는 것이요. 버리는 것이 얻는 것이요. 섬기는 것이 최고가 되는 것이요. 포기하는 것이 소유하는 것이다.'

영국 복음주의 신학의 거성 존 스토트 목사님은 이렇게 말합니다. "우리는 위대하게 되도록 부르심을 받은 것이 아니다. 우리는 섬기도록 부르심을 받는다. 진실로 하나님나라에서 위대함은 섬김에 의해 측정된다."

묵상하고 열매 맺기

1. 오늘 공부를 통해서 깨닫거나 새롭게 발견한 진리는 무엇입니까?

2. 하나님의 자녀들이 존귀함을 얻는 방법은 무엇입니까? 당신의 말로 정리해 보십시오.

3. 오늘 공부한 것 중 당신의 삶 속에 구체적으로 적용할 것은 무엇입니까?

다섯째 날 : 존귀한 삶의 의미

누가복음 14장 26~27절을 읽으십시오. 이 말씀을 읽고 어떤 감정을 갖게 됩니까? 솔직하게 아래에 기록해 보십시오.

무릇 내게 오는 자가 자기 부모와 처자와 형제와 자매와 더욱이 자기 목숨까지 미워하지 아니하면 능히 내 제자가 되지 못하고 누구든지 자기 십자가를 지고 나를 따르지 않는 자도 능히 내 제자가 되지 못하리라

(누가복음 14:26-27)

여러분이 하나님의 말씀을 배우면 배울수록 두려운 마음이 생겨날 것입니다. 나는 과연 하나님의 말씀대로 살 수 있을까 걱정스러운 마음이 들기도 할 것입니다. 차라리 하나님의 말씀을 배우지 말아야겠다는 생각이 들지도 모르겠습니다. 그렇지만 하나님은 우리가 말씀 안에 거하고 말씀으로 자라나기를 원하고 계십니다. 말씀이 능력입니다. 우리는 계속해서 말씀을 배워야 합니다. 말씀이 믿음의 사건을 일으키고 삶의 변화를 가져옵니다.

"하나님의 말씀은 살아 있고 활력이 있어 좌우에 날선 어떤 검보다도 예리하여 혼과 영과 및 관절과 골수를 찔러 쪼개기까지 하며 또 마음의 생각과 뜻을 판단하나니" (히 4:12)

하나님의 말씀을 통해 하나님의 자녀들이 어떻게 존귀함을 얻는지, 섬기는 삶은 무엇인지 더 깊이 공부해봅시다. 사람은 자신이 존귀한 존재라는 뚜렷한 확신이 있을 때 그 어떤 것으로도 얻을 수 없는 힘과 위로를 얻게 됩니다. 누가복음 14장 26절에 보면 예수님을 따르는 삶은 '자기의 가치를 다른 사람의 인정 여하에 의존하지 않고 참으로 영원히 당신을 자유롭게 하는 것'이라고 가르치고 있습니다. 26절에서 "미워하라"는 말은 예수 그리스도를 더 깊이 사랑하라는 역설적인 표현입니다. 우리 인생에서 주님은

언제나 항상 그 무엇보다 먼저 되어야 합니다. 마태복음 6장 33절에 보면 "너희는 먼저 그의 나라와 그의 의를 구하라" 고 말씀하셨습니다. 세상에서 많은 관계들을 맺으며 살다보면 주님과의 관계보다 더 급한 일과 관계들이 생기게 됩니다. 결국 급한 일들 때문에 중요한 하나님과의 관계는 점점 뒤로 밀려가게 되고 이러한 세상의 관계는 주님과의 관계에 나쁜 영향력을 끼치게 됩니다. 뿐만 아니라, 이런 일상을 계속해서 반복하면 주님과의 관계는 점점 뒤로 밀려나 우리 안에 있는 진리의 빛은 점점 어두움에 묻히게 됩니다.

무엇보다 하나님과의 관계가 중요합니다. 우리는 하나님과의 관계 속에서만 진정한 가치를 찾을 수 있기 때문입니다. 물론 매일 이런 삶을 살기란 무척 힘이 듭니다. 때때로 가족들이나 친구들, 친척들에게 오해를 사기도 하고 미움을 받기도 합니다. 당신이 하나님이 주신 가치관으로 살아가기로 결단했다면 이미 이런 갈등을 겪었거나 겪고 있을지도 모르겠습니다. 하나님과의 바른 관계를 유지하기 위해 겪었던 갈등들이 있다면 아래에 기록해 봅시다. 당신에게는 어떤 갈등들이 있었습니까?

나는 포도나무요 너희는 가지라 그가 내 안에, 내가 그 안에 거하면 사람이 열매를 많이 맺나니 나를 떠나서는 너희가 아무 것도 할 수 없음이라

(요한복음 15:5)

그렇습니다. 당신이 하나님과 바른 관계를 갖기 위해 애쓰는 동안 정작 다른 사람에게 미움을 받고 인정받지 못할 때도 있었을 것입니다. 그렇지만 다른 사람의 견해와 평가 때문에 하나님과의 관계를 포기한다면 당신은 평생 더 비참하고 괴로운 삶을 살아가게 될 것입니다. 우리는 영적인 존재이기 때문에 주님과 맺는 영적인 관계를 통해서만 참다운 기쁨과 평안함을 얻을 수 있기 때문입니다. 우리는 주님을 떠나서는 아무것도 할 수 없는 존재입니다 (요 15:5). 세상사람들의 눈과 평가를 의식하는 것은 여러분들을 영

적인 파멸로 몰고 갈 뿐입니다. 일시적인 관계 때문에 영원한 관계를 잃지 마십시오. 여러분이 하나님과의 관계를 가장 중요하게 여긴다면 하나님은 절대로 여러분을 손해 보는 인생으로 끝나지 않도록 해 주십니다. 하나님은 여러분이 마지막에 웃게 만드실 것입니다(롬 8:28).

우리가 알거니와 하나님을 사랑하는 자 곧 그의 뜻대로 부르심을 입은 자들에게는 모든 것이 합력하여 선을 이루느니라
(로마서 8:28)

당신은 존귀한 하나님의 자녀입니다. 이런 당당함으로 하나님을 섬기고, 다른 지체들을 섬기는 삶을 사십시오. 육신의 삶은 끝나도 영적인 삶은 계속됩니다. 당신이 지금 맺고 있는 모든 인간관계도 죽음으로 끝이 날 것입니다. 오직 하나님 아버지와의 관계만 영원합니다. 누가복음 14장 27절을 보십시오. 주님은 무슨 말씀을 했습니까? 자기 십자가를 지고 주님을 따라야 한다고 했습니다. 그러면 자기 십자가를 진다는 것은 무슨 뜻입니까? 당신의 생각을 써보십시오.

____

____

____

당신이 십자가를 진다는 의미를 보다 정확히 이해하기 위해서는 갈라디아서 2장 20절을 주목해 보아야 합니다. 십자가를 진다는 의미는 무엇입니까? 이 구절에 근거한 당신의 생각을 다시 한 번 정리해서 써 보십시오.

내가 그리스도와 함께 십자가에 못 박혔나니 그런즉 이제는 내가 사는 것이 아니요 오직 내 안에 그리스도께서 사시는 것이라 이제 내가 육체 가운데 사는 것은 나를 사랑하사 나를 위하여 자기 자신을 버리신 하나님의 아들을 믿는 믿음 안에서 사는 것이라
(갈라디아서 2:20)

____

____

그렇습니다. 전에 우리가 살펴본 바와 같이 그리스도와 함께 죽는 것이 "십자가를 진다"는 것입니다. 내 안의 나는 죽고 그리스도께서 내 삶의 주도권을 잡고 일하시는 것입니다. 이것이 구원의 참된 의미입니다. 우리는 살아가는 삶의 현장 속에서 그리스도가

우리를 더 많이 통치하시도록 우리 삶을 그분께 내어 드려야 합니다. 내 인생에서 그리스도께서 통치하는 삶의 영역이 넓어질수록 우리의 가치는 더욱 존귀해집니다. 이제 정리를 해보겠습니다. 우리가 섬기는 삶을 산다는 것은 내가 가진 삶의 모든 주도권을 포기하고 오직 그리스도께 나의 인생의 주도권을 드린다는 것을 의미하는 것입니다. 더 이상 자기주장하며 살지 말고 하나님의 뜻대로 순종하는 삶을 사십시오. 여러분 인생의 주도권을 예수님께 넘기십시오. 그러면 하나님은 여러분 인생을 존귀하고 가치 있는 인생으로 만들어 주실 것입니다. 여러분이 자기 십자가를 지기 위해 희생하고 버려야 할 부분이 무엇인지를 아래에 구체적으로 기록해 보십시오.

가정에서 : ______________________________

교회에서 : ______________________________

직장이나 학교에서 : ______________________________

영원은 언젠가 우리가 생각하지도 못할 먼 미래에 있는 것이 아닙니다. 당신이 생각하는 것보다 훨씬 가까이에 있습니다. 그렇기 때문에 당신에게 남아 있는 모든 날이 '하나님께 사로잡혀' 사는 것이 중요합니다. 당신은 이미 존귀한 하나님의 자녀가 되었다는 사실과 그것이 영원한 것임을 이해하십시오. 그럴 때 당신은 자유인이 될 것입니다. 당신은 오직 하나님과 하나님의 사람들을 섬김으로 진정한 자유를 누리게 된다는 것을 기억해야 합니다.

인생의 목적은 이기는 것이 아니다. 인생의 목적은 성장하고 나누는 것이다. 인생에서 해 온 모든 일들을 되돌아볼 때, 당신은 다른 사람들보다 잘하고 그들을 이긴 순간보다 그들의 삶에 당신이 기쁨을 준 순간을 회상하며 더 큰 만족을 얻게 될 것이다.

- 랍비 해롤드 쿠쉬너

묵상하고 열매 맺기

1. 오늘 공부를 통해서 깨닫거나 새롭게 발견한 진리는 무엇입니까?

2. 섬긴다는 것은 무엇인지 당신의 말로 정리해서 설명해 보십시오.

3. 오늘 공부한 것 중 당신의 삶 속에 구체적으로 적용할 것은 무엇입니까?

5 단원

물질혁명 _ 인간적인 관점

5단원 [암송구절 | 누가복음 12:15]

물질혁명 _ 인간적인 관점

첫째 날 : 아담의 자녀들의 물질관

누가복음 12장 15~19절을 읽으십시오.

그들에게 이르시되 삼가 모든 탐심을 물리치라 사람의 생명이 그 소유의 넉넉한 데 있지 아니하니라 하시고 또 비유로 그들에게 말하여 이르시되 한 부자가 그 밭에 소출이 풍성하매 심중에 생각하여 이르되 내가 곡식 쌓아 둘 곳이 없으니 어찌할꼬 하고 또 이르되 내가 이렇게 하리라 내 곳간을 헐고 더 크게 짓고 내 모든 곡식과 물건을 거기 쌓아 두리라 또 내가 내 영혼에게 이르되 영혼아 여러 해 쓸 물건을 많이 쌓아 두었으니 평안히 쉬고 먹고 마시고 즐거워하자 하리라 하되

(누가복음 12:15-19)

우리는 지난 두 주 동안 참된 자화상의 발견에 대해서 배웠습니다. 그러나 앞으로 두 주 동안은 두 가지 물질관에 대해서 다루게 될 것입니다. 우리는 물질을 두 가지 관점에서 대할 수 있습니다. 첫 번째는 인간적인 관점에서 물질을 대하는 것입니다. 두 번째는 하나님의 관점에서 물질을 대하는 것입니다. 물론 우리가 지녀야 할 물질관은 물질이 하나님에 의해 지배되는 두 번째 물질관입니다. 오늘 읽은 말씀 속에 등장하는 부자는 첫 번째 물질관을 갖고 있었습니다. 부자의 마음속엔 물질이 자신의 모든 욕구를 만족시켜 줄 수 있다는 생각이 자리잡고 있습니다. 그는 어떻게 해서든지 더 많은 물질을 쌓아 두려고 했습니다.

오늘 본문의 말씀을 주의 깊게 읽어보면 부자의 마음속에 자리잡고 있는 세 가지의 세상가치를 발견할 수 있을 것입니다. 당신의 말로 아래에 기록해 보십시오.

1. ______________ 2. ______________ 3. ______________

부자의 가치관은 여러 가지 말로 표현될 수 있었을 것입니다. 그러나 본문에 등장하는 부자는 세상의 가치관을 지닌 현대인들의 모습을 말해 주고 있습니다. 먼저 부자가 지닌 가치관을 요약해 본다면 '안정'입니다. "여러 해 쓸 물건을 많이 두었으니" 그 다음은 '평안'입니다. "평안히 쉬고," 그리고 그 다음은 '사치와 쾌락'입니다. "먹고 마시고 즐거워하자." 그리고 본문의 말씀을 주의 깊게 읽다 보면 부자의 네 번째 가치관을 발견할 수 있을 것입니다. '독립'입니다. 곡식이 쌓여가며 부유해질수록 부자는 다른 사람들의 도움이 필요하지 않았습니다. 그에게는 친구들이나, 고용인들이나, 사업상의 관계자들이나 모두 자신의 부를 유지시키기 위한 수단에 불과했습니다. 그에게는 오직 물질만이 유일한 희망이고 삶의 버팀목이었습니다. 그는 커다란 창고를 지어서 자기의 재산을 보호했습니다. 자신을 위하여 보물을 쌓았습니다. 그는 자기 세계의 중심에 있었습니다.

누가복음 12장에 보면, 그는 '내 곳간'(18절) '내 모든 곡식과 물건'(18절), '내 영혼에게'(19절)라고 말합니다. 그는 모든 것이 자기 것이라는 가치관을 가지고 있었습니다. 그렇기 때문에 그는 자기의 필요를 충족(만족)시켜 주는 곡식(물질)이 곧 그의 "신"이었습니다. 그는 아마도 모든 것이 자기 것이니 자기 맘대로 할 수 있을 것이라 생각했을 겁니다. 그러나 그 모든 것의 진짜 주인은 그가 아니었습니다. 물질이 그의 주인이었습니다. 오직 자기 자신만 그 사실을 모르고 있었을 뿐입니다. 그는 모든 재물을 자기 마음대로 할 수 있다고 생각했지만 사실은 자기가 만든 보물상자 안에 갇혀 있었습니다. 부자 안에 있던 보물상자가 부자의 행동과 생각과, 심지어 다른 사람에 대한 그의 태도를 지배하고 조정했던 것입니다. 그가 물질을 소유한 것이 아니라, 물질이 그 사람을 조정하고 지배했습니다. 당신은 이런 견해에 대해 동의하지 못할지도 모릅니다. 그러나 돈 때문에 부부가 이혼하고, 돈 때문에 친구의 우정이 갈라지고, 돈 때문에 신앙생활하는 것이 부담스러운 사람들은 본인이 인정하든 안하든 물질의 종으로 살고 있는 것입니다. 혹시 당신에게는 이런 경우가 없었습니까? 본문에 나타난 부자 이야기를 통해 당신이 느낀 생각을 말해 보십시오!

___

___

아마도 당신은 이렇게 생각할지 모릅니다. "나는 지금까지 살아온 방식대로 살 수 밖에 다른 도리가 없다. 세상에서 돈보다 중요한 것은 없다." 그러나 이런 가치관을 가졌던 부자는 다른 사람으로부터 자신을 소외시켜 고립되게 했습니다. 부자에게는 그 무엇보다 돈이 중요했기 때문입니다. 그의 나이가 들어 몸이 쇠약해졌을 때 남아 있는 세월보다 더 많은 곡식과 물질이 있어야 했습니다. 돈이 자신을 지켜줄 것이라는 생각과 믿음 때문이었습니다. 돈이 부족하면 불안해졌고 돈이 많아질수록 평안을 느꼈습니다. 돈은 그 사람을 지켜주는 신이었습니다. 그러나 불행하게도 그는 그 모든 것의 주인이 하나님인 줄을 몰랐습니다. 하나님이 자기 영혼을 찾으면 자신의 평생 노력이 물거품이 된다는 사실을 깨닫지 못했습니다. 마가복음 8장 36절은 우리에게 정말 중요한 것이 무엇인지 가르쳐줍니다. "사람이 만일 온 천하를 얻고도 자기 목숨을 잃으면 무엇이 유익하리요."

매우 부유한 어떤 젊은 여자가 목사님을 찾아와서 이렇게 말했습니다. "저는 세 번째 약혼을 파혼시켰습니다. 나와 결혼하겠다는 남자들이 모두 사랑이 아니라 나의 돈 때문에 결혼을 원한다는 두려움 때문이었습니다. 어떤 때는 차라리 나에게 돈이 없다면 좋겠다는 생각도 듭니다." 그러자 그 목사님은 당신의 문제가 진정으로 해결되기 원한다면 돈이 필요한 다른 사람이나 단체에 기부하거나 혹은 교회 비전을 위해 헌금한다면 간단히 해결된다고 말했을 때 그 여자는 의아해하며 놀라는 표정을 지었습니다. "단지 남편을 얻기 위해서 나의 재산을 포기하란 말입니까?"라며 반문했습니다. 그 여자에게는 남편의 사랑보다 더 중요한 것은 바로 돈이었습니다. 그 여자는 자기가 갖고 있는 문제는 물질에 대한 세상적인 가치관임을 깨닫지 못했습니다. 그녀는 너무나 돈을 소중히 여겨 다른 사람들과의 친밀한 관계를 다 끊어 버리고 물질의 노예로 전락해 버린 것입니다.

사람이 물질을 신뢰할수록 다른 사람의 동기를 의심하게 됩니다. 이 젊은 여인에게는 친척이나 친구, 심지어 사업상의 동료들도 친밀한 인간관계를 형성해 줄 수 없었습니다. 새롭게 사귀게 된 사람들도 그 여자에게는 의심스러웠습니다. 과거의 경험으로 볼 때 그들도 자기 재산을 탐낼 것이라는 생각 때문이었습니다. 많은 소유물은 그 자체로는 선(좋은 것)도 아니고 악(나쁜 것)도 아닙니다. 오직 소유물에 대한 소유자의 가치관이 중요합니다. 물질을 어떻게 다루느냐에 따라 선과 악이 결정되기 때문입니다.

성경에 나타난 부자나 예를 든 위의 여자나 둘 다 똑같이 잘못된 물질관과 가치체계를 갖고 있습니다. 그들은 재물을 하나님으로 여겼습니다. 그들에게는 그 무엇보다도 돈이 중요했습니다. 그러나 하나님과 더불어 사는 그리스도인에게는 돈보다 중요한 것들이 있습니다. 하나님께 예배드림과 기도, 성도들과의 사랑스런 교제와 자발적인 사역을 통해 하나님의 인도하심과 축복을 체험합니다. 하지만 하나님을 떠나 사는 아담의 자녀들은 결코 이 진리를 이해하지 못합니다. 돈이 우상인 그들의 가치체계에서 볼 때 그리스도인들의 삶은 시간을 낭비하는 것처럼 보입니다. 아담의 자녀들은 보이는 돈보다 보이지 않는 영적 가치들을 더 중요하게 여기는 그리스도인들을 결코 이해할 수가 없습니다. 성경은 이렇게 가르쳐 줍니다.

"우리가 이것을 말하거니와 사람의 지혜가 가르친 말로 아니하고 오직 성령께서 가르치신 것으로 하니 영적인 일은 영적인 것으로 분별하느니라"(고전 2:13)

물질관에는 두 가지가 있습니다. 이번과에서 당신은 물질이 사람을 소유하고, 물질이 사람을 지배하며, 물질이 사람을 조정해서 결국은 돈으로는 결코 살 수 없는 하나님과의 관계와 사람들과의 관계를 파괴해 버린다는 것을 살펴보았습니다. 이렇게 아담의 물질관을 갖고 사는 사람들에게 하나님은 "어리석은 자여"라고 부르십니다. 창고를 가진 그 부자는 그가 믿는 곡식이 그에게 영원함을 제공해줄 수 없다는 것을 모르고 있었습니다. 결국 창고에 저장된 물질은 유한하고 일시적인 것이며, 그를 끝까지 지탱시킬 수 없습니다. 하나님이 그에게 그의 영혼을 요구하실 날이 반드시 찾아옵니다. 그때 그가 믿던 모든 재물은 다른 사람의 손으로 넘어가 버리겠지만 이미 때는 늦었습니다. 잠깐의 이익을 위해 살다가 영원한 생명을 잃어버리고 만 것입니다.

우리는 미래를 향해 심고, 과거로부터 거둔다.

- 에드윈 루이스 콜

묵상하고 열매 맺기

1. 오늘 공부를 통해 당신이 깨달았거나 배워야 할 진리는 무엇입니까?

2. 변화된 하나님의 자녀와 하나님의 사역자로 살기 위해 당신이 기억하거나 적용해야 할 것은 무엇입니까?

3. 변화된 삶을 위해 하나님께 드리는 기도 하십시오!

둘째 날 : 좀과 동록

마태복음 6장 19~21절, 요한복음 3장 3절을 읽으십시오.

미국에서 복권에 당첨된 사람들의 당첨 이후의 삶에 대해 조사한 적이 있었습니다. 한 순간에 커다란 물질을 얻은 그들은 과연 어떻게 살아가고 있을까? 많은 사람들은 그들이 행복하고 가치 있는 삶을 살고 있으리라 기대했을 것입니다. 그러나 복권에 당첨된 사람들 대부분은 복권에 당첨되기 전보다 더 불행한 삶을 살고 있다는 사실이 밝혀졌습니다. 그들은 복권에 당첨됨과 동시에 보물로 여겼던 물질에 의해 지배받기 시작했고, 물질의 노예가 되어 물질의 수렁 속으로 빠져들고 말았습니다. 돈이 모든 문제를 해결할 것이라고 믿었던 그들 대부분은 허탈감에 빠져 마약과 술로 인생을 허비하고 있었습니다. 미국만이 아닙니다. 한국에서도 이런 예가 신문에 소개되곤 합니다.

아담 자녀들의 관심사는 하나뿐입니다. 어떻게 하면 보다 많은 물질을 소유할 수 있을까하는 것입니다. 그러나 인간적인 물질관은 결코 사람을 행복하게 만들어주지 않습니다. 아담의 물질관은 사람들이 돈보다 더 중요하게 가져야 할 인생의 가치들을 도둑질하고 있기 때문입니다. 불행하게도 오늘날 많은 그리스도인들의 마음속에도 아담의 자녀들이 지닌 물질관이 자리잡고 있습니다. 사람들은 아담의 물질관 때문에 하나님과의 친밀한 관계성을 잊어버렸습니다. 이웃과의 관계성이 파괴되었습니다. 잠시 시간을 내서 당신이 갖고 있는 물질관에 대해 생각해 보십시오. 당신이 물질에 집착하며 살아가고 있는 동안 당신의 영혼은 얼마나 큰 타격을 입었습니까? 하나님과의 관계, 지체들과의 관계 또 믿지 않는 사람들과의 관계에 얼마나 많은 손해를 입었습니까? 아담의 물질관 때문에 당신이 입은 손해가 있다면 아래에 솔직하게 기록

너희를 위하여 보물을 땅에 쌓아 두지 말라 거기는 좀과 동록이 해하며 도둑이 구멍을 뚫고 도둑질하느니라 오직 너희를 위하여 보물을 하늘에 쌓아 두라 거기는 좀이나 동록이 해하지 못하며 도둑이 구멍을 뚫지도 못하고 도둑질도 못하느니라 네 보물 있는 그 곳에는 네 마음도 있느니라
(마태복음 6:19-21)

예수께서 대답하여 이르시되 진실로 진실로 네게 이르노니 사람이 거듭나지 아니하면 하나님의 나라를 볼 수 없느니라
(요한복음 3:3)

해 보십시오.

그렇습니다. 당신은 세상에서 교육받고 영향 받은 그대로 물질과 명예와 성공을 추구하기 위해 무척 바쁜 삶을 살아가고 있을 것입니다. 다른 사람들보다 더 나은 사람이 되기 위해 다른 사람들과의 경쟁에서 이길 수 있는 궁리를 하며 고민하고 있을 것입니다. 그러나 이것은 경쟁을 삶의 원리로 삶고 있는 진화론적인 가치관을 소유한 아담의 자녀들에게만 해당되는 것입니다. 우리는 하나님이 창조하시고 구원하신 존귀한 하나님의 자녀들입니다. 하나님이 두고 보시기에도 아까운 사람들입니다. 우리가 소유한 물질이 행복의 기준이 아니라, 하나님 나라에 대한 영원한 소망이 평안의 기준인 사람들입니다. 우리는 열심히 물질을 모으지만 자신에게 찾아오는 좀이나 동록(질병, 사고)을 막지 못해 허무하게 인생을 마감해 버리는 아담의 자녀들의 삶을 자주 목격하게 됩니다.

예수님은 우리의 물질을 가장 안전하게 투자할 수 있는 곳을 소개하고 있습니다. 영원한 하나님 나라(안전한 곳)입니다. 그곳은 여러분의 피와 땀이 담긴 재산이 침식당하거나 도둑질당할 염려가 전혀 없는 곳입니다. 한번만 맡겨 놓으면 영원토록 이자가 붙는 곳이 바로 하늘나라 창고입니다. 내 것을 하나님을 위해 드리는 것이 아닙니다. 나를 위해 하늘나라에 쌓아두는 것입니다. 뿐만 아니라 그곳은 하나님이 머물고 계시는 곳이기 때문에 하나님의 자녀라면 그곳에 있는 것들을 마음껏 가져다 사용할 수 있습니다. 하나님 나라에 쌓아놓은 것은 잃어버리거나 도둑맞을 염려가 전혀 없기 때문에 굳이 소유하려고 애쓸 필요도 없습니다. 모든 것이 하나님의 것이기에 하나님의 자녀인 우리들은 모든 것을 누리면 되는 것입니다.

미국에서 재미있는 조사를 했습니다. 100년 전 최고 부자였던 사람들의 후손들이 지금은 어떻게 살고 있는지에 대한 조사였습니다. 어떻게 살고 있었을까요? 결론적으로 아직까지 부자로 남아있는 가문은 하나도 없었다는 것입니다. 세상에서 영원히 지속되는 재물은 없습니다. 재물은 계속해서 침식당합니다. 세상엔 좀이나 동록, 그리고 수없이 많은 도적들이 재물을 노리고 있기 때문입니다. 그렇기 때문에 우리는 짐 엘리오트(Jim Eliot) 선교사가 한 말을 명심해야 합니다. "잃지 않을 것을 얻기 위해 잃게 될 것을 버릴 줄 아는 사람이 정말로 지혜 있는 사람이다."

미래를 위해 저축할 것인가? 미래를 위해 헌금할 것인가?

- 앤디 스탠리

묵상하고 열매 맺기

1. 오늘 공부를 통해서 깨닫거나 새롭게 발견한 진리는 무엇입니까?

2. 당신이 잃어도 될 것에 집착하다가 잃지 말아야 할 것들을 잃어버린 경우에 대해 말해 보십시오.

3. 오늘 공부한 것 중 당신의 삶 속에 구체적으로 적용할 것은 무엇입니까?

셋째 날 : 결말을 생각하라!

베드로후서 3장 7~13절을 읽으십시오.

한 어린 아이가 울면서 엄마에게 뛰어 왔습니다. "모두 다 없어졌어요! 하나도 남지 않았다구요!" 그 아이는 흐느끼며 계속해서 말했습니다. "내가 쌓아둔 성과 길과 모든 것이 다 없어졌어요." 아이는 바닷가에서 놀면서 멋진 성과 길을 만들고 있었습니다. 그런데 갑자기 밀려오는 파도가 아이가 쌓아 놓은 모든 것을 한 순간에 가져간 것입니다. 엄마는 아이에게 부드럽게 다가가 이야기해 주었습니다. "얘야 이제부터는 잊지 말고 바닷가에서 멀리 떨어진 곳에 성을 쌓으렴."

오늘날 많은 사람들이 무엇인가를 이루고 쌓으며 살아갑니다. 그러나 그것들이 얼마나 가치 없는 것인지 생각조차 못하는 사람들을 보게 됩니다. 그들은 언제 무너질지 모르는 모래성 같은 인생을 쌓는 일에 몰두해 있습니다. 조금 있으면 밀려들어올 파도를 생각하지 못합니다. 가만히 생각해보면 우리들도 인생의 바닷가에서 날마다 모래성을 쌓고 있습니다. 하나님의 계획과는 관계없이 당장 즐기는 재미에만 빠져 모래성을 쌓은 의미 없는 일에만 집중하고 있습니다. 데살로니가전서 5장 2~6절에서는 이렇게 말합니다.

"주의 날이 밤에 도둑 같이 이를 줄을 너희 자신이 자세히 알기 때문이라 그들이 평안하다, 안전하다 할 그 때에 임신한 여자에게 해산의 고통이 이름과 같이 멸망이 갑자기 그들에게 이르리니 결코 피하지 못하리라 형제들아 너희는 어두움에 있지 아니하매 그 날이 도둑같이 너희에게 임하지 못하리니 너희는 다 빛의 아들이요 낮의 아들이라 우리가 밤이나 어움에 속하지 아니하나니 그러므

이제 하늘과 땅은 그 동일한 말씀으로 불사르기 위하여 보호 하신 바 되어 경건하지 아니한 사람들의 심판과 멸망의 날까지 보존하여 두신 것이니라 사랑하는 자들아 주께는 하루가 천 년 같고 천 년이 하루 같다는 이 한 가지를 잊지 말라 주의 약속은 어떤 이들이 더디다고 생각하는 것 같이 더딘 것이 아니라 오직 주께서는 너희를 대하여 오래 참으사 아무도 멸망하지 아니하고 다 회개하기에 이르기를 원하시느니라 그러나 주의 날이 도둑 같이 오리니 그 날에는 하늘이 큰 소리로 떠나가고 물질이 뜨거운 불에 풀어지고 땅과 그 중에 있는 모든 일이 드러나리로다 이 모든 것이 이렇게 풀어지리니 너희가 어떠한 사람이 되어야 마땅하냐 거룩한 행실과 경건함으로 하나님의 날이 임하기를 바라보고 간절히 사모하라 그 날에 하늘이 불에 타서 풀어지고 물질이 뜨거운 불에 녹아지려니와 우리는 그의 약속대로 의가 있는 곳인 새 하늘과 새 땅을 바라보도다

(베드로후서 3:7-13)

로 우리는 다른 이들과 같이 자지 말고 오직 깨어 정신을 차릴지라"

오늘날 많은 사람들이 인생을 즐기는 쾌락과 사치에 커다란 가치를 부여하고 있습니다. 그렇기 때문에 물질이 가장 중요한 삶의 요소가 됩니다. 세상에서는 좋은 차와 좋은 옷을 입은 사람들이 대우를 받습니다. 사람들은 물질의 소유 여부로 평가되는 이런 세상 기준 때문에 낙심하고 절망합니다. 세상에서 일어나는 모든 범죄의 배후는 물질에 대한 인간의 욕망이 숨겨져 있습니다. 물질이 모든 것의 척도이기 때문에 사람들은 물질에 더욱 집착합니다. 자신도 모르는 사이 물질의 노예가 되었기 때문에 물질을 초월한 삶은 생각조차 하지 못하며 살고 있습니다. 세상적인 가치관은 인생의 결말을 생각하지 못하도록 눈을 가리고 있기 때문입니다. 아담 자녀들의 물질관은 미래를 생각하지 못하고 오직 눈에 보이는 대로만 살아가도록 만듭니다.

성경은 주의 날이 도둑같이 임할 것이라고 경고하고 있습니다. 아무도 모르는 사이 갑자기 임해서 지상에 있는 모든 보물들을 무의미한 것으로 만들어 버릴 것이라고 예고하고 있습니다. 오늘날 많은 사람들은 미래를 생각하지 못하고 모래성에 불과한 자신의 업적을 바라보며 즐거워하고 만족해 합니다. 그들이 쌓아놓은 모래성을 바라보며 미소를 짓고 있는 순간 저 멀리에서 커다란 파도가 다가온다는 사실을 깨닫지 못하고 있습니다. 몇 년 전 인도네시아를 비롯한 동남아의 아름다운 피서지와 휴양지를 일시에 폐허로 만든 거대한 쓰나미는 영원을 생각하지 못하고 현재에 탐닉하며 살아가는 사람들에게 커다란 교훈을 주고 있습니다.

우리는 2001년 9월에 있었던 미국의 무역센터 테러사건을 알고 있습니다. 참으로 비극적인 일이었습니다. 당시 얼마나 많은 사람들이 공포에 떨었습니까? 그 아름답고 위용을 자랑하던 세계 최고의 건물 두 동이 힘없이 무너져 내렸습니다. 베드로후서 3장 7~13절에서 보면 주님의 심판 때는 세상에 있는 모든 것들이 뜨거운 불에 녹아 다 없어질 것이라고 말하고 있습니다. 인간들이 그동안 애써 이루어놓은 모든 것들이 무용지물이 된다는 것입니다. 예수님 당시 예루살렘성은 굉장히 견고한 성이었습니다. 당시 사람들은 그 누구도 성이 무너질 것이라고 생각하지 않았습니다. 그런데 지금 어떻습니까? 그토록 견고했던 예루살렘성은 예수님의 말씀처럼 돌 위에 돌 하나도 남아 있지 않습니다. 우리가 무엇을 쌓아 놓든지 그분이 오실 때 모든 것들은 하나도 남지 못할 것입니다.

그러나 좀과 동록이 없고 침식당함과 부패함이 없는 나라가 여기 있습니다. 하나님께서는 절대로 무너지지도 않고 테러도 없는 아름다운 새 하늘과 새 땅을 우리를 위해 예비해 두셨다고 말씀하십니다. 하나님은 인간이 만든 그 어떤 것과도 비교할 수 없는 새 하늘과 새 땅을 예비하셨습니다. 하나님의 자녀라면 누구든지 그 모든 것을 마음껏 누리며 사용할 수 있습니다. 이것이 바로 세상 물질에 대한 두 번째 관점입니다. 우리는 영원한 하나님 나라의 관점에서 세상의 물질을 바라보아야 합니다. 보이는 것보다 보이지 않는 것의 중요함을 알아야 합니다. 영원을 의식하며 오늘의 삶을 사는 것이 진정 지혜로운 사람입니다.

우리가 하나님의 초청에 두려움으로 응답하면 충성된 청지기라는 칭찬을 잊어버리게 되고, 믿음으로 씨를 뿌리면 영원한 수확물을 얻게 된다. 당신이 두려움으로 움츠러들면 텅빈 밭을 낳게 된다.

- 앤디 스탠리.

묵상하고 열매 맺기

1. 오늘 공부를 통해서 깨닫거나 새롭게 발견한 진리는 무엇입니까?

2. 몇 년 전 인도네시아를 비롯한 동남아를 강타했던 쓰나미 사건의 비극과 모래성을 쌓는 아이들의 이야기를 읽고 느낀 점을 말해 보십시오.

3. 오늘 공부한 것 중 당신의 삶 속에 구체적으로 적용할 것은 무엇입니까?

넷째 날 : 남는 것은 무엇인가?

요한복음 12장 31절, 14장 1~6절, 18장 33~37절을 읽으십시오.

이제 이 세상에 대한 심판이 이르렀으니 이 세상의 임금이 쫓겨나리라

(요한복음 12:31)

요한복음 18장 33~37절은 예수님과 빌라도의 대화 내용입니다. 빌라도가 예수님께 왕이냐고 물었을 때 빌라도의 질문은 당연히 세상사람들이 생각하는 왕으로서 왕이냐는 의미가 담겨 있었습니다. 그때 예수님께서는 "내 나라는 세상에 속한 것이 아니니다"라고 대답하셨습니다. 세상적인 가치기준을 갖고 있던 빌라도는 예수님이 하신 영적 관점에서의 말씀을 도무지 이해할 수 없었습니다. 예수님의 말씀처럼 진리에 속한 자만이 예수님의 말씀을 이해할 수 있기 때문입니다. 예수님이 세상에 오신 목적은 세상적인 나라를 세우기 위한 것이 아닙니다. 영원히 쇠하거나 없어지지 않을 하나님 나라를 증거하기 위해 오신 것입니다.

너희는 마음에 근심하지 말라 하나님을 믿으니 또 나를 믿으라 내 아버지 집에 거할 곳이 많도다 그렇지 않으면 너희에게 일렀으리라 내가 너희를 위하여 거처를 예비하러 가노니 가서 너희를 위하여 거처를 예비하면 내가 다시 와서 너희를 내게로 영접하여 나 있는 곳에 너희도 있게 하리라 내가 어디로 가는지 그 길을 너희가 아느니라 도마가 이르되 주여 주께서 어디로 가시는지 우리가 알지 못하거늘 그 길을 어찌 알겠사옵나이까 예수께서 이르시되 내가 곧 길이요 진리요 생명이니 나로 말미암지 않고는 아버지께로 올 자가 없느니라

(요한복음 14:1-6)

어떤 미개한 종족이 원시적인 생활을 하는 곳에 선교사 한 명이 들어갔다고 상상해 봅시다. 그들은 놀라운 눈으로 그를 주목할 것입니다. 그의 손에 들고 있는 전등에서는 불빛이 어둠을 비추고, 큰 소리를 내며 하늘을 나는 이상한 새(비행기)를 봤습니다. 선교사는 자기가 온 나라에 대해 사진을 보여주며, 아무리 애써 이해시키려 해도, 쉽게 믿어지기 않습니다. 그들은 선교사가 설명하는 문명 나라에 대해 한 번도 경험하지 못했기 때문입니다.

빌라도도 마찬가지였습니다. 빌라도는 예수님이 말씀하신 하나님 나라를 전혀 경험한 바가 없습니다. 빌라도는 예수님이 말씀하신 하나님 나라를 전혀 이해 할 수 없었습니다. 빌라도가 사는 세계는 자기들이 원하는 것을 얻기 위해 다른 사람을 누르고, 경쟁에서 이기고 싸워서 승리해야 하는 곳입니다. 그러나 예수님은 스스로 고통의 십자가를 지셨습니다. 제자들에게는 자기를 잡으러 온 유대인들과 로마 군인들에게 칼로 대적하지 말라고 명하셨습

이에 빌라도가 다시 관정에 들어가 예수를 불러 가로되 네가 유대인의 왕이냐 예수께서 대답하시되 이는 네가 스스로 하는 말이냐 다른 사람들이 나를 대하여 네게 한 말이냐 빌라도가 대답하되 내가 유대인이냐 네 나라 사람과 대제사장들이 너를 내게 넘겼으니 네가 무엇을 하였느냐 예

수께서 대답하시되 내 나라는 이 세상에 속한 것이 아니라 만일 내 나라가 이 세상에 속한 것이었더면 내 종들이 싸워 나로 유대인들에게 넘겨지지 않게 하였으리라 이제 내 나라는 여기에 속한 것이 아니니라 빌라도가 이르되 그러면 네가 왕이 아니냐 예수께서 대답하시되 네 말과 같이 내가 왕이니라 내가 이를 위하여 났으며 이를 위하여 세상에 왔나니 곧 진리에 대하여 증언하려 함이로라 무릇 진리에 속한 자는 내 소리를 듣느니라

(요한복음 18:33-37)

니다. 하나님 나라는 이 세상 나라와는 전혀 다른 곳이기 때문입니다. 하나님 나라는 영적인 원리를 따라 움직여지는 곳입니다. 그렇기 때문에 그리스도인들은 하나님 나라의 원리를 이 땅에서 연습해야 합니다. 참된 그리스도인들은 불로 타서 없어질 것에 자기들의 삶을 투자하지 않습니다. 오히려 하나님 나라로 옮겨질 것에 투자합니다.

예수님 당시 빌라도처럼 세상에는 두 종류의 세계가 존재한다는 것을 모르는 사람들이 많이 있습니다. 단지 이 세상을 전부라고 생각하며 거기에 몰두하여 인생을 투자합니다. 언젠가 그들의 영혼은 결국 시들고 죽어버린다는 것을 의식하며 살지 못하고 있습니다. 그들 대부분은 자신들 눈에 보이는 이 세상이 전부라고 생각하여 자신들이 가진 모든 힘과 에너지를 세상의 삶에 투자하며 살아갑니다. 그들은 자신들의 영혼이 서서히 시들어가고 있다는 사실을 전혀 눈치채지 못하며 삽니다. 그리스도인들은 영원히 남는 것을 위해 투자합니다. 육신이 죽으면 없어지거나 사라지는 것들을 위해 인생을 투자하지 않습니다. 영원히 남는 것은 무엇입니까? 돈이나 곡식이나 창고가 아닙니다. 오직 하나님의 사람들만이 그 나라로 옮겨지게 될 것입니다. 예수님은 그들을 위해 영원한 처소를 예비하십니다(요 14:1~6). 그렇다면 하나님을 섬기는 사역자로 부름받은 그리스도인들이 이 세상에 머물러 사는 동안 해야 할 가장 중요한 일은 무엇이겠습니까? 하나님 나라로 옮길 사람들을 준비해야 합니다.

이런 영적 교훈은 개인적인 그리스도인의 삶에도 적용됩니다. 우리가 하나님 앞에 나아갈 때 속일 수 있는 것은 아무것도 없습니다. 하나님이 내 인생의 가계부를 다 들여다보고 계시기 때문입니다. 지금 당신 인생의 가계부를 한번 살펴보십시오. 없어질 것들을 위해 투자한 비용이 많습니까? 아니면 영원히 지속될 것들

에 더 많은 비용이 지출되었습니까? 하나님은 우리가 세상에 사는 동안 돈을 어떻게 사용하는지 여부를 통해 우리가 어떤 가치관을 갖고 인생을 살아가는지 확인하십니다. 그리스도인은 올바른 가치관을 가지고 돈을 사용해야 합니다.

감리교를 시작한 존 웨슬리는 "벌 수 있는 만큼 벌고, 모을 수 있는 만큼 모으고, 투자하고 줄 수 있는 만큼 주어라"고 말했습니다. 우리에게 끝까지 남게 될 것은 하나님 나라를 위해 투자한 것뿐이기 때문입니다. 우리가 하나님과의 관계성을 위해 투자한 것들만 영원히 남게 될 것입니다. 우리가 하나님의 사람들을 위해 투자한 것들만 영원히 남게 될 것입니다. 세상에서 유한한 것들, 결국은 없어지고 사라질 것들에 투자하며 살지 말고 하나님 나라에 투자하는 삶을 살아야 합니다.

알렉산더 왕의 죽음에 관한 일화는 매우 유명합니다. 그는 병으로 죽기 전에 신하들에게 이렇게 명령했습니다. "내가 죽으면 관 밖으로 나의 두 손을 내 놓고 묻어 주시오." 왕의 유언은 매우 독특했습니다. 신하들은 이해할 수 없어 그 이유를 물었습니다. 그때 알렉산더 왕은 "나는 내가 빈손으로 죽는다는 사실을 모든 사람들에게 알려서 사람들이 다시는 나처럼 살지 않기를 바라는 것이오. 나는 많은 것을 얻었고 내 왕국은 거대하지만 나는 여전히 가난하다는 사실을 깨달았기 때문이오"라고 말했습니다.

지난 한달 동안 당신의 지출을 생각해 보십시오. 당신은 하나님 나라에서 영원히 남게 될 가치있는 것을 위해 얼마만큼의 지출을 하며 지냈습니까? 당신의 금전 출납부를 하나님과 지체들에게 당당하게 공개할 수 있습니까? 그렇지 못하다면 그 이유는 무엇입니까? 당신의 지출장부가 세상가치관으로 가득하다면 그것을 바로잡기 위해 당신이 해야 할 일은 무엇입니까? 말씀해보십시오.

쓰고 남는 것을 헌금하는 사람이 될 것인가?

헌금하고 남는 것으로 살아가는 사람이 될 것인가?

- 앤디 스탠리

묵상하고 열매 맺기

1. 오늘 공부를 통해서 깨닫거나 새롭게 발견한 진리는 무엇입니까?

2. 오늘 공부한 것 중 당신의 삶 속에 구체적으로 적용할 것은 무엇입니까?

다섯째 날 : 이익과 손실

이 닦아 둔 것 외에 능히 다른 터를 닦아 둘 자가 없으니 이 터는 곧 예수 그리스도라 만일 누구든지 금이나 은이나 보석이나 나무나 풀이나 짚으로 이 터 위에 세우면 각 사람의 공적이 나타날 터인데 그 날이 공적을 밝히리니 이는 불로 나타내고 그 불이 각 사람의 공적이 어떠한 것을 시험할 것임이니라 만일 누구든지 그 위에 세운 공적이 그대로 있으면 상을 받고 누구든지 그 공적이 불타면 해를 받으리니 그러나 자신은 구원을 받되 불 가운데서 받은 것 같으리라

(고린도전서 3:11-15)

고린도전서 3장 11~15절을 읽으십시오.

사람들에게는 "이익과 손실"을 알려주는 손익계산서가 강력한 영향을 주고 있습니다. 사업을 하는 사람들은 정기적으로 손익계산서를 검토하며 새로운 결정을 내립니다. 사업의 장래와 고용인들의 문제와 경영방법들이 손익계산서에 의해 좌우됩니다. 증권에서도 실적이 좋은 기업들의 가치가 높습니다. 사람들은 물질적으로 이익이 되지 않으면 그 어떤 것이라도 포기합니다. 그러나 오늘날 많은 사람들은 사소한 것을 중요하게 여기다가 정말로 소중하게 여겨야 할 것들을 잃어버리고 있습니다. 가치없는 것에 집착하다가 정말로 가치있는 것들을 잃어버립니다.

동남아에 가면 원숭이를 사냥하는 방법이 매우 특이합니다. 먼저 원숭이가 잘 다니는 나무 밑에 항아리를 갖다 놓고 그 안에 원숭이들이 제일 좋아하는 음식인 바나나를 집어넣습니다. 바나나를 발견한 원숭이는 조심스럽게 내려와 주위를 살핀 후 항아리 안에 손을 넣어 바나나를 손에 쥐고 꺼내려 합니다. 그렇지만 바나나를 움켜쥔 손으로는 작은 입구의 항아리에서 손을 꺼낼 수가 없습니다. 이때 이를 숨어서 지켜보던 사람은 재빨리 원숭이가 있는 곳으로 달려갑니다. 원숭이는 사람을 발견하지만 바나나를 놓을 수가 없어 결국 잡히고, 고급식당으로 팔려가 목숨을 잃게된다고 합니다. 원숭이는 작은 것을 얻기 위해 더 큰 것을 잃어버리게 되는 것입니다.

사람도 마찬가지입니다. 얼마나 많은 사람들이 중요하지 않은 것들을 얻기 위해 정말 중요한 것들을 놓치고 잃는 인생을 살고 있는지 모릅니다. 언젠가는 없어지고 사라질 물질을 얻기 위해 결

코 포기해서는 안 되는 믿음과 사람과 관계와 사랑을 포기하고 있습니다. 그들이 물질적 가치로 이익과 손실을 계산하고 있을 때 물질적으로는 도저히 계산할 수 없을 만큼 중요한 가치들을 잃어버리고 있습니다. 그럼에도 불구하고 사람들은 자기 인생 속에서 근심과 걱정을 안겨주는 인간적인 물질관을 여전히 고수하고 있습니다. 이미 그들에게 있어서 물질은 자신의 소유가 아니라 자신들의 우상으로 자리 잡고 있기 때문입니다. 고린도전서 3장 11절을 주의 깊게 읽고 다음 질문에 답해 보십시오.

이 닦아 둔 것 외에 능히 다른 터를 닦아 둘 자가 없으니 이 터는 곧 예수 그리스도라

(고린도전서 3:11)

1. 바울이 말하는 '터' 란 무엇을 의미합니까?

2. 유일하고 참된 터는 무엇입니까?

3. 사람들은 어떤 터 위에 자기들의 삶을 건축하려고 합니까?

4. 사람들이 닦아 놓은 터에는 어떤 일이 일어날 것을 말씀하고 있습니까? (13-14절)

각 사람의 공적이 나타날 터인데 그 날이 공적을 밝히리니 이는 불로 나타내고 그 불이 각 사람의 공적이 어떠한 것을 시험할 것임이라 만일 누구든지 그 위에 세운 공적이 그대로 있으면 상을 받고

(고린도전서 3:13-14)

위의 질문들에서 "터"는 당신의 삶에서 가장 소중하게 여기는 것을 뜻하고 있음을 알았을 것입니다. 오늘날 재산과 성공과 개인적 업적을 삶의 "터"라고 생각하는 사람들이 많이 있습니다. 하지만 성경은 오직 예수 그리스도만이 참되고 안전한 "터"라고 가르쳐 주고 있습니다. 사람들이 선택한 "터"는 우리가 하나님 앞에 설 때 모두 시험 받을 것입니다. 오직 예수 그리스도라는 터 위에

자기 인생을 세운 사람만이 그 시험을 통과할 것입니다.

우리가 가진 문명이라는 것은 높이 치솟아 오를수록 불안정해지고 더욱 참혹하게 추락할 수밖에 없는 것이다. 인간이 추구하는 안전이란 위험을 끊임없이 증가시키는 것에 불과하다

- 윌리암 설리반

물질로 당신의 존귀함을 평가받으려고 하지 마십시오. 당신이 소유한 물질이 당신의 가치를 평가하게 만들지 마십시오. 자신이 소유한 물질과 다른 사람이 소유한 물질을 비교함으로 자신은 열등한 존재라고 생각하지 마십시오. 존귀한 하나님의 자녀인 당신을 왜 세상적인 가치와 물질적인 기준으로 평가하십니까? 물질적인 가치기준에서 자유하십시오. 고린도전서 3장 11~15절은 언젠가 우리가 겪게 될 하나님의 심판을 미리 준비하라고 가르쳐주고 있습니다. 나무나 풀같이 없어질 것들을 위해 소중한 인생을 투자하지 말고 하나님 나라를 위해 투자하는 지혜로운 사람이 되십시오. 당신이 투자하는 모든 것들을 당신이 예수님 앞에 서게 될 그날까지 남아 있도록 만드십시오. 이 땅에서 하나님 나라로 옮겨질 것은 오직 사람뿐입니다. 당신이 소유한 물질로 사람들의 영혼을 살리는 일에 투자하십시오. 영원한 하나님 나라를 확장하는 일을 위해 사용하십시오. 슬기로운 다섯 처녀처럼 미리 준비하는 자가 되십시오. 만일 오늘 갑자기 하나님의 나라가 임한다면 당신은 하나님 나라에 가지고 들어갈 것들이 많이 준비되어 있습니까?

돈이 우리 속에 있는 욕심과 연결되면 파괴적인 요소로 작용하지만 하나님의 마음인 나눠줌과 연결되면 참으로 건설적으로 쓰여 질 수 있다.

- 리챠드 포스터

묵상하고 열매 맺기

1. 오늘 공부를 통해서 깨닫거나 새롭게 발견한 진리는 무엇입니까?

2. 그리스도인들이 아담 자녀들의 물질관을 못 버리는 이유가 무엇이라고 생각합니까?

3. 오늘 공부한 것 중 당신의 삶 속에 구체적으로 적용할 것은 무엇입니까?

6 단원

물질혁명 _ 하나님의 관점

6단원 [암송구절 I 마태복음 6:20-21]

물질혁명 _ 하나님의 관점

첫째 날 : 누구의 소유인가?

고린도전서 10장 26절, 빌립보서 4장 19절, 마태복음 6장 24~33절을 읽으십시오!

이는 땅과 거기 충만한 것이 주의 것임이라
(고린도전서 10:26)

나의 하나님이 그리스도 예수 안에서 영광 가운데 그 풍성한 대로 너희 모든 쓸 것을 채우시리라
(빌립보서 4:19)

한 사람이 두 주인을 섬기지 못할 것이니 혹 이를 미워하며 저를 사랑하거나 혹 이를 중히 여기며 저를 경히 여김이라 너희가 하나님과 재물을 겸하여 섬기지 못하느니라 그러므로 내가 너희에게 이르노니 목숨을 위하여 무

지난 주 대부분의 사람들은 물질의 소유가 살아가는 데 있어서 가장 중요하다는 물질관을 소유하고 있다는 것에 대해 배웠습니다. 이러한 관점은 결국 실망을 가져오며 허무와 고독으로 사람을 끌고 갑니다. 목사님들이 헌금에 대해 가르칠 때 어떤 사람들은 왜 그렇게 불편한 마음을 갖게 됩니까? 그들의 보물상자에 문제가 있기 때문입니다. 목숨처럼 귀중하게 여기는 자기 보물상자를 건드리니 심각한 위협을 느끼게 되는 것입니다.

고린도전서 10장 26절에 보면 성경은 이렇게 강조합니다. "이는 땅과 거기 충만한 것이 주의 것임이라." 이 말씀은 사람들이 갖고 있는 첫 번째 물질관이 대단히 잘못된 것이라는 사실을 지적해 줍니다. 성경은 또 이렇게 가르쳐 줍니다. 땅과 거기 충만한 것이 주의 것이라면, 그 땅에 사는 사람들 역시 주의 것입니다. 이것

이 바로 위대한 복음입니다. 그분이 당신을 소유하셨고, 당신이 그분의 소유라면, 그분은 당연히 당신을 돌보고 책임질 것이기 때문입니다.

빌립보서 4장 19절을 읽어 보십시오. 뭐라고 말씀하십니까? 그렇습니다. 하나님이 우리의 모든 필요를 공급하신다면, 하나님은 우리가 원하는 것 역시 공급하십니다. 아래의 질문에 당신의 생각을 간략하게 써 보십시오.

당신에게 필요한 것과 당신이 원하는 것은 어떤 차이가 있습니까?

우리 생활 속에서 필요한 것과 원하는 것을 어떻게 구별합니까?

우리가 물질에 관한 두 번째 관점을 이해하기 위해서는 예수님께서 친히 말씀하셨던 마태복음 6장 24~33절을 주목해 보아야 합니다. 예수님은 모든 사람이 무엇인가의 종이라고 말씀하셨습니다. 종은 주인이 시키는 대로 하는 사람입니다. 사람들은 무엇인가를 자신이 선택하는 것 같지만 자신이 갖고 있는 가치관이 선택하는 것입니다. 우리는 성경적인 가치관을 선택해야 합니다. 인생의 제일 중요한 가치는 돈에 있는 것이 아닙니다. 하나님과 하나님 나라에 있습니다. 우리는 돈을 주인으로 삼느냐, 하나님을 주인으로 삼느냐를 선택해야 합니다. 자신을 주인이라고 생각하는 육적인 가치관이 아니라, 하나님이 주인이라는 영적인 가치관을 선택해야 합니다. 만약 당신이 그리스도인이 아니라면 아무런 갈등도 없을 것입니다. 그러나 당신은 그리스도인이 되었습니다. 당

엇을 먹을까 무엇을 마실까 몸을 위하여 무엇을 입을까 염려하지 말라 목숨이 음식보다 중하지 아니하며 몸이 의복보다 중하지 아니하냐 공중의 새를 보라 심지도 않고 거두지도 않고 창고에 모아 들이지도 아니하되 너희 하늘 아버지께서 기르시나니 너희는 이것들보다 귀하지 아니하냐 너희 중에 누가 염려함으로 그 키를 한 자라도 더할 수 있겠느냐 또 너희가 어찌 의복을 위하여 염려하느냐 들의 백합화가 어떻게 자라는가 생각하여 보라 수고도 아니하고 길쌈도 아니하느니라 그러나 내가 너희에게 말하노니 솔로몬의 모든 영광으로도 입은 것이 이 꽃 하나만 같지 못하였느니라 오늘 있다가 내일 아궁이에 던져지는 들풀도 하나님이 이렇게 입히시거든 하물며 너희일까보냐 믿음이 작은 자들아 그러므로 염려하여 이르기를 무엇을 먹을까 무엇을 마실까 무엇을 입을까 하지 말라 이는 다 이방인들이 구하는 것이라 너희 하늘 아버지께서 이 모든 것이 너희에게 있어야 할 줄을 아시느니라 너희는 먼저 그의 나라와 그의 의를 구하라 그리하면 이 모든 것을 너희에게 더하시리라

(마태복음 6:24-33)

나의 하나님이 그리스도 예수 안에서 영광 가운데 그 풍성한 대로 너희 모든 쓸 것을 채우시리라

(빌립보서 4:19)

신은 이미 하나님께 속했습니다. 하나님의 소유가 되었습니다. 당신 삶의 의미와 목적이 달라졌습니다. 당신이 예수님을 믿지 않았을 때는 당신을 위해 열심히 일하고 돈을 벌고 사회적 지위를 쌓았습니다. 그러나 이제는 달라져야 합니다. 당신은 이전보다 더 열심히 일하고 돈을 벌고 사회적 지위를 쌓아야 합니다. 그러나 이 모든 것은 하나님의 영광과 하나님 나라를 위해서 사용되어야 합니다. 그리스도인에게 돈이 필요 없는 것이 아닙니다. 돈은 하나님의 일을 위해 너무 중요한 것입니다. 하지만 돈보다 하나님의 의와 하나님의 나라를 구하는 것이 먼저입니다. 예수 믿는 것은 삶의 일부분이 바뀌는 것이 아니라, 인생의 목적어가 바뀌는 것입니다.

당신은 재물을 섬기는 것과 하나님을 섬기는 것 중 어느 편이 더 안전하다고 생각하십니까? 새들은 뿌리지도, 거두지도, 곳간에 모으지도 않습니다. 새들은 주님이 소유한 세계의 한 부분이기 때문에 그분의 세계 안에서 먹으며 살아갑니다. 이 말은 아무것도 하지 말라는 의미가 아닙니다. 하나님이 책임지신다는 것을 믿고 확신하라는 말입니다. 하나님은 당신의 필요를 공급하실 것입니다. 하나님은 우리 인생의 주인이시기 때문에 우리를 돌볼 의무가 있습니다. 하나님이 당신을 돌보아 주십니다. 당신이 물질에 관한 두 번째 관점을 소유할 때 당신은 당신을 돌보시는 하나님 안에서 물질에 연연하지 않는 진정한 자유를 누릴 것입니다.

중년의 한 남자가 이렇게 말했습니다. "나는 먹고 살기 위해 지금처럼 치열하게 살 필요가 없을 때를 기다리고 있습니다. 나는 나의 노후가 준비될 때를 위해 일하고 있으며, 그런 때가 오면 은퇴할 것입니다." 하지만 예수님은 지금 당장 당신의 첫 번째 물질관에서 은퇴할 수 있노라고 말씀하십니다! 그럴 때 당신은 물질의 유무로 행복이 결정되지 않는 진정한 영적 자유를 누릴 수 있습니다. 만일 그리스도인인 당신이 아담 자녀들의 물질관에서 은퇴하지 않는다면 당신이 전혀 생각하지 못한 때, 당신이 섬기는 물질이라는 주인으로부터 전격적으로 해고당할지 모릅니다. 감리교를 시작한 영국의 존 웨슬리는 사람이 회심하기 위한 3가지 필수 요건에 대해 이렇게 말했습니다. 첫째는 정신적 회심, 둘째는 감정적 회심, 셋째는 지갑의 회심입니다. 그는 "이 세 가지 모두가 회심하지 않으면 진정한 회심이 아니다"라고 강조했습니다. 당신은 첫 번째 물질관에서 은퇴했으며 진정으로 회심한 그리스도인이 되셨습니까?

물질관을 분명히 바꾸지 않고는 진정한 의미에서의 신앙생활을 할 수가 없습니다. 사랑한다고 말하면서도 사랑의 행위가 없으면 거짓말인 것처럼, 하나님을 사랑한다고 하면서도 하나님께 드림이 인색하다면 그것은 거짓말일 수도 있습니다. 2006년 2월 졸업 시즌을 앞두고 중앙일보에 이런 기사가 났습니다. 학생들에게 물었습니다. 졸업선물로 제일 받고 싶은 것과 받고 싶지 않은 선물은 무엇인가? 가장 받고 싶지 않은 선물 1위는 '마음의 선물'이었습니다. 예수님은 "네 보물이 있는 곳에 네 마음도 있다"고 말씀하십니다. 물론 이 말씀은 우리가 드리는 물질의 양과 크기를 말하는 것이 아닙니다. 하나님은 마음의 중심을 보십니다. 하나님은 하나님을 사랑하는 사람들의 믿음과 마음을 아시기 때문에 전심으로, 진심으로 물질을 드리는 자녀를 사랑하십니다. 드리는 물질의 양보다 더 중요하게 보시는 것은 하나님께 드리는 태도와 자세입니다. 정말로 하나님을 사랑한다면 그 어떤 것도 하나님께 아끼지 않게 되어 있습니다. 물질은 하나님에 대한 우리의 믿음을 증명하는 가장 강력한 방법입니다.

특별히 하나님에 대한 그리스도인의 믿음은 십일조라는 신앙 고백적인 행위를 통해 증명할 수 있습니다. 십일조는 내가 가진 모든 물질의 주인이 하나님이라는 것을 인정하는 믿음의 고백입니다. 구약에서처럼 의무적으로, 혹은 율법적으로 드려야 되는 강제적인 사항이 아닙니다. 주님이 가르쳐주신 십일조는 우리의 모든 것은 하나님의 것이라는 것을 인정하여 고백하는 첫 열매라는 의미입니다. 그렇기 때문에 십일조를 드리는 우리의 믿음과 태도는 정말 중요한 것입니다. 하나님께 헌금을 드리고 싶지만 드릴 것이 없어 못 드리는 안타까운 마음을 가진 사람이, 많은 십일조를 드리지만 율법적으로 드리는 사람보다 더 귀하고 크게 인정받을 것입니다. 그러나 하나님은 우리가 가진 모든 물질이 다 하나님께 속했다는 것을 믿고, 하나님을 위해 감사한 마음으로 아낌없이 십일조를 드리는 사람을 귀하게 여길 것입니다. 뿐만 아니라 물질의 청지기라는 겸손한 믿음을 가지고 자신이 생활에 필요한 만큼만 사용하고 가능한 많은 물질을 하나님께 드린다면 그런 사람이야말로 하나님을 기쁘게 하는 사람입니다.

어떤 부흥강사 목사님이 집회에 와서 그 교회 담임목사에게 질문합니다. "이 교회 성도들은 몇 명이나 십일조를 드립니까?" 그러자 그 교회 담임목사는 "전 교인이 십일조를 합니다"라고 대답했습니다. 부흥사 목사님은 어떻게 그렇게 할 수 있느냐고 깜짝 놀랐습니다. 그때 담임목사는 빙그레 웃으며 이렇게 말합니다. "우리 교인의 삼분의 일은 본인이 자발적으로 하고, 나머지 삼분의 이는 하나님이 직접 거둬 가십니다."

마이크 머독은 이렇게 말합니다. "우리 손에 있는 것을 놓으면 하나님이 자신의 것을 놓아 주신다." 하나님은 우리의 것을 빼앗아 가는 분이 아닙니다. 우리를 사랑하셔서 가장 좋은 것으로 채워주기를 원하는 분입니다. 하나님은 자녀들이 물질의 노예가 되지 않고 선한 청지기가 되기를 원하십니다. 십일조는 하나님 자녀의 물질관을 증명할 수 있는 영적인 방법입니다. 성경은 이렇게 말합니다.

"나를 사랑하는 자들이 나의 사랑을 입으며 나를 간절히 찾는 자가 나를 만날 것이니라 부귀가 내게 있고 장구한 재물과 공의도 그러하니라 내 열매는 금이나 정금보다 나으며 내 소득은 순은보다 나으니라 나는 정의로운 길로 행하며 공의로운 길 가운데로 다니나니 이는 나를 사랑하는 자가 재물을 얻어서 그 곳간에 채우게 하려 함이니라"(잠 8:17-21)

당신을 묶어두고 가두었던 아담의 물질관에서 해방되십시오. 하나님께 드리는 것을 아까워하지 마십시오. 허비하는 것이 아닙니다. 하나님 나라의 상속자인 당신을 위해 투자하는 것입니다. 우리는 존귀한 하나님의 자녀이며 하나님 나라의 사역자이기 때문입니다.

"너희가 아들이므로 하나님이 그 아들의 영을 우리 마음 가운데 보내사 아빠 아버지라 부르게 하셨느니라 그러므로 네가 이 후로는 종이 아니요 아들이니 아들이면 하나님으로 말미암아 유업을 받을 자니라"(갈 4:6-7)

고린도후서 9장 6~7절에서는 이렇게 가르쳐주고 있습니다.

"이것이 곧 적게 심는 자는 적게 거두고 많이 심는 자는 많이 거둔다 하는 말이로다 각각 그 마음에 정한 대로 할 것이요 인색함으로나 억지로 하지 말지니 하나님은 즐겨 내는 자를 사랑 하시느니라"

하나님은 "우리 가운데서 역사하시는 능력대로 우리가 구하거나 생각하는 모든 것에 더 넘치도록 능히 하실"(엡 3:20) 분입니다. 당신이 하나님을 아버지라 믿는다면 믿고 맡기십시오. 당신을 불편하게 만드는 첫 번째 물질관에서 해방될 때 물질이 주는 스트레

스와 억압으로부터 진정한 자유를 얻을 수 있습니다. 하나님께 맡기면 하나님은 당신의 모든 필요를 전적으로 돌보십니다.

세상 사람들은 이런 영적 가치관을 갖고는 세상에서 성공할 수 없다고 주장합니다. 그러나 이런 영적인 물질관을 소유한 사람이 세상에서 더 큰 성공을 할 수 있다는 것을 증명해 주는 사람들이 많이 있습니다. 그들은 하나님을 위해서라는 경영철학을 가지고 기업을 운영해 나감으로 성공하였습니다. 그들은 기업의 주인이 하나님이시라는 것을 인정합니다. 하나님의 뜻에 어긋나는 방법으로는 이익을 남기지 않겠다는 경영방침을 가지고 있습니다. 이런 경영철학은 고객들에게 믿음을 주고 그 결과로 사업은 날로 성장해 가고 있습니다. "성경은 경영학 교과서입니다"라는 책을 보면 이런 사람들의 예를 잘 보여주고 있습니다.

당신은 하나님의 자녀로서의 물질관을 소유해야 합니다. 더 이상 누구를 주인으로 섬길 것인지 망설이지 마십시오! 하나님을 믿으니 또 나를 믿으라는 예수님의 말씀을 믿고 성경적인 물질관으로 살겠다고 결심하십시오. 내가 소유하고 버는 모든 물질이 하나님의 것임을 인정하고 그 신앙고백으로 철저히 십일조를 드리겠다는 결단을 하십시오! 뿐만 아니라 교회의 필요나 하나님의 영광을 위해 당신이 소유한 물질과 당신의 은사를 사용해 당신이 할 수 있는 사역을 시작하겠다고 결심하십시오! 그런 믿음의 결단이 축복된 삶을 시작하게 만듭니다. 아래에 당신의 결심을 하나님 앞에서 확인해 보십시오.

서 약 서

나 (   )는 20 년 월 일 하나님께서 그의 아들 예수 그리스도를 통해 나의 삶 전체를 지배해 주실 것을 소원하며 선포합니다. 나는 이제부터 하나님을 내 모든 삶의 주인으로 모실 것이며 청지기로서의 삶을 살아가겠습니다.

나는 내 인생의 주인이 아닙니다. 내 인생의 주인은 오직 나를 소유하신 하나님뿐입니다. 나의 책임은 하나님을 섬기는 것이며 나를 돌보는 것은 하나님의 책임입니다. 앞으로 나는 이 원리에 따라서 살아갈 것을 하나님 앞에서 서약합니다.

서명 ______________

우리가 10년 동안 이룰 수 있는 것보다
하나님이 10초 만에 이루실 수 있는 것이 더 많다.

- 미국 속담

묵상하고 열매 맺기

1. 오늘 공부를 통해 당신이 깨달았거나 배워야 할 진리는 무엇입니까?

2. 서약을 하면서 느낀 감정은 무엇이었습니까? 솔직하게 써 보십시오. 왜 그런 감정을 느꼈을까요?

3. 하나님의 사역자로 변화된 삶을 살기 위해 당신이 적용해야 할 것은 무엇입니까?

둘째 날 : 질그릇에 담긴 보배

고린도전서 4장 1~2절, 고린도후서 4장 1~7절을 읽으십시오!

사람이 마땅히 우리를 그리스도의 일꾼이요 하나님의 비밀을 맡은 자로 여길지어다 그리고 맡은 자들에게 구할 것은 충성이니라
(고린도전서 4:1-2)

그러므로 우리가 이 직분을 받아 긍휼하심을 입은 대로 낙심하지 아니하고 이에 숨은 부끄러움의 일을 버리고 속임으로 행하지 아니하며 하나님의 말씀을 혼잡하게 하지 아니하고 오직 진리를 나타냄으로 하나님 앞에서 각 사람의 양심에 대하여 스스로 추천하노라 만일 우리 복음이 가리었으면 망하는 자들에게 가리어진 것이라 그 중에 이 세상의 신이 믿지 아니하는 자들의 마음을 혼미하게 하여 그리스도의 영광의 복음의 광채가 비취지 못하게 함이니 그리스도는 하나님의 형상이니라 우리는 우리를 전파하는 것이 아니라 오직 그리스도 예수의 주 되신 것과 또 예수를 위하여 우리가 너희의 종 된 것을 전파함이라 어두운 데에 빛이 비치라 말씀하셨던 그 하나님께서 예수 그리스도의 얼굴에 있는 하나님의 영광을 아는 빛을 우리 마음에 비추셨느니라 우리가 이 보배를 질그릇에 가졌으니 이는 심히 큰 능력은 하나님께 있고 우리에게 있지 아니함을 알게 하려 함이라
(고린도후서 4:1-7)

위의 성경 말씀은 아담의 자녀들이 물질관을 버리고 하나님 나라를 소망하며 청지기 의식을 갖고 살아가는 그리스도인의 모습에 대해 설명하고 있습니다. 이 사람의 생활양식을 자세히 살펴봅시다. 그렇게 함으로 당신의 삶이 하나님의 종으로서의 삶에 얼마만큼이나 접근했는가를 알 수 있는 기회가 될 것입니다. 전적으로 헌신된 하나님의 종이 갖고 있는 바람직한 특징들을 본문에서 읽어 보십시오! 하나님의 청지기로서의 사역은 이미 시작되었습니다.

현재 당신의 섬기는 사역이 어느 정도의 수준에 이르렀는가를 말해 주는 등급에 동그라미를 하십시오!

(A는 거의 90%이상 / B는 70%이상 / C는 50%이상 / D는 30%이상 / F는 30%이하)

1. 섬기는 삶은 자신의 존귀함을 구하지 않습니다(고전 4:1).

종은 아무것도 소유한 것이 없습니다. 보호해야 할 개인적인 소유도 없습니다. 하나님의 자녀가 된 것만으로도 완전한 존귀와 완전한 자유를 영원히 부여받았기 때문입니다. 섬기는 종은 자기의 모든 능력을 자유롭게 발휘합니다. 하지만 섬기는 종은 자신이 가진 능력 발휘의 결과를 가지고 자신의 가치를 증명하려고 시도하지 않습니다. 섬기는 삶은 종의 당연하고 마땅한 삶의 방식이기 때문입니다.

• 하나님과의 관계로 존귀함을 보장 받는다.

(확실한 보장) (희미한 보장)

A············B ············C ············D ············F

2. 섬기는 삶은 청지기 의식으로 살아가는 것입니다(고전 4:1-2).

청지기란 말은 주인의 집안일과 재산을 감독하는 종의 우두머리를 뜻합니다. 그는 주인의 모든 재산을 위임받았습니다. 그는 집안의 모든 일을 때에 맞춰 알맞게 돌봅니다. 청지기는 모든 것을 잘 관리하고 감독하고 사용해야 합니다.

그리고 맡은 자들에게 구할 것은 충성이니라

(고린도전서 4:2)

• 다른 사람을 기꺼이 즐거운 마음으로 섬긴다.

(계속적으로) (때때로) (거의 안한다)

A············B ············C ············D ············F

3. 섬기는 자에게는 오직 주인의 평가만 중요합니다(고전 4:1-2).

섬기는 사람은 "하나님께 사로잡힌" 사람입니다. 종은 다른 사람들의 평가를 의식하지 않습니다. 오직 하나님을 섬기는 일을 기쁨으로 감당합니다. 다른 사람들의 평가에 연연하지 않으며 오직 주인의 평가만 중요하게 생각합니다.

• 하나님을 섬기는 사역에 헌신한다.

(최선으로) (보통으로) (거의 안한다)

A············B ············C ············D ············F

만일 우리의 복음이 가리었으면 망하는 자들에게 가리어진 것이라 그 중에 이 세상의 신이 믿지 아니하는 자들의 마음을 혼미하게 하여 그리스도의 영광의 복음의 광채가 비치지 못하게 함이니 그리스도는 하나님의 형상이니라 우리는 우리를 전파하는 것이 아니라 오직 그리스도 예수의 주 되신 것과 또 예수를 위하여 우리가 너희의 종 된 것을 전파함이라 어두운 데에 빛이 비치라 말씀하셨던 그 하나님께서 예수 그리스도의 얼굴에 있는 하나님의 영광을 아는 빛을 우리 마음에 비추셨느니라

(고린도후서 4:3-6)

4. "눈먼" 사람들에게 특별한 동정심을 갖습니다(고후 4:3-6).

사탄은 온갖 방법으로 사람들의 눈을 멀게하여 하나님의 나라를 못보게 합니다. 예수님은 자기가 하는 일이 눈먼자를 보게 하는 것이라고 했습니다(눅 4:18). 이 말씀에 의하면 세상의 빛이신 예수님이 우리 마음을 비추어 어두워진 마음의 눈을 밝히신 것입니다. 우리 또한 믿지 않는 사람들에게 빛 되신 예수님을 전하는 세상의 빛으로 살아야 합니다.

• 불신자들에 대한 동정과 관심을 가진다.

(계속적으로) (때때로) (드물게)

A…………B …………C …………D …………F

위의 질문 중에서 당신이 생각할 때 가장 부족하여 개선되어야 할 영역은 어느 것입니까? 그 영역을 택해서 하나님께 기도하십시오! 그리고 그 부분을 개선하려는 노력을 앞으로도 계속 하십시오! 고린도후서 4장 7절에 보면 "우리가 이 보배를 질그릇에 가졌으니"라고 말씀합니다. 고대의 문서들은 흙으로 만든 항아리에 넣어서 습기가 침입하지 못하도록 밀봉해서 보관했습니다. 하나님의 종은 이와같이 질그릇으로 비유됩니다. 우리가 중요한 것이 아니라, 우리 안에 든 보배 때문에 중요한 존재가 되었다는 말입니다.

첫 번째 물질관에 따르면 재물은 사람의 몸을 영화롭게 합니다. 사람들은 남에게 보이려고 장식품으로 걸치고 다니며 과시합니다. 그가 걸친 각종 보석들은 지나가는 사람에게 "대단히 중요한 사람"이라는 표시가 됩니다. 두 번째 물질관에 의하면 재물은 하나님에 의해 지배되며 하나님의 종들은 하나님의 부요함을 과시

합니다. 그들의 보물은 목이나 팔에 장식되지 않습니다. 그들 속에 지니고 다닙니다. 너무나 귀중해서 금으로 만든 장식품과는 비교될 수 없습니다. 첫 번째 물질관으로 볼 때 보물은 외부에 나타납니다. 그것은 금이나 은같은 소유물입니다. 그러나 두 번째 물질관으로 볼 때 보물은 섬기는 자의 내부에서 발견됩니다. 이 보물은 예수 그리스도입니다. 우리는 질그릇 속에 담긴 보배이신 그리스도를 나타나기 위해 세상으로 나가야 합니다.

섬기는 자의 외모는 중요한 것이 아닙니다. 그것은 질그릇에 지나지 않습니다. 그러나 사랑스러운 눈빛과, 친절한 손길과 따뜻한 마음과, 동정어린 음성은 질그릇같은 그의 삶 속에 담겨있는 보배입니다! 청지기적인 생활속에는 하나님의 영광이 담겨있는 진정한 기쁨이 있습니다. 외부의 압력과 위기와 낙심되는 일이 다가와도 질그릇 안에는 여전히 사랑이 넘치고 있습니다. 심지어 질그릇이 깨어져도, 그 깨진 조각에는 하나님의 영광의 빛이 밝게 나타납니다. 성경은 이렇게 말합니다. 당신은 하나님의 보배를 담은 질그릇입니다.

"여호와가 너를 항상 인도하여 메마른 곳에서도 네 영혼을 만족하게 하며 네 뼈를 견고하게 하리니 너는 물댄 동산 같겠고 물이 끊어지지 아니하는 샘 같을 것이라" (사 58:11)

묵상하고 열매 맺기

1. 오늘 공부를 통해 당신이 깨달았거나 배워야 할 진리는 무엇입니까?

2. 보화가 질그릇에 담겨 있다는 의미가 무엇인지 당신의 말로 써 보십시오.

3. 하나님의 사역자로 변화된 삶을 살기 위해 당신이 적용해야 할 것은 무엇입니까?

셋째 날 : 내 이웃의 필요

누가복음 16장 19~26절, 요한복음 3장 16~18절을 읽으십시오!

"나의 창고에 있는 곡식을 믿는다"는 좌우명을 갖고 자기중심적인 삶을 살았던 사람을 기억하십니까? 그 사람은 죽는 날까지 창고를 짓고 곡식을 저장했던 어리석은 사람이었습니다. 그가 생각하고 있었던 것은 오직 자신뿐이었습니다. 그는 자기의 모든 소유를 오직 자신만을 위해 소비하는 사람이었습니다. 이런 부류에 속하는 사람의 최후가 어떠한지를 보여주는 이야기가 누가복음 16장 19~26절에 있습니다. 여기서는 "한 부자"라고만 기록되어 있습니다. 아마도 이 부자는 여러가지 복잡한 생각으로 가득차 있었을 것입니다. "새로 주문한 금반지와 다이아몬드 목걸이는 제 시간에 완성될까? 새로운 사업에 대한 투자를 어떻게 결정할까? 어떻게 하면 보다 많은 이익을 얻어서 다른 사업을 확장하는데 사용할까?" 그는 자기가 만든 물질의 감옥 안에서 살아가고 있었습니다. 물질에 대한 그의 가치관이 그를 물질의 노예로 만들었습니다. 미국에 하워드 휴즈라고 하는 억만장자가 있었습니다. 그는 다른 누군가가 자신의 재산을 뺏기 위해 자신을 독살할지도 모른다는 강박관념을 갖고 있었습니다. 그래서 그는 유리로 만든 보호망 안에서 우유만 먹으며 살다가 결국 영양실조로 죽고 말았습니다. 아담의 물질관을 가진 사람의 최후를 보여주는 극단적인 예입니다.

성경에 나오는 이 부자도 눈먼 사람이었습니다. 무엇보다도 마음의 눈이 멀었습니다. 그를 비참하게 만든 것은 보아도 보지 못하는 영적인 소경이었기 때문입니다. 그가 조금만 주의해서 보았다면 깨달을 수도 있었을 것입니다. 그 부자의 집 대문 옆에 가서서 보십시오! 그 문밖에 있는 불쌍한 사람이 보입니까? 그의 이름

한 부자가 있어 자색 옷과 고운 베옷을 입고 날마다 호화롭게 즐기더라 그런데 나사로라 이름하는 한 거지가 헌데 투성이로 그의 대문 앞에 버려진 채 그 부자의 상에서 떨어지는 것으로 배불리려 하매 심지어 개들이 와서 그 헌데를 핥더라 이에 그 거지가 죽어 천사들에게 받들려 아브라함의 품에 들어가고 부자도 죽어 장사되매 저가 음부에서 고통 중에 눈을 들어 멀리 아브라함과 그의 품에 있는 나사로를 보고 불러 이르되 아버지 아브라함이여 나를 긍휼히 여기사 나사로를 보내어 그 손가락 끝에 물을 찍어 내 혀를 서늘하게 하소서 내가 이 불꽃 가운데서 괴로워하나이다 아브라함이 이르되 얘 너는 살았을 때에 좋은 것을 받았고 나사로는 고난을 받았으니 이것을 기억하라 이제 저는 여기서 위로를 받고 너는 괴로움을 받느니라 그뿐 아니라 너희와 우리 사이에 큰 구렁텅이가 놓여 있어 여기서 너희에게 건너가고자 하되 갈 수 없고 거기서 우리에게 건너 올 수도 없게 하였느니라
(누가복음 16:19-26)

하나님이 세상을 이처럼 사랑하사 독생자를 주셨으니 이는 그를 믿는 자마다 멸망하지 않고 영생을 얻게 하려 하심이라 하나님이 그 아들을 세상에 보내신 것은

세상을 심판하려 하심이 아니요 그로 말미암아 세상이 구원을 받게 하려 하심이라 그를 믿는 자는 심판을 받지 아니하는 것이요 믿지 아니하는 자는 하나님의 독생자의 이름을 믿지 아니하므로 벌써 심판을 받은 것이니라

(요한복음 3:16-18)

은 나사로입니다. 그의 피부는 곪아서 헐었으며, 고통 중에 있었습니다. 그를 불쌍히 본 그의 가난한 이웃들은 그를 어떤 부자의 문에 데려다 놓았습니다. 그들은 그 부자가 가난한 나사로를 돌보아 주기를 기대했습니다. 만약 그가 돌보아주지 않는다면 나사로는 곧 죽게 될 것입니다. 헐어버린 상처 때문에 죽든지, 굶어서 죽게 될 것입니다. 저기 멀리에서 화려한 마차에 몸을 실은 부자가 오고 있습니다. 그곳에 있던 사람들이 나사로를 가리키며 그 부자가 나사로에게 관심을 가져 주기를 간청하는 모습을 상상해 보십시오! 그러나 부자는 나사로를 보지 못한 것처럼 그냥 지나치고 있습니다. 마음의 눈이 멀었다는 것을 알려 줍니다. 이것은 비단 부자만의 이야기가 아닙니다. 오늘날 물질에 노예가 된 수많은 사람들이 다른 사람들의 필요를 보지 못하고 오직 자신만을 위해 모든 것을 의심하고 두려워하면서 살아가고 있습니다.

지난과에서 설명한 고린도후서 4장 3~6절의 좋은 예가 될 수 있는 사람입니다. "이 세상 신"은 탐욕으로 그의 눈을 멀게 했습니다. 그는 자기 밖에 모르며, 자기 재물로 누구를 돕기 위해 사용하는 방법을 몰랐습니다. 하나님이 원하실 때도 자기의 것을 움켜쥐고 있었습니다. 그는 하나님의 필요를 위해 물질을 사용하기보다는 자신이 원하는 것을 위해서만 사용했습니다. 잠시 당신 눈이 먼 상태에 대해서도 생각해 보십시오! 지난날 형제나 자매의 절실한 필요를 알면서도 외면해 버리고 모른척 했던 경우를 기억할 수 있습니까? 아니면 교회공동체의 필요를 알면서도 가만히 있었던 적은 없었습니까?

예수님은 부자가 살아 있었을때 뿐만 아니라, 죽고난 후에도 자기 감옥에서 해방되지 못했다고 말씀하셨습니다. 그는 불구덩이에서 고통을 당하며, 한 방울의 물로 입과 혀를 축이기를 간청했습니다. 참으로 비참하게 되었습니다. 이것은 첫 번째 물질관을

소유한 사람들이 맞이해야 할 최후의 모습입니다. 물론 이 부자는 돈이 많았기 때문에 그곳에 간 것이 아닙니다. 그는 첫 번째 아담의 물질관을 소유했습니다. 모든 소유를 자기의 것이라고 생각하며, 마음의 눈이 먼 이기적인 삶을 살았습니다. 하나님을 주인으로 인정하고 섬긴 것이 아니라 자기가 소유한 물질을 주인으로 삼아 살았습니다. 그 결과 부자는 끔찍한 고통 속에서 영원히 살게 되었습니다.

당신은 이미 하나님의 나라를 기업으로 상속받기로 약속받은 사람이라는 것을 알아야 합니다. 예수님은 우리가 거할 처소를 예비하기 위하여 하나님 나라로 먼저 승천하셨습니다. 이것이야말로 당신을 기쁘게 할 사실입니다. 요한복음 3장 16절과 요한일서 3장 16절은 흥미있는 비교가 됩니다. 요한복음 3장 16절은 하나님이 우리에게 독생자를 주셨다고 합니다. 반면에 요한일서 3장 16절은 우리 주님의 죽음을 말하면서 "섬기는 자가 주인보다 크지 않다는 것"을 상기시켜 줍니다. 예수님께서 자기의 목숨을 버리셨으니 우리도 목숨을 걸고 주님과 다른 지체를 섬겨야 합니다. 요한일서 3장 17절은 참된 그리스도인이라면 이웃의 필요를 외면하고 지낼 수 없음을 지적합니다. 하나님의 자녀들은 주위에 있는 많은 나사로들을 볼 수 있습니다. 그들은 살아있으나 영적으로 죽은 자들입니다. 영적으로 죽을 병에 걸려 신음하며 고통을 호소합니다. 하나님의 자녀들은 그들을 봅니다. 그들의 영적인 필요를 채워 줍니다. 영적 의사이신 그리스도 앞에 그들을 인도합니다. 필요하다면 자기들의 물질은 그들을 위해 사용합니다. 선한 사마리아인처럼 말입니다.

그리스도인은 하나님과 하나님의 지체들을 섬기기 위해 물질을 사용합니다. 하나님은 우리에게 선한 청지기로 살아가도록 모든 것을 맡기셨기 때문입니다! 물질을 자신과 가정을 위해서 쓰지 말라는 말이 아닙니다. 성경에 일하는 소에는 망을 씌우지 말라고 했고, 일꾼은 일한 대로 삯을 받는다는 사실을 가르쳐 줍니다. 당신이 일하고 벌어들인 삶을 당신과 가정을 위해 쓰는 것은 당연한 것입니다. 왜냐하면 당신은 하나님의 일꾼이기 때문입니다. 그러나 하나님과 하나님의 지체들을 섬기기 위해 사용하지 않고 오직 자신만을 위해 사용한다면 그것은 잘못된 것입니다. 왜냐하면 모든 것은 당신의 것이 아니라 주인인 하나님의 것이기 때문입니다. 하나님이 주신 물질은 복음을 위해 유통시키는 그리스도인이 되어야 합니다.

청지기는 자기에게 맡겨진 것에 대해 책임을 갖고 사는 사람입니다. 주님은 풍성한 물질로 우리를 축복하셨습니다. 그런데 우리는 그 복을 당연하게 생각하며, 가지지 못한 사람들과 나누지 않습니다. 많은 사람들이 높은 생활수준에 익숙해서 자기들의 삶이 사치스러운 삶이라는 것을 인식하지 못합니다. 그러나 우리는 그리스도인이 된 이후에 우리 삶의 물질관을 비롯한 삶의 전 영역에서 기존의 원칙들을 수정해야 합니다. 물질의 사용 방법에 따라 그의 안에 하나님의 사랑이 있는지 여부를 증명하게 되기 때문입니다.

기존에 당신이 갖고 있던 물질 사용의 원칙을 써 보십시오. 현재 당신이 사용하고 있는 지출 내역을 살펴보십시오. 어느 곳에 가장 많은 지출을 하고 있습니까? 혹시 필요 이상으로 사치하며 살고 있지는 않습니까? 당신은 온전한 십일조와 풍성한 헌금을 드리며, 어려운 이웃을 위한 후원금을 아끼지 않습니까? 이제, 새로운 재정 사용원칙을 세워보십시오. 새로운 재정 사용원칙은 하나님의 청지기로서 삶의 전 영역에서의 원칙들을 새롭게 정립해 보는 것입니다.

현재의 수입 : 평균 원 / 나에게 주어진 하루의 시간		
삶의 영역	기존의 법칙	새로운 원칙
주 택		
자 동 차		
의 복		
문화생활		
생활용품		
현 금		
후 원 금		
기간사용		
봉 사		

기존의 원칙들이 청지기직을 수행하는데 적절하지 않다고 느낀다면, 다음과 같은 방법들이 당신에게 맡겨 주신 하나님의 것을 나눌 수 있도록 도움을 줄 수 있을지 모릅니다.

1. 자신이 평소에 생각해 오던 곳의 선교를 위한 후원자가 되며 이를 위해 정기적으로 헌금을 한다. 예를 들어 해외에 복음을 알지 못하는 자들을 위한 해외 선교 후원을 하는 것입니다. 국내 및 기타 선교(빈민 선교, 미자립 교회 지원 등)를 하는 것입니다. 그리고 미래 지도자들을 키우기 위해서 신학생이나 교회지도자들을 위해 정기적으로 기도하고 후원하는 것입니다.

2. 굶주리는 사람들이나 재난을 당한 사람들에게 구호품을 보낸다.

3. 교회의 2세들을 위한 장학 사업이나 교육을 위해 지원한다.

이런 것들은 당신이 생각할 수 있는 여러가지 방법 중 일부일 것입니다. 그러나 이렇게 하는 삶을 살기로 결정을 했다면 모든 것을 교회나 목사님을 통해서 하는 것이 필요합니다. 어떤 사람들은 자기 임의대로 합니다. 그러나 하나님은 함께 일하기를 원하십니다. 그렇게 할 때 더 효과적이고 통일성 있는 선교를 할 수 있기 때문입니다. 두 번째로 개인이 직접 하면 하나님보다는 자신의 영광이 더 드러나게 될 수 있기 때문입니다. 세 번째로 교회나 목사님을 통해서 하는 것이 믿음의 덕을 위해 좋기 때문입니다.

존 록펠러는 미국 석유산업을 장악한 거부였습니다. 그는 53세에 병으로 인해 사형선고를 받게 되었습니다. 그는 그때까지 돈이 전부라고 생각하며 살았지만 죽음을 앞에 두니 돈이 전부가 아니라는 사실을 깨달았습니다. 그날부터 그는 돈을 교육과 의학, 시민단체를 돕는 일에 사용하기 시작했습니다. 그런데 놀라운 사실은 그가 그렇게 삶의 방향을 바꾼 다음부터 무려 44년 동안이나 다른 사람들의 필요를 채워주는 자로 살았다는 것입니다. 진정한 그리스도인은 하나님과 형제를 위해 물질을 아낌없이 사용합니다. 그렇게 사용하도록 하나님이 맡기셨기 때문입니다. 당신이 번 돈을 당신을 위해 쓰는 것은 나쁜 일이 아닙니다. 하지만 하나님과 우리의 지체된 형제들에게 나누는 삶을 살지 않는다면 당신도 본문에 나오는 어떤 부자와 다를 바가 없음을 기억하십시오.

하나님 안에서 하나님 자녀로서의 축복은 누리되, 이 축복을 하나님의 사역과 다른 사람을 위해 유통하는 특권을 누리겠다고 결심하십시오. 그것은 영원히 없어지지 않는 가장 귀한 투자입니다. 당신은 하나님의 선한 청지기입니다.

생활은(living) 우리가 버는 것으로 이루어지지만,
삶은(life) 우리가 베푸는 것으로 이루어진다.

- 무명

묵상하고 열매 맺기

1. 오늘 공부를 통해 당신이 깨달았거나 배워야 할 진리는 무엇입니까?

2. 삶의 영역에서의 원칙을 세우면서 가장 힘들었던 부분은 무엇입니까? 왜 그 부분에서 새로운 원칙을 적용하는 것이 힘들었나요?

3. 하나님의 사역자로 변화된 삶을 살기 위해 당신이 기억하거나 적용해야 할 것은 무엇입니까?

넷째 날 : 공급자를 기억하라!

너희 중에 아버지 된 자로서 누가 아들이 생선을 달라 하는데 생선 대신에 뱀을 주며 알을달라 하는데 전갈을 주겠느냐 너희가 악할지라도 좋은 것을 자식에게 줄 줄 알거든 하물며 너희 하늘 아버지께서 구하는 자에게 성령을 주시지 않겠느냐 하시니라

(누가복음 11:11-13)

무엇이든지 구하는 바를 그에게서 받나니 이는 우리가 그의 계명을 지키고 그 앞에서 기뻐하시는 것을 행함이라

(요한일서 3:22)

예수께서 떡 다섯 개와 물고기 두 마리를 가지사 하늘을 우러러 축사하시고 떡을 떼어 제자들에게 주어 사람들에게 나누어 주게 하시고 또 물고기 두 마리도 모든 사람에게 나누시매 다 배불리 먹고 남은 떡 조각과 물고기를 열두 바구니에 차게 거두었으며 떡을 먹은 남자는 오천 명이었더라

(마가복음 6:41-44)

예수께서 헌금함을 대하여 앉으사 무리가 어떻게 헌금함에 돈

누가복음 11장 11~13절, 요한일서 3장 22절, 마가복음 6장41~44절, 마가복음 12장 41~44절을 읽으세요!

첫 번째 물질관을 소유하고 사는 사람들은 자기가 소유한 것을 움켜쥐고 살아갑니다. 자기들의 재물이 위협을 받을 때, 그들은 공포와 염려에 사로잡힙니다. 그러나 그리스도인의 가치체계는 그렇지 않습니다. 당신은 하나님의 자녀입니다. 예레미야 29장 11절에 보면 "여호와의 말씀이니라 너희를 향한 나의 생각을 내가 아나니 평안이요 재앙이 아니니라 너희에게 미래와 희망을 주는 것이니라"고 말씀하고 있습니다. 요한복음 10장 10절에 보면 예수님은 우리에게 생명과 풍성한 삶을 주기 위해 오셨다고 말씀합니다. 하나님은 우리를 위해 아무것도 아끼지 않습니다. 다음의 말씀은 우리에 대한 이런 하나님 아버지의 마음을 잘 표현해 주고 있습니다.

"도둑이 오는 것은 도둑질하고 죽이고 멸망시키려는 것뿐이요 내가 온 것은 양으로 생명을 얻게 하고 더 풍성히 얻게 하려는 것이라" (요 10:10)

물질에 대한 당신의 새로운 가치체계는 정말로 놀라운 것입니다. 당신은 하나님의 청지기로서 하나님의 것을, 하나님을 위해서, 또한 그것이 필요한 사람들에게 공급할 거룩한 책임이 있다는 것을 발견했습니다. 당신이 가진 것을 내어 준 후에, 다시 채워지지 않을 것을 두려워하지 마십시오! 당신의 뒤에는 모든 것을 공급하시는 분이 계십니다. 우리가 믿음으로 준비하면 하나님이 채우십니다.

"나는 너를 애굽 땅에서 인도하여 낸 여호와 네 하나님이니 네 입을 크게 열라 내가 채우리라"(시 81:10)

요한일서 3장 22절에 보면 우리는 전적으로 주님을 의지해야 한다고 말합니다. 하나님은 우리의 모든 필요를 아시고 모든 쓸 것을 풍성하게 채워주십니다. "우리가 구하는 것은 무엇이든지 그 분으로부터 받습니다." 이것을 진실로 믿는다면 두려움을 버리고 하나님의 공급을 신뢰해야 합니다. 소유를 잃는다는 두려움 대신에 하나님이 공급해 주신다는 믿음을 가지십시오! 제자들에게는 먹어야 할 오천 명이 있는데 먹을 것은 다만 보리떡 다섯 개와 물고기 두 마리 뿐이었던 적도 있었습니다. 그러나 부족하지 않았습니다. 당신이 하나님께 떡을 드린다면 그분은 어떻게 하실까요? 당신이 하나님께 물고기를 드린다면 그분은 어떻게 하실까요? 그분은 기적을 베풀 것입니다. 큰 문제는 작게 보고 작은 희망은 크게 보십시오. 당신이 가진 문제를 과대평가하지 말고, 하나님의 능력을 과소평가하지 마십시오.

두 번째 물질관의 계산방법은 첫 번째 물질관의 계산방법과 전적으로 다릅니다. 예수님은 떡과 물고기를 축사하시고 나누어주도록 하셨습니다. 제자들이 그것을 나누어줄 때 예수님은 떡과 물고기를 더해 주셨고 마침내 다 배불리 먹고도 열 두 바구니에 가득히 남았습니다. 남은 것은 제자들의 몫으로 충분했습니다. 두 번째 물질관이 가르쳐 주는 새로운 계산의 답은 무엇입니까? 아래에 있는 공식에 답을 채워 넣어 보십시오!

$$\frac{\text{(떡 다섯 개 + 물고기 두 마리) 하나님에 대한 믿음}}{\text{오천 명}} = ?$$

넣는가를 보실새 여러 부자는 많이 넣는데 한 가난한 과부는 와서 두 렙돈 곧 한 고드란트를 넣는지라 예수께서 제자들을 불러다가 이르시되 내가 진실로 너희에게 이르노니 이 가난한 과부는 헌금함에 넣는 모든 사람보다 많이 넣었도다 그들은 다 그 풍족한 중에서 넣었거니와 이 과부는 그 가난한 중에서 자기의 모든 소유 곧 생활비 전부를 넣었느니라 하시니라

(마가복음 12:41-44)

당신은 "열 두 바구니"라고 써야 합니다. 첫 번째 물질관을 가진 사람들은 공급 자체에만 시선을 둡니다. 두 번째 물질관은 사람들이 공급의 원천이 되며 주시는 분에게 시선을 둡니다. 하나님의 충만하심은 언제나 부족함이 없게함을 보장하기 때문입니다. 예수님은 성전에서 헌금하는 사람들을 유심히 살폈습니다. 부자들은 많은 금액을 헌금궤에 넣었습니다. 그때 한 과부가 동전 두 개를 넣었습니다. 예수님은 큰 감동을 받으셨습니다. 주님은 제자들에게 이렇게 말씀하셨습니다. "내가 진실로 너희에게 이르노니 이 가난한 과부는 헌금함에 넣는 모든 사람보다 많이 넣었도다 그들은 다 그 풍족한 중에서 넣었거니와 이 과부는 그 가난한 중에서 자기의 모든 소유 곧 생활비 전부를 넣었느니라"(막 12:43~44). 더 이상 자기에게 공급해 줄 사람이 없는 과부가 모든 소유, 생활비 전부를 넣었습니다. 어떻게 그와 같이 할 수 있습니까? 우리도 우리의 재산을 일시에 모두 헌금하라는 의미가 아닙니다. 물론 그렇게 해야 할 때가 있을 수도 있습니다. 하지만 지금 예수님은 부자들과 가난한 과부의 물질에 대한 가치관에 대해 말씀하신 것입니다. 헌금의 액수가 문제가 아니라 헌금을 하는 사람의 물질적인 가치관이 중요합니다.

안타깝게도 오늘날 많은 성도들이 여전히 아담 자녀들의 물질관을 소유하고 있음을 보게 됩니다. 아무리 많은 헌금을 해도 그 사람의 가치관이 아담 자녀의 물질관이라면 헛되이 물질만 허비하는 것입니다. 하나님 자녀의 물질관을 가진 자들은 십일조를 드릴 때 자기 믿음의 분량에 따라 헌금해야 합니다. 생활이 어려우면 십일조를 하나님께 바치지 않아도 된다는 말이 아닙니다. 십일조를 할 때 당신이 가진 모든 것의 소유권이 하나님께 있다는 사실을 인정하고 고백하는 믿음으로 드려야 한다는 말입니다. 그렇기 때문에 십일조를 의무적으로 드리는 것이 아니라, 넘치는 감사의 마음으로 드려야 합니다. 십일조는 수입의 십분의 일이 하나님

것이기 때문에 억지로 드려야 되는 것이 아닙니다. 십분의 구를 우리가 받아 사용하는 순간이기 때문에 감사해야 하는 것입니다.

이제 몇 가지 질문을 하겠습니다. 이 질문들은 당신의 보물상자 속의 가치를 나타낼 것입니다. 아래 질문에 정직하게 대답해 보십시오!

1. 당신에게 필요한 것이지만 다른 사람을 돕기 위해 기꺼이 내어 줄 수 있습니까?
   예 ____________________ 아니요 ____________________

2. 당신이 가진 모든 소유권을 포기하고 하나님의 소유임을 기꺼이 인정합니까?
   예 ____________________ 아니요 ____________________

3. 만일 주님께서 당신이 가진 모든 것을 드리라고 명하신다면 기꺼이 그렇게 하겠습니까?
   예 ____________________ 아니요 ____________________

위의 질문들은 매우 어려운 질문입니다. 그러나 그리스도인은 불신자와는 다른 가치관을 가져야 한다는 사실을 보여주는 질문들입니다. 엄밀히 말해, 그리스도인은 세상을 거꾸로 사는 사람들입니다. 하나님 자녀들이 가져야할 물질관은 세상적인 물질관과는 반대되는 가치관이기 때문입니다. 세상사람들이 신실한 그리스도인을 볼 때 이런 삶을 사는 그리스도인은 미친 모양입니다. 바울 사도는 유대인들이 자신을 미쳤다고 비난할 때도 "내가 미쳐어도 주를 위해서"라고 고백합니다. 우리의 소망은 이 땅에 속한 것이 아니기 때문입니다. 다음을 읽고 각 설명의 앞부분에 있는 빈칸에 오늘 공부하기 전에 읽은 성경구절 중에서 알맞은 것을 써 넣으십시오!

(　　　　) 1. 하나님께 순종할 때 우리가 구하는 것을 주실 것이다.

(　　　　) 2. 아버지가 아들이 필요한 것을 주시는 것과 같이 우리가 필요한 것을 주님께서 주실 것이다.

(　　　　) 3. 하나님이 필요한 것들을 공급해 주실 줄 믿고 믿음으로 드리기를 원하신다.

(　　　　) 4. 하나님의 공급은 필요한 사람들에게 나누어주고도 남도록 넉넉하다.

돈에 대해 올바른 태도를 가지면
삶의 거의 모든 영역에서도 올바른 길을 갈 수 있게 된다.

- 빌리 그래함

묵상하고 열매 맺기

1. 오늘 공부를 통해 당신이 깨달았거나 배워야 할 진리는 무엇입니까?

2. 십일조에 대한 당신의 생각을 써 보고, 십일조를 해야 하는 이유를 말해 보십시오.

3. 하나님의 사역자로 변화된 삶을 살기 위해 당신이 기억하거나 적용해야 할 것은 무엇입니까?

다섯째 날 : 순종하는 믿음이 기적을 만든다.

열왕기상 17장 8~16절, 누가복음 4장 25~26절, 28~30절을 읽으십시오!

빈민 구제활동과 가난한 자들의 어머니로 살았던 테레사 수녀는 자신의 인생에서 50년간 다른 사람들을 섬기는 일에 투자했습니다. 하루는 그녀에게 기자가 찾아와 질문을 했습니다. "당신의 헌신과 수고는 가능성이 있는 사람들에게 해야 가치있는 일 아닙니까?" 그러나 테레사 수녀는 이렇게 대답했다고 합니다. "그들도 천사처럼 죽어갈 권리가 있습니다." 그녀는 하나님이 주신 새로운 가치를 지니고 있었습니다. 그녀는 하나님에 대한 믿음을 가지고 사람들에게 자신의 모든 것들을 내어 주었습니다. 사람들에게 내어 준 것은 곧 하나님께 드린 것입니다. 하나님은 우리의 일부분을 달라고 하시지 않습니다. 우리 인생 전체를 요구하십니다.

어렵게 살고 있는 과부와 그의 아들이 있었습니다. 더 이상 먹을 것을 구할 길이 없어 마지막 남은 음식으로 아들과 함께 굶주린 배를 채우려는 여인에게 허름한 옷을 입은 한 남자가 찾아옵니다. 그런데 이 남자는 난데없이 자신이 먹어야 할 음식을 달라고 요구합니다. 이것은 굶주려 있는 엘리야 선지자에게 하나님이 명령하신 일입니다. "과부를 만나거든 남은 음식을 가져오라고 말해라." 인간적인 가치관으로는 도저히 이해할 수 없습니다. 정말로 하나님은 매정한 분으로 여겨지기도 합니다. 당신이 엘리야의 입장이라면 어떤 생각이 들겠습니까? 그리고 엘리야의 말을 들은 과부의 입장이라면 엘리야를 향해 뭐라고 말씀하시겠습니까? 당신의 생각을 말해보십시오.

여호와의 말씀이 엘리야에게 임하여 이르시되 너는 일어나 시돈에 속한 사르밧으로 가서 거기 머물라 내가 그 곳 과부에게 명령하여 네게 음식을 주게 하였느니라 그가 일어나 사르밧으로 가서 성문에 이를 때에 한 과부가 그 곳에서 나뭇가지를 줍는지라 이에 불러 이르되 청하건대 그릇에 물을 조금 가져다가 내가 마시게 하라 그가 가지러 갈 때에 엘리야가 그를 불러 이르되 청하건대 네 손의 떡 한 조각을 내게로 가져오라 그가 이르되 당신의 하나님 여호와께서 살아 계심을 두고 맹세하노니 나는 떡이 없고 다만 통에 가루 한 움큼과 병에 기름 조금 뿐이라 내가 나뭇가지 둘을 주워다가 나와 내 아들을 위하여 음식을 만들어 먹고 그 후에는 죽으리라 엘리야가 그에게 이르되 두려워하지 말고 가서 네 말대로 하려니와 먼저 그것으로 나를 위하여 작은 떡 한 개를 만들어 내게로 가져오고 그 후에 너와 네 아들을 위하여 만들라 이스라엘의 하나님 여호와의 말씀이 나 여호와가 비를 지면에 내리는 날까지 그 통의 가루가 떨어지지 아니하고 그 병의 기름이 없어지지 아니하리라 하셨느니라 그가 가서 엘리야의 말대로 하였더니 그와 엘리야와 그의 식구가 여러 날 먹었으나 여호와께서 엘리야를 통하여 하신 말씀같이 통의 가루가 떨어지지 아니

아담의 물질관을 갖고 있는 사람들이 우리의 주변에 많이 있습니다. 이런 사람들은 자신과 아들이 먹을 마지막 음식을 다른 이들에게 내주기 거절하는 것을 당연하게 여길 것입니다. 그러나 하나님은 사르밧 여자의 깊은 믿음을 알고 계셨습니다. 이 과부는 "두려워 말라"는 엘리야의 말을 듣고 믿음이 생겼습니다. 믿음은 하나님을 신뢰함으로 생기는 것입니다. 현실을 바라 볼 때는 절대로 할 수 없습니다. 사르밧 여인의 순종하는 믿음이 기적을 만들었습니다. 예수님께서 오천 명을 먹이셨듯이 하나님은 과부의 기름병과 밀가루통을 채워주셨습니다. 그 병과 통은 결코 비워지지 않았습니다. 여자의 믿음은 하나님을 신뢰하는 자들에게 그들의 필요를 채워주시는 하나님의 능력을 보여 주는 증거가 됩니다.

당신은 이와같은 일이 어떻게 당신의 삶에 적용될 수 있는가를 궁금해 하실 것입니다. 엘리야같은 하나님의 선지자가 당신에게 와서 당신의 모든 것을 내어놓으라고 할 것 같지도 않습니다. 이 이야기를 다시 읽고 말씀에서 보여주는 재물에 대한 세 가지 원리를 찾아 기록해 보십시오!

1. ____________________

2. ____________________

3. ____________________

당신이 찾아낸 것과는 조금 다를지 모르겠지만, 여기 세 가지 원리가 있습니다.

하고 병의 기름이 없어지지 아니하니라
(열왕기상 17:8-16)

내가 참으로 너희에게 이르노니 엘리야 시대에 하늘이 삼 년 육 개월간 닫히어 온 땅에 큰 흉년이 들었을 때에 이스라엘에 많은 과부가 있었으되 엘리야가 그 중 한 사람에게도 보내심을 받지 않고 오직 시돈 땅에 있는 사렙다의 한 과부에게 뿐이었으며
(누가복음 4:25-26)

회당에 있는 자들이 이것을 듣고 다 크게 화가 나서 일어나 동네 밖으로 쫓아내어 그 동네가 건설된 산 낭떠러지까지 끌고 가서 밀쳐 떨어뜨리고자 하되 예수께서 그들 가운데로 지나서 가시니라
(누가복음 4:28-30)

1. 두려운 생각과 걱정이 앞서도 하나님이 믿음을 요구하실 때는 과감하게 순종해야 한다.

2. 하나님을 신뢰할 때 그분은 우리들의 필요를 채워 주실 것이다.

3. 현실을 보지 말고 뒤에 계신 하나님을 주목하라! 우리를 책임지신다.

금요일 저녁 예수님은 나사렛 회당에서 이사야의 글을 읽으셨습니다. 주의 영이 그에게 임하였고, 눈먼 자를 다시 보게 하며, 갇힌 자에게 자유를 주며, 가난한 자에게 복음을 전하게 하였다고 선포하셨습니다. 그러나 나사렛 마을의 가장 종교적인 회당 참석자들은 예수께 이렇게 말했습니다. "네가 그와 같은 일을 하는 것을 보여 달라. 그와 같은 능력을 우리에게 보여라." 그들은 종교적인 사람들이었으나, 그들의 보물상자에는 첫 번째 물질관에 의한 가치관으로 지배당하고 있었습니다. 그들이 알고있는 것은 이기심, 탐욕, 두려움, 그리고 교만뿐이었습니다. 예수님은 이들에 대해 매우 답답한 심정이었습니다. 예수님은 사르밧 과부의 예를 통해서 믿음없는 곳에는 하나님의 능력도 없다는 것을 가르쳐 주셨습니다(눅 4:25~30). 만일 당신 인생의 현장에서 하나님의 능력을 보기 원한다면 하나님에 대한 당신의 믿음을 먼저 보여야 합니다.

당신이 물질에 대한 가치관을 바꾸지 않으면 하나님이 당신을 위해 공급하시는 것을 결코 경험하지 못할 것입니다. 당신이 지금 결정을 내리지 않는다면, 언제 기회가 있을 것이라 생각합니까? 당신을 사로잡고 있는 아담의 물질관은 계속해서 넉넉한 삶을 보장하지 않습니다. 모두 일시적이고 일회적인 것입니다. 무엇보다 중요한 사실은, 당신이 믿고 있는 물질은 언젠가 당신을 버려서 비참하게 만든다는 것입니다. 당신은 지금까지 두 주간 동안 물질관에 대해 배웠습니다. 그러나 이런 사실을 알고 있는 것보다 더 중요한 것은 순종입니다. 하나님의 관점으로 물질을 바라보십시오. 그분께서 당신의 모든 것을 소유하고 계시며 당신을 책임지고 계시다는 사실을 믿으십시오. 거룩한 청지기 관점에서 물질을 대하고 사용하십시오.

하나님은 퍼센트 개념의 생각에서 해방되어 먼저 그의 나라와 그의 의를 찾는 사람들에게 보답하는 분이시다.

- 앤디 스탠리

묵상하고 열매 맺기

1. 오늘 공부를 통해 당신이 깨달았거나 배워야 할 진리는 무엇입니까?

2. 이번주에 공부한 내용은 당신으로 하여금 당신의 물질관에 어떤 변화를 가져왔습니까?

3. 하나님의 사역자로 변화된 삶을 살기 위해 기억하거나 적용해야 할 것은 무엇입니까?

7 단원

관계혁명 _ 당신 주인과의 관계

7단원 [암송구절 | 빌립보서 4:19]

관계혁명 _ 당신 주인과의 관계

첫째 날 : 하나님을 영원히 누리는 삶

시편 66편과 히브리서 13장 15~16절을 읽으십시오!

그러므로 우리가 예수로 말미암아 항상 찬송의 제사를 하나님께 드리자 이는 그 이름을 증언하는 입술의 열매니라 오직 선을 행함과 서로 나눠주기를 잊지 말라 하나님은 이같은 제사를 기뻐하시느니라

(히브리서 13:15-16)

예배가 한심스럽고 맥 빠진 모임으로 끝나는 교회가 있습니다. 뒤에 앉은 사람들은 예배후의 갈 곳을 생각하고 마음이 조급하여 안절부절합니다. 어머니들은 데리고 온 아이에게 온 신경이 쏠리고 있습니다. 아이 때문에 정신이 없어 신경질적인 모습입니다. 반쯤 감긴 눈으로 손목에 찬 시계에 시선을 보내는 분들도 있습니다. 많은 사람들이 찬송가에 눈을 고정시키고 습관에 따라 찬송을 부릅니다. 목사는 설교 내용에만 정신이 있고 성가대원들은 자신이 맡은 파트를 정확히 부르는 것에 집중합니다. 설교가 끝나고 마지막 기도를 드릴 때 벌써 옷을 더듬어 나갈 준비를 하며 옷매무새를 고칩니다. 하나님을 예배하러 왔지만 실상 그들의 마음은 바깥 세상에 있습니다.

그러나 시편 66편을 노래한 사람은 달랐습니다. 하나님과 특별한 관계를 갖고 있었습니다. 그는 이렇게 말합니다. 16절에 "하나

님을 두려워하는 너희들아 다 와서 들으라 하나님이 나의 영혼을 위하여 행하신 일을 내가 선포하리라." "그분이 모든 것의 주인"임을 깨닫고 "온 땅이여 주께 경배하고 찬양하라"고 외칩니다. 감격한 어조로 "와서 하나님이 행하신 것을 보라" "우리가 거기서 주로 말미암아 기뻐하였도다"(5~6절)라고 외칩니다.

앞에서 소개된 예배에 참석한 사람들은 하나님과의 깊은 관계를 경험하지 못합니다. 그들은 성경을 읽고 하나님에 대해서는 알지 못하고 있지만 정작 하나님이 어떤 분인지를 알지 못하고 경험하지 못합니다. 그들은 하나님과 나누는 교제의 기쁨에는 생소한 사람들입니다. 당신의 보물상자 속을 들여다 보십시오! 그 속에 "영원히 하나님을 즐거워하라"고 새겨진 보물이 있는지 살펴보십시오. 하나님 때문에 행복해 하는 감동이 담겨 있습니까? 새로워진 당신의 가치관 중에 이러한 종류의 보물이 있어야 합니다. 당신이 그리스도인이 되기 이전에는 절대로 소유할 수 없었던 귀중한 보물입니다. 사람은 하나님과의 친밀하고 바른 관계 안에서만 행복하고 즐거워할 수 있도록 창조되었기 때문입니다.

시편기자는 모든 것 중에서 하나님과의 교제를 가장 귀중하게 여겼습니다. 그는 많은 사람들이 습관적으로 입술로만 경배하고 찬양드리는 것을 보았습니다. 그들은 단지 위선적인 순종을 했습니다. 하지만 시편기자는 하나님의 보호하심을 알았고, 하나님의 돌보심으로 인해 그가 느끼고 있는 평안과 안정을 증거했습니다. 더욱이 그는 하나님께서 자기를 훈련시키고 계시다는 것을 경험했습니다. 하나님은 "시험"을 통해 "은을 단련함 같이 단련"하시기 때문입니다. 그가 드리는 예배는 희생제물이 드려졌습니다(15절). 그분께 대한 감사와 사랑의 보답으로 자신이 드릴 수 있는 가장 아름다운 제물을 바쳤습니다. 이 사람은 하나님과 친밀한 관계를 유지했습니다. 하나님과 더불어 많은 것을 나누고, 아주 오랜 세월 동안 함께 했습니다.

당신은 시편기자가 하나님과 가졌던 관계에 대해 조금은 이해할 수 있을 것입니다. 시편 66장 3절, 5절, 9절, 10절, 13절을 보십시오! 각 구절은 시편 기자와 하나님과의 관계가 어떠했는지를 말해 줍니다.

시편 66장 5절은 당신의 생활에서 하나님께서 해 주신 놀라운 일들에 대해, 또 9절은 하나님의 보호하심을, 10절은 당신의 인격을 발전시키며, 당신을 강하게 하기 위해서 하나님께서 사용하신 시련, 마지막으로 13절은 하나님께 대한 사랑의 표현으로 당신이 드린 희생에 대해서 설명합니다.

히브리서 13장에 보면 당신이 하나님과 교제함에 있어 중요한 제안 한 가지를 볼 수 있습니다. 여기서 히브리서 기자는 당신이 하나님께 드릴 합당한 제사를 제시해 줍니다. 무엇보다 당신은 "찬송의 제사"를 드려야 합니다. 이것은 "그 이름을 증언하는 입술의 열매"라고 하였습니다(15절). 찬송의 제사를 드리는 방법은 기도생활입니다. 또 16절에 당신의 사역과 관련된 제사가 "오직 선을 행함과 나눠줌"이라고 말해 줍니다. 이러한 제사를 드리기 위해서는 시간이 요구됩니다. "선을 행함"은 상처받은 사람들을 돌보며 함께하는 사람이 되는 것입니다. 또한 하나님의 영광을 위하여 모든 삶의 영역에서 섬기는 삶을 살아야 한다는 것입니다. 당신이 소유한 것은 하나도 없고 당신도 당신의 것이 아니라 주인이신 하나님의 것이기 때문입니다.

당신은 삶 자체가 예배임을 알았습니까? 하나님께서 기뻐하시는 것은 오늘날 그분의 이름으로 드려지는 그 많은 형식적인 예배보다 선을 행하며 나눠주는 일입니다. 하나님의 영광을 나타내기

하나님께 아뢰기를 주의 일이 어찌 그리 엄위하신지요 주의 큰 권능으로 말미암아 주의 원수가 주께 복종할 것이며 온 땅이 주께 경배하고 주를 노래하며 주의 이름을 노래하리이다 할지어다 (셀라) 와서 하나님께서 행하신 것을 보라 사람의 아들들에게 행하심이 엄위하시도다 하나님이 바다를 변하여 육지가 되게 하셨으므로 무리가 걸어서 강을 건너고 우리가 거기서 주로 말미암아 기뻐하였도다 그가 그의 능력으로 영원히 다스리시며 그의 눈으로 나라들을 살피시나니 거역하는 자들은 교만하지 말지어다 (셀라) 만민들아 우리 하나님을 송축하며 그의 찬양 소리를 들리게 할지어다 그는 우리 영혼을 살려 두시고 우리의 실족함을 허락하지 아니하시는 주시로다 하나님이여 주께서 우리를 시험하시되 우리를 단련하시기를 은을 단련함 같이 하셨으며 우리를 끌어 그물에 걸리게 하시며 어려운 짐을 우리 허리에 매어 두셨으며 사람들이 우리 머리를 타고 가게 하셨나이다 우리가 불과 물을 통과하였더니 주께서 우리를 끌어내사 풍부한 곳에 들이셨나이다 내가 번제물을 가지고 주의 집에 들어가서 나의 서원을 주께 갚으리니 이는 내 입술이 낸 것이요 내 환난 때에 내 입이 말한 것이니이다

(시편 66:3-14)

위한 목적을 가지고 당신의 삶 전체를 기꺼이 드리도록 힘쓰라는 것입니다. 예수 믿는 것은 우리 인생의 목적어가 '나'에서 '하나님'으로 바뀌는 것이기 때문입니다. **새로운 삶에서 첫 번째로 필요한 관계는 하나님과의 관계입니다!** "영원히 그분을 즐거워하십시오!" 하나님과 당신과의 관계를 강화시키기 위해서 히브리서 기자가 암시해주는 세 가지 사항을 말해 보십시오!(히 13:15~16)

1. ______________________________
2. ______________________________
3. ______________________________

당신은 다음과 같이 기록했습니까? '하나님을 찬양하라! 선을 행하라! 서로 나누라!' 이와같은 삶의 예배를 매일 실천하도록 노력하십시오! 당신의 삶으로 드리는 예배는 하나님과 사랑의 관계를 이어주는 축복의 통로입니다.

묵상하고 열매 맺기

1. 오늘 공부를 통해 당신이 깨달았거나 배워야 할 진리는 무엇입니까?

2. 주님의 사역자로 변화된 삶을 살기 위해 당신이 기억하고 적용해야 할 것은 무엇입니까?

3. 변화된 삶을 위해 하나님께 드리는 기도를 하십시오!

둘째 날 : 하나님의 말씀을 들으려면?

사무엘상 3장 1~11절을 읽으십시오!

아이 사무엘이 엘리 앞에서 여호와를 섬길 때에는 여호와의 말씀이 희귀하여 이상이 흔히 보이지 않았더라 엘리의 눈이 점점 어두워 가서 잘 보지 못하는 그 때에 그가 자기 처소에 누웠고 하나님의 등불은 아직 꺼지지 아니하였으며 사무엘은 하나님의 궤 있는 여호와의 전 안에 누웠더니 여호와께서 사무엘을 부르시는지라 그가 대답하되 내가 여기 있나이다 하고 엘리에게로 달려가서 이르되 당신이 나를 부르셨기로 내가 여기 있나이다 하니 그가 이르되 나는 부르지 아니하였으니 다시 누우라 하는지라 그가 가서 누웠더니 여호와께서 다시 사무엘을 부르시는지라 사무엘이 일어나 엘리에게로 가서 이르되 당신이 나를 부르셨기로 내가 여기 있나이다 하니 그가 대답하되 내 아들아 내가 부르지 아니하였으니 다시 누우라 하니라 사무엘이 아직 여호와를 알지 못하고 여호와의 말씀도 아직 그에게 나타나지 아니한 때라 여호와께서 세 번째 사무엘을 부르시는지라 그가 일어나 엘리에게로 가서 이르되 당신이 나를 부르셨기로 내가 여기 있나이다 하니 엘리가 여호와께서 이 아이를 부르신 줄을 깨닫고 엘리가 사무엘에게 이르되 가서 누웠다가 그가 너를 부르시거든 네가 말하기를 여호와여 말씀하옵소서 주의 종이 듣겠나이다 하라 하니 이에 사무엘이

당신 삶에서 중요한 변화는 하나님을 알고 그분을 즐거워하는 것입니다. 그럴 때 풍성한 하나님의 은혜를 누리며 하나님의 인도하심을 경험하는 축복된 삶을 살게 됩니다. 당신은 이미 하나님 나라 사역자로 부르심을 받았으며, 왕 같은 제사장으로 하나님과 하나님의 사람을 섬기는 특권을 부여받았습니다. 우리는 하나님이 우리에게 상속하실 하나님 나라 확장을 위해 섬기는 삶을 시작해야 합니다. 우리가 소유한 것은 없습니다. 다만 하나님의 청지기로서 하나님을 섬기고 다른 지체를 돕는 일을 위해 사용하도록 위탁받았을 뿐입니다. 하나님은 그분의 빛을 어두움이 있는 모든 곳에 비추기 원하십니다. 당신에게는 섬김의 지역이 제한되어 있지 않습니다. 당신이 있는 어느 곳이든지 하나님의 청지기임을 잊지 말아야 합니다. 그러나 당신이 아는 것처럼 종에게는 결정권이 없습니다. 결정하는 일은 종이 아니라 하나님이 하실 일입니다. 주인은 결정하고 그 후에 종은 그 일을 실행합니다. 종에게 필요한 것은 오직 순종입니다.

어떤 사람이 병든 친구를 위해 기도했습니다. 하나님께서 그가 요청한 대로 응답해주지 않으면 의아해할지도 모릅니다. 어떤 상황에서든지 믿음을 갖고 기도하면 응답을 받을 수 있습니다. 그러나 기도하기 전에 말씀을 듣지 않으면 문제가 일어납니다. 기도하기 전에 하나님의 말씀을 먼저 듣고 하나님의 뜻이 무엇인지 아는 것이 중요합니다. 속도보다 중요한 것은 방향입니다. 빠른 성공보다 바른 성공이 중요합니다. 성경은 하나님의 기뻐하시고, 선하시고, 온전하신 뜻이 무엇인지 분별하라고 가르쳐줍니다. 하나님의 뜻을 알기 전에 드리는 기도는 순서가 뒤바뀐 기도입니다. 기도하

기 전에 그 문제에 대해 성경은 어떻게 말하는지 알아야 합니다. 성경은 기도에 대해 이렇게 말합니다.

"그를 향하여 우리가 가진바 담대함이 이것이니 그의 뜻대로 무엇을 구하면 들으심이라"(요일 5:14)

하나님의 자녀인 우리는 하나님을 기쁘시게 하기를 원합니다. 그러나 어느 것을 선택해야 할지 확신이 없을 때가 종종 있습니다. 당신의 삶에 매우 중대한 결정을 내려야 할 영역이 있습니까? 하나님이 원하시는 것이 무엇인지 확신하지 못하는 분야가 있습니까? 지금 당신에게 해당되는 분야를 표시하고 그 분야에서 하나님의 뜻을 알고 분별하기를 원하는 당신의 문제를 구체적으로 적어 보십시오!

1. 가족 : ____________________
2. 직업이나 학교 : ____________________
3. 교회 : ____________________
4. 결혼 : ____________________
5. 재정 : ____________________
6. 기타(구체적으로) : ____________________

하나님의 뜻을 아는데 도움이 될 두 가지 중요한 제안에 귀를 기울이십시오! 사무엘은 하나님의 뜻을 충실히 따르려는 젊은이였지만 하나님의 말씀을 듣는 장소에 대해선 아직 알지 못했습니다. 그가 자기 방에서 잠들어 있었을 때 어둠 속에서 사무엘의 이름을 부르는 음성이 있었습니다. 그의 옆에는 늙은 제사장 엘리 한 사람뿐이었으므로 자기의 이름을 부른 사람은 당연히 엘리 제사장이라 생각했습니다. 사무엘은 잠든 엘리 제사장을 깨웠습니다. 귀찮게 여긴 엘리는 사무엘에게 돌아가 자라고 말했습니다.

가서 자기 처소에 누우니라 여호와께서 임하여 서서 전과 같이 사무엘아 사무엘아 부르시는지라 사무엘이 이르되 말씀하옵소서 주의 종이 듣겠나이다 하니 여호와께서 사무엘에게 이르시되 보라 내가 이스라엘 중에 한 일을 행하리니 그것을 듣는 자마다 두 귀가 울리리라
(사무엘상 3:1-11)

똑같은 일이 또 있었습니다. 7절에 보면 이렇게 말합니다. "사무엘이 아직 여호와를 알지 못하고 여호와의 말씀도 아직 그에게 나타나지 아니한 때라." 여기서 "안다"는 단어는 매우 중요합니다. 이 말은 다른 사람을 친숙하게 빠짐없이 다 알고 있음을 뜻합니다.(히브리어로 이 단어는 "야다"라는 말로 동침한다는 뜻을 가지고 있습니다. 단지 … 대해서 아는 것이 아니라 … 을 안다는 말입니다.) 사무엘은 어려서 아직 하나님과의 관계가 성숙하지 않았습니다. 그래서 사무엘은 하나님의 말씀하시는 때와 말씀하시지 않는 때를 구별하지 못했습니다.

이 이야기에 나타난 중요한 원리에 관심을 기울이십시오! 하나님의 음성에 확신이 없다면 계속해서 들으십시오! 하나님이 인내하시며 네 번이나 사무엘을 불렀을 때에야 소년 사무엘은 비로소 무슨 일인지 깨닫게 되었습니다. 하나님의 음성을 확인할 때까지 급히 서두르지 마십시오! 당신 안에 내재해 계신 성령님께서 당신에게 확신있게 말씀하실 것입니다. 또 다른 일을 주목하십시오! 그는 자기보다 성숙한 사람의 충고를 따랐습니다. 엘리 제사장은 하나님의 음성을 들을 줄 아는 사람이었습니다. 당신보다 앞서간 사람들이 당신의 첫걸음을 도와줄 수 있습니다. 당신이 주님의 뜻이 무엇인지 확실히 분별할 수 없을 때 당신의 목자나 목사님께 물으십시오! 이제 당신이 하나님의 뜻을 알 수 있는 두 가지 원리를 이해 하셨습니까? 아래에 적어 보십시오!

1. ______________________________

2. ______________________________

그렇습니다. 계속 듣는 것과, 리더의 충고를 듣는 것입니다. 이 두 가지 제안 외에 또 다른 것을 생각할 수 있습니까? 그것은 말씀을 공부하고 말씀 속에 기록되어 있는 삶의 원리들을 공부하는 것입니다. 그럴 때 당신은 성경을 통해 하나님의 기뻐하시는 뜻을 알 수 있습니다. 예를 들어 어떤 사람들은 '담배 피우지 말라'라는 말이 성경에 없는데 어떻게 하나님의 뜻을 알 수 있느냐고 말합니다. 그러나 고린도전서 3장 16절에 보면 "너희가 하나님의 성전인 것과 하나님의 성령이 너희 안에 계시는 것을 알지 못하느냐?"고 말씀하십니다. 담배는 우리 몸에 해롭기만 합니다. 그렇기 때문에 우리는 담배로 하나님의 성전인 우리의 몸을 더럽혀서는 안됩니다. 우리 육신도 하나님이 맡겨 주신 것이기 때문에 적절하게 운동하고 몸을 관리해서 건강한 마음과 몸을 유지하는 것도 중요한 신앙적 임무입니다. 담배를 태우는 것이 죄가 되기 때문이 아니라, 거룩한 하나님의 전을 더럽히지 않아야겠다는 신앙 성숙의 차원에서 피우지 않는 것입니다.

사무엘상 3장 11절에 보면 이스라엘과 엘리 제사장에 대해 하나님이 어떤 계획을 갖고 계신지 간략하게 설명하고 있습니다. 하나님께서 사무엘이 할 일이 아니라 하나님이 하실 일에 대해 말씀하시는 것을 주의하십시오! 우리 주님은 그분의 종이 일하는 동안에 쉬고 있는 분이 아닙니다. 그 대신에 종은 일하고 주인을 옆에서 돕는 일을 합니다. 엄밀히 말하면 우리가 하나님을 대신해서 어떤 일을 하는 것이 아니라 일하시는 하나님을 돕는 것입니다. 이것은 하나님의 말씀을 경청할 때 꼭 알아두어야 할 중요한 사실입니다. 당신이 명심해야 할 것은 "당신이 하나님을 위해 어떤 일을 할 것이 아니라 하나님이 지금 하고 계신 일은 무엇인가?" 입니다. 당신이 하나님을 섬기며 살아갈 때 때때로 하나님은 당신에게 특별한 지시를 하실 것입니다. 만약 당신이 하나님과 신실한 관계를 유지하고 있다면, 그분의 말씀을 듣게 될 것입니다. 하나님의 말씀을 듣는 일은 당신이 선택할 일이 아닙니다. 그것은 필수적인 일입니다. 하나님의 말씀은 당신의 영적 성숙을 위하여 당신을 올바르게 인도할 나침반과 같은 것이기 때문입니다. 그렇기 때문에 당신은 끊임없이 하나님의 말씀에 주목하고 하나님 말씀을 공부해야 합니다. 말씀을 통해 우리에게 들려주시는 하나님의 음성에 귀를 기울여야 합니다.

묵상하고 열매 맺기

1. 오늘 공부를 통해 당신이 깨달았거나 배워야 할 진리는 무엇입니까?

2. 주님의 사역자로 변화된 삶을 살기 위해 당신이 기억하고 적용해야 할 것은 무엇입니까?

3. 변화된 삶을 위해 하나님께 드리는 기도를 하십시오!

셋째 날 : 하나님은 어떻게 말씀하시는가?

복 있는 사람은 악인들의 꾀를 따르지 아니하며 죄인들의 길에 서지 아니하며 오만한 자들의 자리에 앉지 아니하고 오직 여호와의 율법을 즐거워하여 그의 율법을 주야로 묵상하는도다 그는 시냇가에 심은 나무가 철을 따라 열매를 맺으며 그 잎사귀가 마르지 아니함 같으니 그가 하는 모든 일이 다 형통하리로다 악인들은 그렇지 아니함이여 오직 바람에 나는 겨와 같도다 그러므로 악인들은 심판을 견디지 못하며 죄인들이 의인들의 모임에 들지 못하리로다 무릇 의인들의 길은 여호와께서 인정하시나 악인들의 길은 망하리로다

(시편 1:1-6)

이 율법책을 네 입에서 떠나지 말게 하며 주야로 그것을 묵상하여 그 안에 기록된 대로 다 지켜 행하라 그리하면 네 길이 평탄하게 될 것이며 네가 형통하리라

(여호수아 1:8)

자유하게 하는 온전한 율법을 들여다보고 있는 자는 듣고 잊어버리는 자가 아니요 실천하는 자니 이 사람이 그 행하는 일에 복을 받으리라

(야고보서 1:25)

시편1편, 여호수아 1장 8절, 야고보서 1장 25절을 읽으십시오!

아마도 당신은 이렇게 질문하고 싶을 것입니다. "말씀을 듣는 장소가 나에게 필요한 것은 분명하지만 사무엘의 경우처럼 내가 잠들려할 때 하나님의 직접적인 음성을 네 번이나 반복해서 들을 수 있겠는가?" 성경에 보면 하나님께서 그렇게 하고자 한다면 지금도 당신에게 직접적인 음성으로 말씀하실 수 있다고 하십니다. 그렇지만 당신이 그런 방법으로 하나님의 말씀을 듣게 될 가능성은 거의 없습니다. 왜냐고요? 당신의 귀에 직접적으로 말씀하시는 것보다 훨씬 더 강력한 방법으로 하나님은 말씀하십니다. 하나님의 "음성"이 시편 1편에 기록되어 있습니다.

1절 말씀에 보면 "악인과 죄인과 오만한 자의 꾀를 따르지 않는다"고 선언합니다. 그리고 2절에서 그는 하나님의 말씀을 듣는 장소로 나아갑니다. 거기서 들리는 "음성"은 그에 대해 하나님이 갖고 계신 계획을 말합니다. 그는 율법을 "듣습니다." 여기서 율법이란 여호와 하나님의 교훈입니다. 지난 수 백 년 동안 그분의 말씀은 너무나도 소중하여 그 말씀을 처음 받은 사람들이 조심스럽게 기록하여 다른 사람들이 배울 수 있게 했습니다. 더욱이 그 말씀을 기록하도록 영감을 주신 분이 지금 당신 안에 내재해 계신 그때와 똑같은 성령님이십니다.

지난과에서 당신이 하나님의 뜻을 알 수 있는 방법을 생각해 보았습니다. 그 방법 중에서 시편 1편 2절은 특별히 어느 방법을 언급하고 있습니까? 성경을 읽고 공부하는 것입니다. 시편 기자는 자기의 기쁨이 여호와 하나님의 교훈에 있다고 말했습니다. 그는

하나님의 말씀을 듣는 장소에서 여러 시간을 보냈습니다. 주야로 그 말씀을 묵상했습니다. 당신도 이 책을 공부할 때 성경을 당신의 가장 가까운 벗으로 삼아야 합니다. 하나님은 성경을 통해 이 세상 모든 사람에게 말씀하십니다.

그러나 그 어떤 사람도 성경과 일치하지 않는 또 다른 말씀을 하나님으로부터 받지 못한다는 사실을 알아야 합니다. 세상에는 많은 종교와 종교인들이 있습니다. 그러나 사도행전 4장 12절에 있는 말씀처럼 하나님은 '천하 만민에게 구원을 얻을만한 다른 이름을 우리에게 주신 일이 없습니다.' 당신은 하나님으로부터 성경 외의 다른 "계시의 말씀"을 받았다고 주장하는 거짓 예언자들을 알고 있을 것입니다. 하지만 그들이 주장하는 "계시된 말씀"이라는 것이 대부분 성경과는 위배되는 것입니다. 그들은 하나님에게 난 자들이 아닙니다. 많은 사람을 멸망으로 인도하는 자들입니다. 누군가 당신에게 성경을 해석하기 위해 또 다른 책이나 다른 사람을 제시한다면 그런 사람을 속히 피해야 합니다. 뿐만 아니라, 성경을 자신들의 교리와 이익을 위한 자료로 사용하는 집단들도 있습니다. 특히 신천지 같은 이단들은 교회에는 구원이 없으며, 목사는 성경을 알지 못하는 벙어리이며, 오직 자신들만이 참 진리를 알기 때문에 신천지의 교리를 믿어야 구원을 얻는다고 주장하며, 기존 교회 성도들을 미혹하여 빼내가는 일에 전념하고 있습니다. 그러나 사람을 구원자로 믿는 신천지는 기독교가 아닙니다. 오늘날 수많은 이단과 악한 영의 세력들이 믿는자들을 미혹하고 있습니다. 우리 모두는 정신을 차리고 영적으로 깨어있어야 합니다. 주님의 재림이 가까울수록 미혹의 영들은 기승을 부린다고 예수님은 말씀하고 계십니다(마 24장).

여호수아 1장 8절도 역시 하나님의 음성을 들을 수 있는 방법으로 말씀의 중요성을 말해 줍니다. 왜냐하면 그리스도인으로서 새로운 삶에 필요한 모든 교훈이 그 속에 들어있기 때문입니다. 당신이 부딪히는 삶의 모든 문제 하나하나에 대한 해답이 성경에 있습니다. 시편 1편 2~3절과 여호수아 1장 8절을 다시 한번 보십시오! 하나님의 말씀을 주야로 묵상한 결과가 무엇입니까?

묵상의 결과는 형통하게 되는 것입니다. 하나님의 말씀을 묵상하고 그 가운데 있는 것을 지켜 행하면 형통한 인생을 살게 된다고 약속하고 있습니다. 이것이 무엇을 의미한다고 생각합니까? 진정한 성공을 설명해 주는 내용이 어떤 것인지 표시해 보십시오!

( ) 1. 많은 소유와 재물을 획득하는 것이다.
( ) 2. 확신을 갖고 살며 문제를 효과적으로 극복할 수 있는 능력을 소유하는 것을 뜻한다.
( ) 3. 인기있고 칭찬받는 사람이 되는 것을 의미한다.

2번에 표시했습니까? 하나님이 약속하신 성공은 그분의 뜻을 행하는 삶을 의미합니다. 예수님이 승천하신 후 오랜 시간이 지난 후에 야고보는 하나님께서 사람들에게 말씀하시는 방법이 조금도 변하지 않았음을 다시 확인해 줍니다. 야고보서 1장 25절에서 그리스도인은 "온전한 율법을 들여다보는 사람"이라고 권면합니다. 하나님의 성령은 사람들을 감동시켜 하나님의 말씀을 기록하게 하셨습니다. 하나님의 말씀에는 예수님의 삶과 사역, 초대교회의 시작과 그리스도를 섬기는 사역자로서의 삶에 필요한 교훈들이 포함되었습니다. 시편 1편 1절, 여호수아 1장 8절, 야고보서 1장 25절을 자세히 보면 하나님의 뜻을 알기 위해 필요한 또 한 가지 사실을 강조합니다. 이 구절들을 다시 읽고 강조된 사실이 무엇인지 자신의 말로 아래의 빈칸을 채워보십시오.

복 있는 사람은 악인의 꾀를 ______________________

죄인의 길에 ______________________

오만한 자의 자리에 ______________________

주야로 그것을 묵상하여 그 가운데 거룩한 대로 다 지켜

____

"자유하게 하는 온전한 율법을 들여다보고 ( ) 듣고 잊어버리는 자가 아니요 ( ) 이 사람은 그 행하는 일에 복을 받으리라" (약 1:25)

그렇습니다. 아마도 당신은 행함을 말하고 있다고 했을 것입니다. 하나님의 뜻을 알고, 삶에서 성공하기 위해서는 하나님의 말씀을 바라보고 듣는 것만으로는 충분하지 않습니다. 그분의 뜻을 행동에 옮겨야 합니다. 하나님이 오늘 어떻게 말씀하시는가에 대해서 혼란할 것이 없습니다. 성경에 기록된 하나님의 말씀은 거의 세계의 모든 언어로 번역돼 있습니다. 모든 언어로 동일한 진리를 계시하고 있습니다. 하나님이 말씀하시는 방법은 한국에서 다르고 중국에서 다르고 미국에서 다르지 않습니다. 그분은 전 세계를 소유하고 있는 것입니다. 성경은 지역의 차이와 문화의 차이를 넘어 누구나 이해할 수 있도록 하나님이 주신 말씀입니다.

그래서 하나님은 각 문화에 적합한 교회를 세우시고 하나님의 말씀이 완전히 이해될 수 있도록 하셨습니다. 관습이 다르기 때문에 세계의 각기 다른 문화를 초월하는 교회의 모습을 성경에 보여주셨습니다. 예를 들면 하나님은 교회의 직분으로 집사를 두었습니다. 그렇지만 그들이 해야할 일에 대해서는 하나하나 지적하지 않았습니다. 집사는 각 문화 속에서 교회공동체를 세우며 하나님 나라를 확장하는 사역을 위해 필요한 일을 하게 됩니다. 집사는 이 일을 위해 부름받은 봉사자이며 섬기는 자이기 때문입니다. 집사는 직책이 아니라 섬김을 위한 신앙의 고백입니다. 그렇기 때문

에 집사에게는 당연히 섬기는 자로서의 자세가 요청되어지게 되는 것입니다. 지금까지 당신은 하나님의 음성을 듣기 위한 말씀을 배웠습니다. 이것에 대해 더 구체적인 것은 다음과에서 공부합시다.

묵상하고 열매 맺기

1. 오늘 공부를 통해 당신이 깨달았거나 배워야 할 진리는 무엇입니까?

2. 주님의 사역자로 변화된 삶을 살기 위해 당신이 기억하고 적용해야 할 것은 무엇입니까?

3. 변화된 삶을 위해 하나님께 드리는 기도를 하십시오!

넷째 날 : 말씀을 듣는 장소

하나님 앞에서는 율법을 듣는 자가 의인이 아니요 오직 율법을 행하는 자라야 의롭다 하심을 얻으리니

(로마서 2:13)

그러므로 모든 더러운 것과 넘치는 악을 내버리고 너희 영혼을 능히 구원할 바 마음에 심어진 말씀을 온유함으로 받으라 너희는 말씀을 행하는 자가 되고 듣기만 하여 자신을 속이는 자가 되지 말라 누구든지 말씀을 듣고 행하지 아니하면 그는 거울로 자기의 생긴 얼굴을 보는 사람과 같아서 제 자신을 보고 가서 그 모습이 어떠했는지를 곧 잊어버리거니와 자유롭게 하는 온전한 율법을 들여다보고 있는 자는 듣고 잊어버리는 자가 아니요 실천하는 자니 이 사람은 그 행하는 일에 복을 받으리라 누구든지 스스로 경건하다 생각하며 자기 혀를 재갈 물리지 아니하고 자기 마음을 속이면 이 사람의 경건은 헛것이라 하나님 아버지 앞에서 정결하고 더러움이 없는 경건은 곧 고아와 과부를 그 환난 중에 돌보고 또 자기를 지켜 세속에 물들지 아니하는 그것이니라

(야고보서 1:21-27)

로마서 2장 13절, 야고보서 1장 21~27절을 읽으십시오!

예수님 가르침의 핵심은 종교적 의식이 다른 사람을 섬기는 의로운 삶을 대신 할 수 없다는 것입니다. 예수님은 당시 백성들과 종교지도자들이 종교의식에 치중하는 오류를 범하고 있다고 거듭거듭 지적하셨습니다. 그런데 2천년이 지난 오늘날에도 똑같은 현상들이 반복되고 있습니다. 최근 어떤 선교 책임자가 이런 말을 했습니다. "복음의 가장 큰 적은 복음을 모르는 온 세계가 신음하고 있는동안 교회는 여러가지 행사와 활동에만 급급해 하는 것입니다." 사탄의 계략은 그리스도인들에게 훌륭한 임무를 제공하여 올바른 임무를 소홀히 하게 하는 것입니다. 예수님 시대에도 바리새인들은 자기 주변의 상처입고 신음하는 사람들은 외면한 채, 십일조와 하루에 다섯 번의 기도와 성경연구와 금식하는 일에만 몰두하며 그런 것들이 거룩한 일이라고 생각했습니다. 그와 같이 고상한 일을 누가 비난하겠습니까? 그러나 예수님이 하셨습니다! 오늘날 교회들은 하나님 나라를 위한 증거의 사명을 감당하기 위해 힘쓰기보다는 교회내의 여러가지 불필요한 행사를 위해 교회의 힘을 낭비하는 수가 있습니다. 그것은 바리새인들과 똑같은 실수를 반복하는 것입니다. 교회의 사명을 다하는 교회가 되어야지 교회유지를 위한 교회가 되어서는 안 됩니다. 교회의 모든 활동과 행사는 성도들의 영적 성장과 성숙, 그리고 믿지 않는 영혼들을 구원할 목적으로 행해져야 합니다.

로마서 2장 13절은 우리가 하나님의 음성을 어떻게 들을 수 있는지 말해 줍니다. "하나님 앞에서는 율법을 듣는 자가 의인이 아니요 오직 율법을 행하는 자라야 의롭다 하심을 얻으리니"라고

했습니다. 주님을 섬기며 따르기 위해서 여러가지 준비를 진행하는 것과 실제로 주님을 섬기는 것은 같지 않습니다. 성경은 섬김의 삶을 살도록 강조하고 있습니다. 우리는 하나님을 섬기기 위해 하나님의 말씀을 들어야 합니다. 내가 원하는 일을 하는 것이 아니라, 주님이 원하는 일을 해야 합니다. 내가 하고 싶어하는 일을 하는 것이 아니라, 우리가 해야할 일을 해야 합니다. 그러기 위해서 우리는 하나님의 말씀을 들어야 합니다.

그러면 우리는 말씀을 어떻게 들어야 합니까? 말씀을 올바로 듣는 방법은 듣는 일과 행하는 일을 연결하는 것입니다. 그분의 음성을 듣게 되는장소는 말씀이 실행되는 곳입니다. 섬기는 삶은 칠판이 있는 교실에서가 아니라 삶의 현장에서 배우는 것입니다. 믿음은 삶이며, 삶은 우리의 믿음을 나타낼 수 있어야 됩니다. 당시 바리새인들은 성전에서 가르쳤지만 예수님은 삶의 현장에서 가르쳤습니다. 바리새인들은 죄인을 피했지만 예수님은 그들의 친구였습니다. 바리새인들은 상처입고 피흘리는 사람을 외면했지만 예수님은 치료해 주셨습니다. 당시 사람들은 하나님의 아들 예수를 어디서 발견할수 있었습니까? 사람들을 섬기고, 하나님의 말씀이 행하여지는 곳에서 발견할 수 있었습니다. 예수님은 명예가 있고, 자랑이 있는 곳이 아니라, 자신을 필요로 하는 사람들과 함께 계셨기 때문입니다.

당신은 "하나님의 음성을 듣는다"는 말 속에 어떤 의미가 담겨 있는지 이해할 수 있습니까? 당신의 이해를 돕기 위해 지금 막 그리스도인이 되기로 결심한 친구와 대화를 하고 있다고 가정해 보십시오! 그 친구가 말합니다. "하나님이 나에게 원하시는 것이 무엇인지 어떻게 알 수 있을까?" 그때 당신은 그에게 이렇게 대답할 수 있을 것입니다. "하나님의 말씀을 주의 깊게 경청하고 지혜롭고 신앙이 성숙된 사람으로부터 충고를 받으며, 성경을 묵상하고 들은 말씀을 너의 삶 속에서 실천하는 것이란다." 하나님은 탐욕으로 마음이 어두워져 분별력이 없는 사람의 옆에 서서 그가 진실로 하나님을 섬기는 사람이 되기를 기다립니다. 하나님은 한 사람도 멸망받기를 원하지 않습니다. 모든 사람이 구원에 이르기를 원하십니다. 당신 주변에서 하나님을 알지 못하고 죽어 있는 영혼들 곁에서 하나님을 발견할 것입니다. 당신은 말씀이 실행되지 않고 그저 토론만 되는 장소에서는 주님을 발견할 수 없을 것입니다. 그러면 그리스도인들이 말씀을 들을 수 있는 중요한 장소는 어디입니까? 목장교회입니다. 목장 안에서는 돌봄과 사역이 동시에 일어납니다. 우리의 믿음과 삶이 만나는 목장교회가 신앙생활의 현장이며 영적 충전소입니다. 그렇기 때문에 우리는 목장 안에서 서로의 삶을 나누고, 믿음의 삶을 촉진할 수 있도록 서로를 격려해야 하는 것입니다. 단지 습관적으로 교회 예배에만 왔다가는 믿음은 바른 믿음이 아닙니다. 성도들이 교제하는 삶의 현장과 실천을 떠난 신앙은 죽은 신앙입니다. 히브리서 10장 24~25절은 이렇게 말합니다.

"서로 돌아보아 사랑과 선행을 격려하며 모이기를 폐하는 어떤 사람들의 습관과 같이 하지 말고 오직 권하여 그 날이 가까움을 볼수록 더욱 그리하자"

야고보서에 보면 이렇게 강조합니다. 야고보서 1장 22절에 "너희는 말씀을 행하는 자가 되고 듣기만 하여 자신을 속이는 자가 되지 말라"고 말씀했습니다. 그리고 나서 25절에서 강조합니다. "자유롭게 하는 온전한 율법을 들여다보고 있는 자는 듣고 잊어버리는 자가 아니요 실천하는 자니 이 사람은 그 행하는 일에 복을 받으리라." 야고보가 말하는 "말씀을 행하는 자"란 무엇을 의미하는가에 대해서 또 다시 토론하기 원하는 이론적인 사람들이 생기지 않도록 27절에서 구체적인 한 가지 예를 들어 설명해 줍니다. “하나님 아버지 앞에서 정결하고 더러움이 없는 경건은 곧 고아와 과부들 그 환난중에 돌보고 또 자기를 지켜 세속에 물들지 아니하는 그것이니라.” 잠깐 생각해 보십시오. 이 말의 뜻이 고아와 과부를 돌보는 일이 하나님이 기대하시는 유일한 사역이라는 말입니까? 어떻게 생각합니까?

물론 그렇지 않습니다. 하나님의 음성을 듣는 일은 하나님의 말씀을 행하는데 있다는 것을 가르쳐주는 것입니다. 그리스도께서 당신을 불러 맡기신 사역이 예수 그리스도에 대한 지식을 다른 사람에게 전하는 일만은 아닙니다. 서로 발을 씻기며(섬기고 배려하며), 상처 입은 마음을 치료하며(위로하고 격려하며), 슬퍼하는 자들과 더불어 슬퍼하는 것(공감과 경청하며)입니다. 이것이 바로 율법을 행하는 것입니다. 오늘날 한국교회의 문제는 이러한 교회공동체의 본질이 상실되어 있다는 것입니다. 당신에게 말씀하시는 하나님의 음성을 듣기 원한다면 지금 당신의 도움을 필요로 하는 형제, 자매들에게 가십시오! 또 의롭다고 말하는 이웃들 바로 곁에 계십시오. 목장교회에 함께 하십시오. 주님은 당신이 있는 섬김의 현장과 삶의 현장에서 당신에게 말씀하십니다.

묵상하고 열매 맺기

1. 오늘 공부를 통해 당신이 깨달았거나 배워야 할 진리는 무엇입니까?

2. 주님의 사역자로 변화된 삶을 살기 위해 당신이 기억하고 적용해야 할 것은 무엇입니까?

3. 변화된 삶을 위해 하나님께 드리는 기도를 하십시오!

다섯째날 : 무엇을 두려워 하는가?

로마서 8장 35절, 고린도후서 11장 24~27절, 빌립보서 3장 20~21절을 읽으십시오!

당신이 가장 두려워하는 것은 무엇입니까? 당신의 능력으로는 불가능한 것들입니까? 두려움이란 인간의 모든 감정 중에서도 가장 나쁜 것입니다. 실제로 두려움으로 인하여 스스로 죽음을 선택하는 사람도 있습니다. 당신이 지금 가장 두려워하고 있는 세 가지를 적어 보십시오!

1. ______________________________
2. ______________________________
3. ______________________________

두려움은 언제 어떤 경우에나 믿음과 반대되는 감정입니다. 이 두 단어는 "빛"과 "어두움" "흑"과 "백" 만큼 정반대되는 말입니다. 두려움이 있는 자는 믿음이 없는 자이며 믿음이 있다면 두려움은 사라집니다. 바울은 로마서 8장 35절에서 믿음을 설명하면서 두려움이 없는 상태를 보여 줍니다.

바울은 인생의 가장 큰 불행 몇 가지를 열거 했습니다. 이런 일은 사람들이 이것들로부터 자신을 보호할 수 없다고 느끼기 때문에 생기는 감정입니다. 그러나 바울은 이러한 것들을 전혀 두려워하지 않았습니다. 고린도후서 11장 24~27절에 보면 바울이 그리스도를 위해 사역 하는 동안에 겪었던 불행을 열거했습니다. 당신이 바울이었다면 이것들 중에 당신에게도 두려움이 되는 것은 무엇입니까?

누가 우리를 그리스도의 사랑에서 끊으리요 환난이나 곤고나 박해나 기근이나 적신이나 위험이나 칼이랴

(로마서 8:35)

유대인들에게 사십에서 하나 감한 매를 다섯 번 맞았으며 세 번 태장으로 맞고 한 번 돌로 맞고 세 번 파선하고 일주야를 깊은 바다에서 지냈으며 여러 번 여행하면서 강의 위험과 강도의 위험과 동족의 위험과 이방인의 위험과 시내의 위험과 광야의 위험과 바다의 위험과 거짓 형제 중의 위험을 당하고 또 수고하며 애쓰고 여러 번 자지 못하고 주리며 목마르고 여러 번 굶고 춥고 헐벗었노라

(고린도후서 11:24-27)

그러나 우리의 시민권은 하늘에 있는지라 거기로부터 구원하는 자 곧 주 예수 그리스도를 기다리노니 그는 만물을 자기에게 복종하게 하실 수 있는 자의 역사로 우리의 낮은 몸을 자기 영광의 몸의 형체와 같이 변하게 하시리라

(빌립보서 3:20-21)

두려움이 생길 때 당신은 어떻게 합니까? 극복하려고 합니까? 피하려고 합니까? 그리스도를 섬기는 삶에 그러한 위협이 있어도 여전히 하나님을 섬길 것입니까? 역사를 보면 순교자들과 핍박을 받았던 신자들은 그런 모든 종류의 상황 중에도 기뻐했습니다. 성령님께서는 어떠한 상황이나 시련의 때에도 당신의 힘이 되시며, 친구가 되십니다. 당신을 책임지시는 하나님과 진실한 관계를 지속할 때 이런 모든 두려움의 문제는 해결될 수 있습니다.

크게 성공한 한 실업가 친구가 부러워하며 그에게 물었습니다. "자네는 어떻게 그런 모험을 할 용기가 있었나? 나는 감히 자네와 같은 그런 사업에 투자할 수 없었는데 말이네." 그 실업가는 이렇게 대답했습니다. "아주 간단하지 나는 새로운 모험을 할 때 나에게 일어날 수 있는 최악의 상태를 곰곰이 생각하고 그러한 상태를 맞이할 마음의 준비가 되면 일을 착수한다네. 어떤 일을 시작하기 전에 나에게 일어날 수 있는 최악의 경우를 먼저 인정하는 것일세."

그리스도인으로서 당신에게 일어날 수 있는 최악의 상태를 생각해 본적이 있습니까? 그것은 바로 죽음입니다. 빌립보서 3장 20절과 21절에 보면 당신의 시민권은 하늘에 있다고 알려줍니다. 당신의 몸은 변화를 받아 부활하신 그리스도의 몸과 같아질 것입니다. 죽음을 극복한 그리스도인들에게 죽음보다 더 최악의 경우가 있겠습니까? 그렇다면 두려워할 이유가 무엇입니까? 최악의 상태가 죽음이라면… 따라서 잘못될 일에 대하여 염려하지 말고 주님을 섬기며, 그리스도 안에서 당신의 새 생명을 누리며 사는 것이 더욱 지혜로운 일입니다.

조지 맥도날드가 지은 소설의 주인공이 3일동안 신약성경을 계속 연구하며 기독교의 비밀을 알아보려고 했습니다. 그 후 그는 다음과 같은 세 가지 정의를 내렸습니다.

1. 하나님의 뜻을 행하는 것은 인간의 본분이다.
2. 인간을 돌보는 것은 하나님이 책임이다.
3. 그러므로 인간은 결코 어떠한 것도 두려워해서는 안 된다.

당신이 분명히 알고 있듯이 당신이 주인을 섬기는 종이라면 그 주인은 모든 상황 중에서 당신을 돌보아야 할 의무가 있습니다. 두려움이란? 믿음과 정반대되는 개념입니다. 조지 뮬러는 하나님이 모든 필요를 어떻게 충족시키는지를 세상 사람들에게 보여주신 위대한 분입니다. 그는 오직 믿음으로 많은 고아원을 설립했고 그 고아원에 있는 수천 명의 아이들에게 잠자리와 먹을 것을 공급했습니다. 사실 굶주린 고아들의 필요를 채우는 그의 방법은 쉽게 이해하기 힘든 것이었습니다. 그는 사람들이 감동하는 자신의 사역에 대해 하나님께서 종에게 하기를 원하는 그 일을 할 뿐이라고 대답했습니다. 하나님이 기뻐하시는 일을 충실하게 감당한다면 그 모든 필요는 하나님이 채우십니다. 하나님은 그분의 방법을 통해 하나님의 영광을 나타내십니다. 조지 뮬러는 믿음으로 기도하면서 수많은 기도응답을 받았습니다. 한번은 한 부유한 부인이 그에게 물었습니다. "지금 당신의 은행에 얼마의 돈이 있습니까?" 사실은 은행에 그의 돈이 거의 없었습니다. 그러나 조지 뮬러는 이렇게 대답했습니다. "부인, 우리는 절대로 파산하지 않는 은행이 있습니다."

해마다 연말 보고서가 발표되기까지 고아원의 상황을 아무도 알지 못했습니다. 그러나 하나님의 능력에 대한 조지 뮬러의 깊은 믿음이 사실로 나타날 때 사람들은 거듭거듭 놀랄 뿐이었습니다. 회계장부 따위는 실제로 문제가 되지 못했습니다. 결코 적자기록은 없었습니다. 조지 뮬러에게 이것은 매우 간단했습니다. 그는 하나님의 일을 하고 있습니다. 모든 것은 그분이 공급하실 것입니다. 이 과의 앞부분에서 당신이 기록한 세 가지 가장 큰 두려움을 보십시오! 이번에는 가장 큰 두려움을 쓰지 말고 로마서 8장 28절, 로마서 8장 38~39절, 빌립보서 3장 20~21절을 읽고 더 이상 두려워 할 필요가 없는 세 가지 이유를 아래에 말해 보십시오!

우리가 알거니와 하나님을 사랑하는 자 곧 그의 뜻대로 부르심을 입은 자들에게는 모든 것이 합력하여 선을 이루느니라

(로마서 8:28)

1. ______________________________
2. ______________________________
3. ______________________________

내가 확신하노니 사망이나 생명이나 천사들이나 권세자들이나 현재 일이나 장래 일이나 능력이나 높음이나 깊음이나 다른 어떤 피조물이라도 우리를 우리 주 그리스도 예수 안에 있는 하나님의 사랑에서 끊을 수 없으리라

(로마서 8:38-39)

지금까지 당신이 가졌던 두려움을 되돌아보며 자신의 믿음을 평가해 보십시오! 당신 보물상자 안에는 어떤 것이 들어 있습니까? 두려움입니까? 하나님이 공급하신다는 믿음입니까? 당신의 보물상자 속에는 오직 한 가지만 있어야 됩니다. 당신의 주인이신 하나님과 연결되어 있다면 결코 두려울 것이 없습니다. 당신의 아버지는 왕중의 왕이기 때문입니다. 하나님은 우리에게 승리를 주시는 여호와 닛시의 하나님이시며, 우리의 모든 것을 공급하시는 여호와 이레의 하나님이십니다.

그러나 우리의 시민권은 하늘에 있는지라 거기로부터 구원하는 자 곧 주 예수 그리스도를 기다리노니 그는 만물을 자기에게 복종하게 하실 수 있는 자의 역사로 우리의 낮은 몸을 자기 영광의 몸의 형체와 같이 변하게 하시리라

(빌립보서 3:20-21)

묵상하고 열매 맺기

1. 오늘 공부를 통해 당신이 깨달았거나 배워야 할 진리는 무엇입니까?

2. 주님의 사역자로 변화된 삶을 살기 위해 당신이 기억하고 적용해야 할 것은 무엇입니까?

3. 변화된 삶을 위해 하나님께 드리는 기도를 하십시오!

8 단원

관계혁명 _ 교회와 예비신자와의 관계

8단원 [암송구절 | 로마서 1:16]

관계혁명 _ 교회와 예비신자와의 관계

첫째 날 : 외로운 나그네는 없다.

로마서 12장 4~16절, 데살로니가전서 4장 9~12절을 읽으십시오!

한 청년이 목사님께 말했습니다. "나는 무척 실망했습니다! 교회에 가면 믿지 않는 사람들보다 나은 사람들이 있을 것이라고 생각했는데... 그러나 교회에 있는 사람들도 내가 예수님을 믿기 전에 알고 있던 사람들과 다른 점이 별로 없다는 것을 발견했습니다." 우리가 신앙생활을 시작하며 알게 되는 것은 그리스도인들도 완전한 사람이 아니라는 것입니다. 성경은 아무리 신앙심이 깊은 그리스도인이라 할지라도 앞으로 올 세상에서 영화로운 몸을 입을 때까지 결코 완전할 수 없다는 것을 분명히 말해 주고 있습니다(엡 2:8~9). 우리가 세상에 육신으로 사는 동안 죄없는 완전한 사람이 될 수는 없습니다. 그러나 그리스도인은 죄를 이길 수 있고 이겨야 합니다. 모든 그리스도인들이 완전한 삶을 향해 나아가고, 하나님을 닮은 거룩한 모습으로 변화되며, 영적으로 성장해야 하는 이유는 하나님이 우리에게 주신 필수적인 과제이기 때문입

우리가 한 몸에 많은 지체를 가졌으나 모든 지체가 같은 기능을 가진 것이 아니니 이와 같이 우리 많은 사람이 그리스도 안에서 한 몸이 되어 서로 지체가 되었느니라 우리에게 주신 은혜대로 받은 은사가 각각 다르니 혹 예언이면 믿음의 분수대로, 혹 섬기는 일이면 섬기는 일로, 혹 가르치는 자면 가르치는 일로, 혹 위로하는 자면 위로하는 일로, 구제하는 자는 성실함으로, 다스리는 자는 부지런함으로, 긍휼을 베푸는 자는 즐거움으로 할 것이니라 사랑에는 거짓이 없나니 악을 미워하고 선에 속하라 형제를 사랑하여 서로 우애하고 존경하기를 서로 먼저 하며 부지런하여 게으르지 말고 열심을 품고 주를 섬기라 소망 중에 즐거워하며 환난 중에 참으며 기도에 항상 힘

쓰며 성도들의 쓸 것을 공급하며 손 대접하기를 힘쓰라 너희를 박해하는 자를 축복하라 축복하고 저주하지 말라 즐거워하는 자들과 함께 즐거워하고 우는 자들과 함께 울라 서로 마음을 같이하며 높은 데 마음을 두지 말고 도리어 낮은 데 처하며 스스로 지혜 있는 체 하지 말라

(로마서 12:4-16)

형제 사랑에 관하여는 너희에게 쓸 것이 없음은 너희들 자신이 하나님의 가르치심을 받아 서로 사랑함이라 너희가 온 마게도냐 모든 형제에 대하여 과연 이것을 행하도다 형제들아 권하노니 더욱 그렇게 행하고 또 너희에게 명한 것 같이 조용히 자기 일을 하고 너희 손으로 일하기를 힘쓰라 이는 외인에 대하여 단정히 행하고 또한 아무 궁핍함이 없게 하려 함이라

(데살로니가전서 4:9-12)

니다. 그렇기 때문에 그리스도인의 삶에 꼭 필요한 두 번째 관계는 동료신자들과의 관계입니다. 하나님 나라에 외로운 나그네는 없습니다. 당신에게는 그리스도의 몸된 교회의 지체들이 필요합니다. 그들도 당신을 필요로 합니다. 하나님은 다른 그리스도인들과의 관계를 통해서 당신의 삶을 다듬고 연단하십니다. 서로의 문제를 보며 자신의 연약함을 깨닫게 되고, 서로의 아픔을 나누며 위로받습니다. 서로의 강팍함 때문에 상처받지만 다른 사람을 통해 자신도 역시 죄인임을 발견하게 됩니다. 우리 모두는 목장교회 안에서 서로의 영적 성숙과 단련을 위한 하나님의 도구로서 사용되는 것입니다.

당신의 보물상자에 그리스도의 몸을 소중히 여기는 가치관이 있습니다. 당신의 가족들 모두와 더불어 영원히 살 수 없을지도 모르지만, 하나님의 가족들은 당신과 함께 영원히 살 사람들입니다. 그렇기 때문에 우리 모두는 주님 말씀처럼 서로를 섬기는 사람들이 되어야 합니다. "모든 사람을 섬기는 자"가 되는 것은 가까운 교회 지체들로부터 시작해야 합니다. 그들을 격려하고 섬기며 "진실한 사랑"을 실천하는 것은 참으로 중요합니다. 로마서 12장 6~16절에 나타난 섬김의 사역을 살펴보면 모두 다 당신과 같은 길을 가고 있는 교회 지체들에 대한 권면입니다. 로마서 12장 9~16절을 읽고 그리스도 안의 형제자매들을 섬기는 10가지 방법을 찾아서 써 보십시오!

1. ________	2. 악을 미워하고 선에 속함
3. ________	4. ________
5. ________	6. 소망 중에 즐거워함
7. 즐거워 하는 자들로 함께 즐거워하라	8. ________
9. ________	10. ________

좀 더 구체적으로 생각해 보십시오! 다음의 각 질문들을 읽고 당신 삶에서 적용될 수 있는 사람의 이름을 말해보십시오.

1. 존경하기를 서로 먼저 해야 할 사람은 누구입니까?

____

2. 매우 실망한 사람에게 당신이 용기를 주어 함께 기뻐할 수 있는 사람은 누구입니까?

____

3. 환난 중에 참음으로 당신이 모범을 보여줄 필요가 있는 사람은 누구입니까?

____

4. 함께 기도에 힘쓸 사람은 누구입니까?

____

5. 당신이 대접하기를 힘써야 할 사람은 누구입니까?

____

6. 당신을 비난하며 시기하지만 당신의 축복을 필요로 하는 사람은 누구입니까?

____

7. 당신이 함께 기뻐하고 함께 슬퍼할 사람은 누구 입니까?

____

이것은 하나님을 아버지로 모신 형제자매들에게 당신이 해야 할 사역입니다. 하나님이 당신에게 주신 은사를 가지고 이러한 일을 해야 합니다. 그리스도 안에서 형제자매들의 필요를 돕기 위해 당신이 갖고 있는 특별한 은사는 무엇입니까?(로마서 12장 6~8절을 참고로 하십시오!) 데살로니가전서 4장 9~12절을 읽고 당신에게 주어진 특별한 은사라고 생각되는 것을 써보십시오! 그 은사들을 가지고 다른 사람들을 섬길 수 있는 방법을 구체적으로 적어 보십시오!

당신이 갖고 있는 특별한 은사	다른 사람을 도울 수 있는 방법

데살로니가전서 4장 9~12절을 보면 하나님의 가족들은 서로 사랑해야 한다고 권면합니다. 그 사랑은 11절에 설명된 생활 모습에서 뚜렷하게 나타납니다. 교회의 "공동체적인 생활"은 변함없이 사랑하고 서로 섬기는 충실한 자세를 통해 조화를 이루게 됩니다. 그러한 삶을 살아야 할 이유에 대해 바울은 이렇게 말합니다.

"이는 외인에 대하여 단정히 행하고 아무 궁핍함이 없게 하려 함이라"(살전 4:12)

이 말씀을 공동번역 성경에서는 "그러면 교회밖의 사람들에게서도 존경을 받게 되고 남에게 신세를 지지 않게 될 것입니다"라고 하였습니다. 여기서 외인(Outsiders) 혹은 교회밖의 사람들이란 불신자(예비신자)를 가리킵니다. 교회는 홀로 고립되어 살지 않습니다. 교회의 할 일은 외인들을 향한 것입니다. 교회는 세상을 향한 축복의 통로입니다. 끝없는 긴장과 고통이 넘치는 악한 시대지만 그리스도의 몸된 교회는 평화와 사랑이 지속되며 하나님의 뜻과 능력을 나타내는 곳이 되어야 합니다. 성도들이 하나님 나라를 미리 경험할 수 있는 교회가 되어야 합니다. 아직 하나님을 믿지않는 예비신자(불신자)들은 교회를 통해 살아계신 하나님을 발견할 수 있어야 합니다. 그렇게 되기 위해 목장교회(소그룹 모임, 다락방, 순, 셀, 구역)가 활성화되어야 합니다. 서로 사랑하고 인내하며 서로 돌보는 하나님의 가족들을 보십시오! 전도는 목사의 설교나 심방으로 되는 일이 아닙니다. 어느 한 사람이 할 수 있는 독립적인 일이 아닙니다. 복음전도는 그리스도의 몸이 전체적으로 하는 것입니다. 우리 모두는 함께 증거하도록 부름을 받았습니다. 교회의 생활이 외인들에게 복음을 증거합니다. 삶을 통해 전하는 복음이 가장 강력한 것입니다. 교회가 세상사람들에게 보여주어야 할 것은 교회의 말이 아니라 삶입니다. 오늘날 가장 효력있는 강력한 전도는 변화된 하나님의 공동체가 소유한 삶의 모습입니다.

혼자서는 할 수 없는 것이 둘 있다.
하나는 결혼이고 또 하나는 그리스도인이 되는 것이다.

- 폴 투르니에

묵상하고 열매 맺기

1. 오늘 공부를 통해 당신이 깨달았거나 배워야 할 진리는 무엇입니까?

2. 주님의 사역자로 변화된 삶을 살기 위해 당신이 기억하고 적용해야 할 것은 무엇입니까?

3. 변화된 삶을 위해 하나님께 드리는 기도를 하십시오.

둘째 날 : 우리가 맺은 언약

고린도전서 11장 23~29절을 읽으십시오!

촛불이 켜져 있었고, 사람들은 둥글게 둘러 앉았습니다. 주인과 노예가 나란히 앉아 있습니다. 한 부자는 겉옷을 벗어 추워서 떨고 있는 부인의 어깨를 덮어 줍니다. 한 소녀가 말없이 자기 삼촌 옆에 앉았습니다. 소녀는 집을 떠나 올때 부모님이 못마땅한 말투로 야단치던 것을 생각하고 있었습니다. 선생과 두 명의 학생이 자리를 함께 하고 앉았습니다. 어반이라는 형제가 제일 늦게 도착했습니다. 술 취한 두 명의 병사에게 붙들려 시간이 지체됐다고 설명합니다. 먼저 온 사람들은 모두 그를 따뜻하게 맞이하며 인사를 합니다. 그가 자신의 입으로 예수 그리스도를 주님으로 고백한 것이 정확히 일주일이 되었음을 상기시켜 줍니다. 이때 콰투스 "네로 황제가 칙령으로 우리들의 모임을 금지한 것을 우리는 알고 있습니다. 우리 주님이 속히 다시 오셔서 그의 나라를 이루시고 이러한 형편에서 우리를 구해 주시기를 위해 기도합시다. 또한 이런 환경 가운데서도 우리들이 낙심하지 않고 승리할 수 있도록 기도합시다."라고 말했습니다. 그러자, 소녀는 자기 부모님의 구원을 위해 간청하는 기도를 했습니다. 다른 사람들도 하나님을 찬양하며 중보의 기도와 감사의 기도를 드렸습니다.

그 후에 부자는 식탁으로 가서 식탁을 덮은 보자기를 거두었습니다. 생선과 야채와 떡이 준비되어 있습니다. 식사를 위한 감사 기도를 한후에 그는 음식을 나누어 주었습니다. 그의 손에서 제일 먼저 음식을 받은 사람은 그의 노예였습니다. 그리스도인이 된 이후로 그들은 로마의 관습을 더 이상 따르지 않았습니다. 그들은 피를 나눈 형제와 같았습니다. "당신이 우리 집에 있게 된 것을 자랑으로 생각합니다." 그 부자가 말했습니다. "나의 사랑하는 아

내가 너희에게 전한 것은 주께 받은 것이니 곧 주 예수께서 잡히시던 밤에 떡을 가지사 축사하시고 떼어 이르시되 이것은 너희를 위하는 내 몸이니 이것을 행하여 나를 기념하라 하시고 식후에 또한 그와 같이 잔을 가지시고 이르시되 이 잔은 내 피로 세운 새 언약이니 이것을 행하여 마실 때마다 나를 기념하라 하셨으니 너희가 이 떡을 먹으며 이 잔을 마실 때마다 주의 죽으심을 그가 오실 때까지 전하는 것이니라 그러므로 누구든지 주의 떡이나 잔을 합당하지 않게 먹고 마시는 자는 주의 몸과 피에 대하여 죄를 짓는 것이니라 사람이 자기를 살피고 그 후에야 이 떡을 먹고 이 잔을 마실지니 주의 몸을 분별하지 못하고 먹고 마시는 자는 자기의 죄를 먹고 마시는 것이니라

(고린도전서 11:23-29)

내 드루실라도 우리와 함께 할 수 있도록 우리 함께 기도합시다. 아직은 이곳에 참석하지 않지만 점점 그리스도를 따르려는 마음이 아내에게도 일어나고 있음을 느낄 수 있습니다." 콰투스는 전에 예루살렘에서 야고보와 함께 주의 만찬 예식에 참석한 것을 기억하며 예수님이 그의 제자들과 마지막 나누었던 만찬을 자세히 설명했습니다. 그 뒤, "예수님은 이것이 우리 사이에 세운 새 언약이라고 말씀하셨습니다. 그의 피로 세운 언약입니다. 우리의 삶이 한 몸으로 연합되었고, 그리스도는 몸의 머리입니다. 예수님과의 연합은 또한 우리 모두가 서로 연합된 것을 말합니다. 우리는 모두 그리스도의 몸입니다. 그분은 우리의 머리가 되십니다. 우리는 한 몸입니다." 한 음성으로 "우리는 그리스도의 몸이요 그 분은 우리의 머리가 되십니다"라고 반복해서 말합니다. 콰투스가 계속합니다. "여러분은 그리스도의 몸을 올바로 알았습니다. 그분은 우리에게 자신을 내어 주셨을 뿐만이 아니라 우리를 그분의 몸에 연합시키셨습니다. 우리는 모두 하나가 됐습니다." 다시 한 번 모인 사람들은 "우리는 모두 하나가 됐습니다."라고 따라 했습니다.

그들은 커다란 빵 한 덩이를 잘라서 모두에게 나누고 함께 먹었습니다. 컵을 돌려가며 포도주를 한 모금씩 마셨습니다. 이 광경은 새로운 빛이 그 방안에 가득한 것처럼 무척 감동적인 경험으로 다가 왔습니다. "이제는 예수님이 그의 제자들과 하신 것처럼 끝마칠 시간입니다. 한 사람 한 사람씩 조용히 밖으로 나갑시다. 이 곳에서 멀어질 때까지 서로 이야기하지 마십시오!" 마지막으로 시편 노래를 조용히 부르던 중에 갑자기 꽝 소리와 함께 문이 열리며 20여명의 로마 군인들이 들이 닥쳤습니다. 그들은 그 방에 있던 사람들을 거리로 끌어 냈습니다. 그 병사들의 지휘관이 큰 웃음을 터트리며 말했습니다. "이들이 네로 황제를 즐겁게 해 줄 것이다! 당장 원형경기장으로 끌고 가라!" 불과 한 시간도 안 되어 그들은 수천 명의 함성이 울려퍼지는 원형경기장 중앙에 끌려 나왔습니다. 그들은 서로 놓치지 않으려고 꼭 붙잡고 있었습니다. 그들이 볼 수는 없었지만 네로는 자기의 손을 아래로 내려 굶주려 살기등등한 사자들을 풀어주라는 신호를 했습니다. 얼마후에 네로가 경기장 중앙으로 걸어 나왔습니다. 횃불이 그의 길을 밝혀주고 있었습니다. 살육된 시체들을 살펴본 후 격분하며 말했습니다. "이런 예수 믿는 놈들! 죽는 순간까지도 서로를 돌보고 있군! 저것 봐! 죽으면서도 서로서로 보호하며 꽉 부둥켜안고 있는 모습을! 무엇이 저들을 그토록 단결시켰는가? 저들의 종교에 내가 알지 못하는 것이 있구나?"

주의 만찬은 그리스도 안에서 한 몸이 된 교회에서 행하는 것입니다. 떡과 포도주는 그리스도의 죽으심 뿐만 아니라 신자들의 삶이 어떠해야 하는지를 기억나게 해줍니다. 우리는 예수 안에서 하나가 되었습니다. 운명공동체가 되었습니다. 당신이 인정하든 안하든, 잘 믿든 안 믿든 예수를 구주로 영접했다면 우리들은 천국에서 영원히 운명을 같이할 사람들입니다. 주의 만찬은(성만찬) 단순한 종교의식이 아닙니다. 그리스도는 나의 구주라는 것과 모든 성도들은 예수 안에서 하나라는 사실이 고백되는 순간입니다. 고린도전서 11장 23~29절을 통해 주의 만찬이 주는 의미를 써 보십시오.

주의 만찬에서 떡은 우리 죄를 위해 희생당한 예수님의 (　　)을 나타냅니다. (　　)은 그의 피를 나타냅니다. 그것은 우리의 죄를 위해 세우신 새 (　　)입니다. 우리가 먹고 마실 때마다 그분이 다시 오실 때까지 (　　)을 기억하는 것입니다.

위의 빈칸에 맞는 말은 몸, 잔. 언약, 그의 죽음입니다. 당신의 보물상자에는 다른 지체들과의 관계를 소중히 해야 한다는 보물이 들어있어야 합니다. 수 백 년동안 훌륭한 그리스도인들이 당신에게 그리스도인으로 사는 믿음의 삶의 모범을 보여주었습니다. 당신도 그렇게 되기를 힘써야 합니다. 후대의 그리스도인들이 당신이 믿고 살았던 삶의 자취를 따라 살기를 소망하도록 말입니다. 예전 복음성가 가사에 이런 내용이 있었습니다. "우리가 걷는 이 길은 보기에 좁고 험하며 가는 이 너무 적어서 외롭고 쓸쓸하지만 나는 주님이 있어 이 길을 걸어가리라." 이런 믿음으로 함께 하는 성도들이 목장교회와 교회공동체 안에서 서로에게 힘을 주고 격려한다면 우리가 함께 가는 이 길이 더 아름답고 풍성해지지 않겠습니까? 주님이 우리와 함께 하십니다.

묵상하고 열매 맺기

1. 오늘 공부를 통해 당신이 깨달았거나 배워야할 진리는 무엇입니까?

2. 주의 만찬은 어떤 의미인지 당신의 말로 설명해 보십시오.

3. 변화된 삶을 위해 하나님께 드리는 기도를 하십시오.

셋째 날 : 주의 몸을 분변하라

고린도전서 11장 17~22절, 27~34절을 읽으십시오!

내가 명하는 이 일에 너희를 칭찬하지 아니하나니 이는 너희의 모임이 유익이 못되고 도리어 해로움이라 먼저 너희가 교회에 모일 때에 너희 중에 분쟁이 있다 함을 듣고 어느 정도 믿거니와 너희 중에 파당이 있어야 너희 중에 옳다 인정함을 받은 자들이 나타나게 되리라 그런즉 너희가 함께 모여서 주의 만찬을 먹을 수 없으니 이는 먹을 때에 각각 자기의 만찬을 먼저 갖다 먹으므로 어떤 사람은 시장하고 어떤 사람은 취함이라 너희가 먹고 마실 집이 없느냐 너희가 하나님의 교회를 업신여기고 빈궁한 자들을 부끄럽게 하느냐 내가 너희에게 무슨 말을 하랴 너희를 칭찬하랴 이것으로 칭찬하지 않노라

(고린도전서 11:17-22)

그러므로 누구든지 주의 떡이나 잔을 합당하지 않게 먹고 마시는 자는 주의 몸과 피에 대하여 죄를 짓는 것이니라 사람이 자기를 살피고 그 후에야 이 떡을 먹고 이 잔을 마실지니 주의 몸을 분별하지 못하고 먹고 마시는 자는 자기의 죄를 먹고 마시는 것이니라 그러므로 너희 중에 약한 자와 병든 자가 많고 잠자는 자도 적지 아니하니 우리가 우리를 살폈으면 판단을 받지 아니하려니와 우리가 판단을 받는 것은 주

초대교회 당시 대부분의 그리스도인들은 교회 안에서 공동체적인 삶을 함께 나누었습니다. 하지만 로마의 기독교 박해로 인해서 예루살렘의 교인들이 흩어지고 로마제국 여러 지역으로 박해를 피해 이주하게 됩니다(행 8:1~4). 하나님의 방법은 이 일을 통해 복음을 전파하도록 한 것이었고, 로마는 이 사실을 전혀 알지 못했습니다. 그리스도인들이 가는 곳마다 복음을 전함으로 그들 모두는 전도자가 되었습니다. 거의 모든 지역에서 그와 같은 일이 있었고 믿음의 공동체들이 형성되었습니다. 하지만 고린도에 간 사람들은 그렇지 못했습니다. 그들이 고린도에 자리를 잡은 후에 그들 가치관에 문제가 생겼습니다.

당시 해상 통로의 교차로에 위치한 고린도는 타락하고 죄악 된 이방인들의 나쁜 영향에 물들어 있던 도시였습니다. 그들 중 어떤 이들은 예수님을 믿었지만 여전히 육적인 가치관을 갖고 있었습니다. 그러다보니 교회 내에서 다른 성도들과 갈등이 생겼습니다. 예수님을 믿는다고 고백한 그들이었지만 음행과 분쟁과 성의 남용 등 온갖 타락한 모습이 교회 내에서도 행해지고 있었습니다. 그들에게 있어서 영적인 은사들은 남에게 보이기 위한 사사로운 것이며 개인적인 만족을 위한 것이었습니다. 진정한 주님과의 교제가 없었으므로 서로의 교제도 근거를 잃고 무기력했습니다. 섬기는 정신이 이기적인 생각으로 바뀌었습니다. 그들의 모임은 서로 경쟁하는 모임이었습니다. 분쟁과 파당 짓는 일로 모임은 점점 거칠어졌습니다. 이러한 고린도교회 그리스도인들이 가지고 있던 몇 가지 문제들이 고린도전서 11장 17~21절에 기록되어 있습니다. 다음 장에서 왼쪽에 있는 성경 구절과 오른쪽에 있는 고린

도교회의 문제들을 서로 짝지어 연결해 보십시오!

(	)1	1. 17절	A. 교회가 분열되었다.
(	)2	2. 18절	B. 고린도교인들은 만찬 때에 음식을 서로 나누지 않았다.
(	)3	3. 19절	C. 고린도교회의 만찬은 유익 대신에 문제를 야기시켰다.
(	)4	4. 21절	D. 파당이 존재했다.

고린도교회 그리스도인들은 모여서 예배를 드렸지만 형식적인 것이었고, 그리스도와 한 몸을 이루는 실제적인 모습은 사라졌습니다. 그들의 모임은 실속이 없는 껍질이었습니다. 위선과 가식만 난무했습니다. 섬기는 정신이 상실될 때 그리스도의 몸은 생명을 잃게 됩니다. 섬기는 정신이 없으면 자기중심적인 보기 흉한 모임이 됩니다. 심지어 그리스도 안에서 한 몸이 되었다는 것을 고백하는 주의 만찬을 나눌 때도 그들에게는 친밀감과 사랑이 없었습니다. 식사 때에도 각기 자기의 것을 먹고 음식을 서로 나누지 않았습니다. 각자 먹을 것을 가져와서 따로 먹었습니다. 어떤 이는 너무 많이 먹었는가 하면 가난한 사람은 별로 먹을 것이 없었습니다. 사도행전 2장에 나오는 예루살렘 교회와는 전혀 다른 모습이었습니다. 예루살렘에서는 서로의 집으로 다니며 떡을 떼고 필요할 때는 그들의 재산을 나누기도 했었습니다. 그러나 고린도에서 그리스도의 몸의 형태와 모양은 있었지만 그 몸의 생명은 죽었습니다.

오늘날도 마찬가지입니다. 교회 형태는 있지만 그 안의 생명은 죽어있는 교회들이 있습니다. 의미없이 주의 만찬을 행하는 것처럼 의미없는 교회생활을 계속하는 사람들도 있습니다. 이것은 참으로 불행한 일입니다. 바울은 단호하게 "그리스도의 몸을 분별

께 징계를 받는 것이니 이는 우리로 세상과 함께 정죄함을 받지 않게 하려 하심이라 그런즉 내 형제들아 먹으러 모일 때에 서로 기다리라 만일 누구든지 시장하거든 집에서 먹을지니 이는 너희의 모임이 판단 받는 모임이 되지 않게 하려 함이라 그 밖의 일들은 내가 언제든지 갈 때에 바로잡으리라

(고린도전서 11:27-34)

하라"(고전 11:27~29)고 말합니다. 주의 만찬은 희생적인 죽으심을 기억할 뿐만 아니라 그리스도의 몸을 구성하는 사람들 사이에 언약을 새롭게 하는 것입니다. 교회 성도들과의 공동체적인 관계를 생각하지도 않고 떡을 먹고 잔을 마시는 의식은 합당치 못한 일이며 그렇게 먹고 마시는 자는 자신의 죄를 먹고 마시는 것이라고 경고하고 있습니다.

아래의 설명을 읽고 오늘 공부한 내용을 근거해서 옳은 것과 그른 것을 지적하십시오! 옳으면 "0" 표, 틀리면 "x" 표 를 하십시오!

( ) 1. 주의 만찬은 진지하게 경외심을 갖고 행해야 한다.
( ) 2. 주의 만찬에 참여하기 전에 그리스도와 그의 몸에 대한 당신의 관계를 검토할 필요가 없다.
( ) 3. 주의 만찬을 올바로 행하지 않는 것은 유일하게 용서될 수 없는 죄이다.
( ) 4. 주의 만찬은 그리스도의 몸을 구성하는 사람들 사이에 그리스도 안에서 하나 되었다는 섬김의 약속을 새롭게 하는 시간이다.
( ) 5. 주의 만찬은 예수님의 희생적인 죽음을 기억하는 시간이 아니다.

그리스도의 몸을 소중히 여기는 것은 매우 중요한 일입니다. 성경은 주의 몸을 분별치 못하며 몸과의 올바른 관계를 악용하는 사람은 징계를 받아 심한 질병과 심지어 죽음에 이를 수 있다는 것을 경고합니다(30절). 아마도 당신은 위의 답을 1번과 4번은 맞으나 2번, 3번, 5번은 틀린 것이라고 대답했을 것입니다. 오늘날 많은 기독교 단체들이 재정적인 지원을 요청합니다. 어떤 단체들은 자기들을 위해 재정지원을 하는 계획에 참여해 줄 것을 호소합니다. 그들이 내세우는 명분들은 타당성이 있습니다. 그러나 그 무엇도 그리스도의 몸인 교회의 사역을 대신할 것은 없습니다. 예수님은 언약의 관계로 존재하는 교회를 세우기 위해 이 땅에 오셨습니다. 이 세상에는 교회를 대신할 아무것도 존재하지 않습니다. 선교단체들도 교회사역의 부족함을 돕고 지원하는 역할을 해야지 교회를 무시하거나 교회를 뛰어 넘을 수는 없습니다. 교회는 예수님이 자신의 피값 위에 세워진 유일한 공동체입니다. 교회는 그리스도의 몸이고, 교회의 머리는 예수님입니다. 교회를 소홀히 하는 것은 그리스도를 소홀히 하는 것입니다. 예수님과 교회는 결코 분리할 수 없는 관계입니다. 이렇게 귀한 교회를 생명없는 귀신의 처소 바벨론이라고 말하며 교회 성도들을 추수할 대상으로 보는 신천지 예수교 증거장막성전(이만희)같은 사이비이단을 주의해야 합니다. 그리스도의 몸인 교회가 제 기능을 다할 때 어떠한 다른 조직이나 단체도 필요하지 않습니다. 사실상 오늘날 많은 교회들이 존재하지만 교회 성도들 사이에 영적인 언약 관계를 유지하는 교회는 찾아보기 힘듭니다. 이제 교회는 공동체적인 본질을 회복하고 사명을 다하는 건강한 교회가 되도록 새로워져야 합니다. 교회조직에 헌신하는 것과 예수 그리스도 안에서 서로를 돌아보며 섬김에 헌신하는 것은 크게 차이가 있습니다.

고린도교회는 살아있는 교회가 아닙니다. 바울이 고린도전후서를 쓸 때 거의 죽어있는 교회였습니다. 결국 고린도교회는 1세기도 지나지 않아 부패하여 사라지고 말았습니다. 사도 요한은 일곱 교회에 편지를 보냈는데(요한계시록 1~3장), 그 중에 단 두 교회만이 살아있는 교회였습니다. 오늘날에도 살아있는 교회도 있지만, 슬프게도 죽은 교회들이 있습니다. 또 죽어가는 교회들도 있습니다. 교회가 건강하지 않으면 죽게 되어 있습니다. 죽은 교회가 다시 생명을 얻을 때 우리는 그 교회가 부흥했다고 말합니다. 경건의 모습이 만들어지는 것이 아니라, 경건의 능력이 있어야 합니다. 본성을 따라 움직이는 교회가 아니라, 영성을 따라 움직이는 교회가 되어야 합니다. 이것이 참다운 부흥입니다. 그리스도의 몸인 교회 부흥을 위해 충성하는 사람들은 정말로 귀중한 사람들입니다. 당신도 교회를 위해 크게 사용되는 성도가 되십시오! 그리스도의 몸이 살고 그 사명을 다하기 위해서 쓰임을 받는 주님의 사람이 되십시오! 단지 교회조직을 위한 조직에 헌신하는 사람이 되지 마십시오! 주의 몸을 분별하여 참된 주의 만찬을 하는 것처럼, 교회생활이 무엇인지 분별하여 의미있고 참다운 신앙생활을 하십시오! 하나님을 섬긴다는 것의 구체적인 표현은 그리스도의 몸인 교회공동체를 세우고 섬기는 것입니다.

그리스도께서 사랑하여 세우신 교회를 사랑하지 않으면서 그리스도를 사랑할 수 없다.

- 길버트 빌지키언

묵상하고 열매 맺기

1. 오늘 공부를 통해 당신이 깨달았거나 배워야 할 진리는 무엇입니까?

2. 주님의 사역자로 변화된 삶을 살기 위해 당신이 반드시 기억하고 적용해야 할 것은 무엇입니까?

3. 변화된 삶을 위해 하나님께 드리는 기도를 하십시오.

넷째 날 : 거듭나야 할 아담의 자녀들

그러므로 내가 첫째로 권하노니 모든 사람을 위하여 간구와 기도와 도고와 감사를 하되 임금들과 높은 지위에 있는 모든 사람을 위하여 하라 이는 우리가 모든 경건과 단정함으로 고요하고 평안한 생활을 하려 함이라 이것이 우리 구주 하나님 앞에 선하고 받으실 만한 것이니 하나님은 모든 사람이 구원을 받으며 진리를 아는 데에 이르기를 원하시느니라

(디모데전서 2:1-4)

내가 복음을 부끄러워하지 아니하노니 이 복음은 모든 믿는 자에게 구원을 주시는 하나님의 능력이 됨이라 먼저는 유대인에게요 그리고 헬라인에게로다

(로마서 1:16)

내가 그리스도 안에서 참말을 하고 거짓말을 아니하노라 나에게 큰 근심이 있는 것과 마음에 그치지 않는 고통이 있는 것을 내 양심이 성령 안에서 나와 더불어 증언하노니 나의 형제 곧 골육의 친척을 위하여 내 자신이 저주를 받아 그리스도에게서 끊어질지라도 원하는 바로라 그들은 이스라엘 사람이라 그들에게는 양자 됨과 영광과 언약들과 율법을 세

디모데전서 2장 1~4절, 로마서 1장 16절, 로마서 9장 1~5절, 로마서 10장 1~4절을 읽으십시오!

당신이 유지해야할 필수적인 첫 번째 관계는 당신 주인과의 관계입니다. 두 번째는 그리스도의 몸인 교회와의 관계이며 세 번째는 아담의 자녀들, 즉 아직 그리스도인이 되지 못한 사람들과의 관계입니다. 하나님 아버지는 모든 곳에 있는 모든 사람들이 하나님의 자녀가 되기를 원하십니다. 마태복음 28장 19절에 보면 예수님은 우리에게 "너희는 가서 모든 민족을 제자로 삼아"라고 명령하셨습니다. 하나님은 그분의 자녀가 되기를 원하는 아담의 자녀들을 받아들이는 일을 제일 중요하게 여기시기 때문입니다. 그래서 예수님께서 승천하실때 주신 마지막 말씀을 보면 "오직 성령이 너희에게 임하시면 너희가 권능을 받고 예루살렘과 온 유대와 사마리아와 땅 끝까지 이르러 내 증인이 되리라"(행 1:8)고 명령하고 계십니다. 디모데전서 2장 4절에서 불신자들에 대한 하나님의 태도를 어떻게 설명하고 있습니까?

그렇습니다. 하나님은 모든 사람들이 개인적으로 하나님을 알기를 원하십니다. 하나님이 하시는 일이 그렇다면 하나님께서 당신에게 원하시는 일도 바로 그 일입니다. 그분의 곁에 서서 모든 사람이 하나님의 자녀가 되도록 섬겨야 합니다. 어떤 면에서 그리스도인이 예비신자(불신자)들과 함께 있는 일은 그리 즐겁지 않은 일입니다. 그들의 습관이나 말이나 가치관이 당신과는 달라서 갈등이 생길수도 있습니다. 그러나 한 사람 한 사람 모두 하나님 앞에 아름다운 사람입니다. 하나님이 창조하신 사람이기 때문입니다. 당신도 그들을 아름답게 보아야 합니다. 그들 역시 하나님이

사랑하시는 사람들이기 때문입니다(요 3:16).

선교사들에 대한 특집 기사를 취재하기 위해 타임(Time)지의 기자가 카이로에 파견됐습니다. 그 기자는 기독교에 대해 회의적인 사람이었으며. 그가 찾아간 곳은 카이로 근교의 악취나는 쓰레기 처리장이었습니다. 그 기자는 그곳에서 선교하는 여자선교사를 면담하고 난 후에 냄새나고 더러운 곳이 그 여자 때문에 거룩해 보인다고 말했습니다. 그 기자의 닫힌 마음이 그곳에서 선교하는 한 여자의 삶을 통해 열렸습니다. 그리스도를 모르는 사람들 속에 있는 당신의 모습은 삶이 선교라는 사실을 알아야 합니다. 믿음은 삶이고, 삶은 곧 믿음의 실상이 되어야 합니다. 하나님은 당신이 세상에서 소금과 빛의 사명을 감당하기 원하십니다. 성경을 다시 보십시오! 로마서 10장 1~4을 읽고 다음 질문에 답해 보십시오. 2절에서 바울은 유대인들의 종교에 대한 느낌을 어떻게 말합니까?

그들은 열심히 하나님을 섬기고 있었지만 잘못된 열심이었다고 바울은 말하고 있습니다. 열심은 있었지만 핵심을 잡지 못했습니다. 자기주장이 중요한 것이 아니라 하나님의 뜻이 중요한 것입니다. 일생에 대한 사소한 것은 사소하게 취급하고, 영생에 대한 중요한 것을 중요하게 취급할 줄 아는 자만이 하나님 안에서 풍성한 삶을 살 수 있습니다. 그들이 이것을 깨닫게 하려면 당신은 어떤 일을 해야 합니까? 아래에 몇 가지를 구체적으로 적어 보십시오!

____

____

하나님의 자녀인 당신은 지금까지 불신자들이 있는 곳에서, 그들을 위해 어떤 일을 할 수 있었습니까? 불신자들과 접촉하는 장소에서 그들을 위해 당신이 했던 일에 대해 구체적으로 말씀해 보십시오!

우신 것과 예배와 약속들이 있고 조상들도 그들의 것이요 육신으로 하면 그리스도가 그들에게서 나셨으니 그는 만물 위에 계셔서 세세에 찬양을 받으실 하나님이시니라 아멘

(로마서 9:1-5)

형제들아 내 마음에 원하는 바와 하나님께 구하는 바는 이스라엘을 위함이니 곧 그들로 구원을 받게 함이라 내가 증언 하노니 그들이 하나님께 열심이 있으나 올바른 지식을 따른 것이 아니니라 하나님의 의를 모르고 자기 의를 세우려고 힘써 하나님의 의에 복종하지 아니하였느니라 그리스도는 모든 믿는 자에게 의를 이루기 위하여 율법의 마침이 되시니라

(로마서 10:1-4)

불신자들을 위한 사역을 꺼리며 신자들과의 교제만 즐기려 했다면 잠깐 멈추고 생각해 보십시오! 그리스도 앞에 나온 모든 사람들이 자기들끼리만 교제하며 시간을 보낸다면 그리스도께서 요한복음 4장 35~36절에서 말씀하신 희어져 추수할 때를 기다리는 곳으로 갈 사람이 누구입니까? 교회 목사님이 당신을 대신하여 추수할 장소로 나갈 책임이 있습니까? 농장의 주인이 그 넓은 밭에 나가 홀로 추수할 때 그의 많은 일군들은 뒤에서 박수를 치며 바라보고만 있는 장면을 상상해 볼 수 있습니까? 하나님은 모든 그리스도인들이 증거의 관객이 아니라, 증거의 일군이 되기를 원하십니다. 우리는 지금까지 하나님을 믿지 않고 죽어가는 영혼들이 가득한 추수밭인 세상의 중심에서 예수님을 증거해야 합니다. 하나님은 당신이 복음으로 세상을 변화시키는 하나님의 사역자가 되기를 원하십니다.

바울이 로마서 9장 1~5절의 성경 말씀을 기록할 때 느꼈던 마음의 고통을 생각해보십시오! 자기 동족에 대한 그의 사랑은 얼마나 강렬했습니까? 그들의 삶이 얼마나 공허하고 비참했었는지를 아는 바울은 예수님을 모르던 시절의 자기 모습을 회고해 보았습니다. 그때의 부끄러움과 죄악됨은 그가 지금 경험하는 놀라운 기쁨과는 비교도 할 수 없는 것입니다. 바울은 그들이 하나님의 자녀로 구원받지 못한 것이 얼마나 그의 마음을 아프게하는지 설명합니다. 바울은 자기 백성을 구원하는 일이라면 차라리 자기가 저주를 받아 지옥에 가겠다고 말합니다. 이런 아름다운 열정이 바울을 위대한 사도가 되도록 만들었습니다.

만약 당신이 최근에 그리스도인이 되었다면 그리스도를 만나기 전에 당신의 삶이 어떠했는가를 지금 기록해 둔다면, 앞으로 당신에게 퍽 유익할 것입니다. 당신의 옛 생활을 나타냈던 공허함, 무의미함, 두려움, 교만, 부도덕한 욕망, 죄책감, 온갖 감정들을 간단히 적어보십시오. 당신 과거의 삶의 모습을 기억해 보십시오! 그리고 구원받지 못한 사람들에 대한 당신의 관심이 식어질 때 그 일기를 다시 읽어 보십시오! 그리하여 당신 가슴속에 증거를 위한 열정의 불길을 다시 일으키십시오! 하나님을 만난 사람은 절대로 그 자리에 그대로 머물러 있을수가 없습니다. 하나님과 영혼에 대해 열정이 생기게 되어 있습니다. 지금 당장 잠시 시간을 내서 아래에 예수 믿기 전 당신의 감정에 대해 일기로 써보십시오.

* 예수 믿기 전에 갖고 있었던 나의 감정에 대한 일기

불신자들과 접촉할 시간이 없다고 생각되면 당신은 지나치게 바쁜 사람입니다. 어느 신학자는 현대 시대를 "가득차 있지만 가득차지 못한 시대"라고 표현했습니다. 바쁜 스케줄, 만나야할 사람들, 가득 찬 약속 등 모든 것이 가득 차 있습니다. 그러나 당신의 마음속에는 고독과 공허가 밀물처럼 밀려옵니다. 소외감과 외로움이 엄습해 옵니다. 가득 차 있는데 뭔가 채워지지 아니한 것처럼 불안합니다. 이것이 바로 현대인의 모습입니다.

당신은 희어져 추수해야 될 들판에서 추수꾼으로 섬겨야할 영적 책임이 있는 사역자입니다. 예수님은 계속해서 아담의 자녀들을 사랑하고, 치료하고, 돌보고, 용서하며, 그들과 함께 지냈습니다. 예수님이 그들과 특별한 관계를 가졌다면 당신도 마땅히 그렇게 해야 합니다. 하나님의 아들 예수 그리스도는 이 땅에 오셔서 여러 가지 종교적인 활동에 시간을 허비하지 않으셨습니다. 당신도 그런 이유 때문에 시간이 없다고 변명해서는 안됩니다.

당신은 아직 구원받지 못한 아담의 자녀들과 특별한 관계를 가져야 합니다. 그들도 하나님의 자녀가 되도록 만들어야 합니다! 이것은 당신이 평생해야 할 중요한 사명입니다. 만일 당신이 불신자 친구와 같은 날 죽었다고 합시다. 친구는 마귀에게 지옥으로 끌려가고 당신은 천사에게 이끌려 천국 갑니다. 그 때 당신 친구가 고통에 일그러진 얼굴로 마귀에게 끌려가면서 절규합니다. "왜 내게 예수 그리스도를 말하지 않았어?" 당신의 심정은 어떻겠습니까?

"내가 복음을 부끄러워하지 아니하노니 이 복음은 모든 믿는 자에게 구원을 주시는 하나님의 능력이 됨이라 먼저는 유대인에게요 그리고 헬라인에게로다"(롬 1:16)

묵상하고 열매 맺기

1. 오늘 공부를 통해 당신이 깨달았거나 배워야 할 진리는 무엇입니까?

2. 주님의 사역자로 변화된 삶을 살기 위해 당신이 기억하고 적용해야 할 것은무엇입니까?

3. 변화된 삶을 위해 하나님께 드리는 기도를 하십시오.

다섯째 날 : 당신이 아니면 누가 할 것인가?

가령 내가 악인에게 말하기를 너는 꼭 죽으리라 할 때에 네가 깨우치지 아니하거나 말로 악인에게 일러서 그의 악한 길을 떠나 생명을 구원하게 하지 아니하면 그 악인은 그의 죄악 중에서 죽으려니와 내가 그의 피 값을 네 손에서 찾을 것이고 네가 악인을 깨우치되 그가 그의 악한 마음과 악한 행위에서 돌이키지 아니하면 그는 그의 죄악 중에서 죽으려니와 너는 네 생명을 보존하리라

(에스겔 3:18-19)

유대인이나 헬라인이나 차별이 없음이라 한 분이신 주께서 모든 사람의 주가 되사 그를 부르는 모든 사람에게 부요하시도다 누구든지 주의 이름을 부르는 자는 구원을 받으리라 그런즉 그들이 믿지 아니하는 이를 어찌 부르리요 듣지도 못한 이를 어찌 믿으리요 전파하는 자가 없이 어찌 들으리요 보내심을 받지 아니하였으면 어찌 전파하리요 기록된 바 아름답도다 좋은 소식을 전하는 자들의 발이여 함과 같으니라

(로마서 10:12-15)

에스겔 3장 18~19절, 로마서 10장 12~15절을 읽으십시오!

당신이 일상생활에서 접촉하는 사람은 평균 몇 명쯤 됩니까? 그 중에서 불신자는 몇 명입니까? 스스로 이렇게 질문해 보십시오! 만약에 내가 이들에게 그리스도를 전하지 않으면 누가 전할 것인가? 진정한 그리스도인은 생존을 위해서만 직장생활이나 사업을 운영하지 않습니다. 하나님이 원하시는 영혼구원과 하나님 나라 확장을 위해 새로운 직장을 구하거나, 다른 사업을 운영할 수 있습니다. 당신이 머무는 곳이 어디든지, 당신이 있는 그곳이 바로 하나님이 보내신 당신의 선교지입니다. 그곳에서 하나님이 맡겨주신 영혼구원을 위해 최선을 다해야 합니다. 당신이 있는 곳에서 실패하면, 다른 곳에서 당신 있는 곳으로 와서 그 일을 대신 맡아줄 사람을 찾기란 쉽지 않은 일입니다. 당신이 아니면 아무도 할 사람이 없습니다. 하나님은 당신을 당신 사업장으로, 직장으로 파송하였습니다. 이 사실이 느껴지십니까?

김 선생은 자기 교회에서 집사의 직책을 받았습니다. 직장에서 그는 세 명의 동료와 함께 일합니다. 그들은 때때로 흥미있는 주제를 꺼내 이야기를 나눕니다. 그러나 신앙은 개인적인 것이라고 생각한 그는 직장에서 신앙에 관한 이야기는 피하며 지냈습니다. 일 년쯤 지나서 직장 동료 한 명이 갑작스런 사고로 그리스도를 모른 상태로 죽었습니다. 그 친구의 운명에 대해 김 선생이 하나님 앞에 떳떳할 수 있습니까?

이 양은 고등학교 동창들의 모임에서 매우 활동적입니다. 그녀 자신은 매우 경건한 기독교인이었지만 모임에서 복음을 전하는 일은 늘 주저했습니다. 말하자면 그녀는 이중생활을 한 셈입니다.

교회에 와서는 열심히 기도하고 찬양하고, 성경 교사로 은사를 발휘했습니다. 그러나 동창들의 모임에 가면 모습이 완전히 바뀌어 버립니다. 그리스도에 대하여는 한마디도 말하지 않았습니다. 그저 활기찬 모습의 동창생이었을 뿐입니다.

박 양에게는 주일 오후에 자기집에 놀러와 꽃꽂이를 하며 재미있게 시간을 보내는 친구가 있었습니다. 그런데 그 친구가 어느 토요일 교통사고로 사망했습니다. 그 친구의 운명에 대해 박 양은 하나님 앞에 떳떳할 수 있습니까?

당신은 어떻습니까? 당신의 생활현장에서 하나님께 책임을 져야 할 사람은 없습니까? 불신자들의 행동은 마음속으로 못마땅히 여기지만, 대부분의 그리스도인들은 복음을 전하는 일에 인색합니다. 어떤 그리스도인들은 철새들처럼 주일의 정해진 시간만 활발히 움직이다가 나머지 시간들은 아무런 책임감도 느끼지 못합니다. 인생의 많은 시간 동안에 불신자들을 예수님께 인도하는 일은 잊은 채 허비합니다. 이 생활을 반복하지 마십시오! 당신의 삶이 균형을 이루도록 하십시오! 당신의 책임을 잊지 마십시오! 로마서 10장 12~15절은 불신자들이 구원을 얻는 두 가지 요소를 설명합니다. 이 구절을 지금 읽고, 다음 질문에 대답하십시오! 불신자가 구원을 얻게 되는 첫 번째 요소를 14절에서 말해 줍니다. 무엇입니까?

____

____

그렇습니다. 만일 당신의 생활현장에서 사람들에게 복음을 말해야 할 책임을 감당하지 않는다면 그들은 복음을 듣지 못하게 됩니다. 당신이 있는 그곳에서 사람들에게 복음을 전해야 할 책임이 있습니다. 너무 많은 부담이 느껴지십니까? 여기에 두 번째 요소가 있습니다. 위에 있는 로마서 10장 13절을 읽고 찾아보십시오!

그렇습니다. 두 번째 요소는 응답(주의 이름을 부르는 것)입니다. 그들이 복음을 들었을 때 응답하는 일에 대해서는 당신의 책임이 아닙니다. 당신의 책임은 그들이 복음을 듣도록 하는 것입니다. 당신은 생활현장에서 하나님의 음성을 전할 뿐입니다. 듣고 응답하는 것은 듣는 사람의 책임입니다. 그러나 당신이 침묵한다면 그가 듣는 일은 불가능합니다. 전하는 일은 당신 책임입니다. 에스겔 3장 18~19절을 읽으십시오!

위에서 말한 구원의 첫 번째 요소를 말해 주는 구절은 어느 것입니까?

그 요소는 무엇입니까?

어느 구절이 두 번째 요소를 말하고 있습니까?

그 요소는 무엇입니까?

당신이 책임져야 할 요소는 어느 것입니까?

신앙생활을 오래할수록 예비신자(불신자)들과의 접촉은 적어집니다. 많은 시간을 교회활동에 보내기 때문에 자연적으로 그렇게 됩니다. 하지만 하나님은 추수를 기다리는 들판으로 나가지 않고 집에 머물러 있는 것을 원하지 않습니다. 만일 당신이 지금 이러한 상태에 있다면 거기서 벗어날 수 있는 쉬운 방법이 있습니다. 당신 주변에 불신자들이 없다면, 당신이 접촉하는 사람과 관련된 불신자들이 있습니다. 당신과 직접 접촉은 없지만 당신이 알고 있는 사람과 관련이 있는 사람에게 복음을 들려주십시오. 당신의 가족이나 친구들과 가까이 지내는 사람들 중에서 찾아낼 수도 있을 것입니다. 그 사람의 영원한 운명이 이와같은 당신의 노력과 관심에 달려 있습니다! 이 세대의 불신자들은 이 세대의 그리스도인들에 의해서 구원받아야 합니다. 당신이 이들을 위한 하나님의 사역자가 되지 않으면 누가 당신을 대신 할 것입니까? 다음 주부터는 당신의 삶에 있는 갈등을 주제로 공부할 것입니다. 이번 주를 마치기 전에 지금까지 배운 중요한 내용을 복습해 둡시다.

필수적인 관계는 몇 가지였습니까?

1. ______________________________

2. ______________________________

3. ______________________________

몇 가지 물질관이 있었습니까?

1. ______________________________

2. ______________________________

자아 존중의 원천은 무엇입니까? 설명해 보십시오!

____

____

오늘 꼭 한 사람 누군가에게 복음을 전하십시오. 단 한 사람에게라도 누군가에게 희망의 증거가 되기를 결심하십시오. 그리고 그 결과를 이번주 양육훈련시간에 나누십시오. 변화의 삶은 한 사람이상 전도해야 수료가 됩니다.

묵상하고 열매 맺기

1. 오늘 공부를 통해 당신이 깨달았거나 배워야 할 진리는 무엇입니까?

2. 주님의 사역자로 변화된 삶을 살기 위해 당신이 기억하고 적용해야 할 것은 무엇입니까?

3. 변화된 삶을 위해 하나님께 드리는 기도를 하십시오.

9 단원

생각혁명 _ 네가지 갈등 요소

9단원 [암송구절 | 히브리서 13:16]

생각혁명 _ 네가지 갈등 요소

첫째 날 : 갈등과 자존심

빌립보서 1장 12~24절을 읽으십시오!

심리학을 전공하고 동아시아에서 활동했던 밀톤 워맥(Milton Womack)이라는 선교사가 있었습니다. 그는 한때 암으로 사형 선고까지 받았던 사람인데, 나중에 건강한 몸으로 선교에 힘쓰며 겸손하게 섬김의 정신으로 봉사했던 분입니다. 그가 세상을 떠난 후에 사람들은 그의 이름을 잊어버렸지만, 그의 말은 오랫동안 기억하고 있습니다.

"주님은 우리의 죄를 단번에 용서해 주시지만 인간들의 어리석음은 영원히 계속된다."

우리는 이번 주와 다음 주에 걸쳐 사람들이 경험하는 네 가지 갈등의 요소들에 대해서 공부할 것입니다. 그것들은 (1) 마음의 갈등 (2) 다른 사람과의 갈등 (3) 확신에서 오는 갈등 (4) 권위와 책임에 대한 갈등입니다. 이들 네 가지 갈등 중에서 당신에게 가

형제들아 내가 당한 일이 도리어 복음 전파에 진전이 된 줄을 너희가 알기를 원하노라 이러므로 나의 매임이 그리스도 안에서 모든 시위대 안과 그 밖의 모든 사람에게 나타났으니 형제 중 다수가 나의 매임으로 말미암아 주 안에서 신뢰함으로 겁없이 하나님의 말씀을 더욱 담대히 전하게 되었느니라 어떤 이들은 투기와 분쟁으로, 어떤 이들은 착한 뜻으로 그리스도를 전파하나니 이들은 내가 복음을 변증하기 위하여 세우심을 받은 줄 알고 사랑으로 하나 그들은 나의 매임에 괴로움을 더하게 할 줄로 생각하여 순수하지 못하게 다툼으로 그리스도를 전파하느니라 그러면 무엇이냐 겉치레로 하나 참으로 하나 무슨 방도로 하든지 전파되는 것은 그리스도니 이로써 나는

기뻐하고 또한 기뻐하리라 이것이 너희의 간구와 예수 그리스도의 성령의 도우심으로 나를 구원에 이르게 할 줄 아는 고로 나의 간절한 기대와 소망을 따라 아무 일에든지 부끄러워하지 아니하고 지금도 전과 같이 온전히 담대하여 살든지 죽든지 내 몸에서 그리스도가 존귀하게 되게 하려 하나니 이는 내게 사는 것이 그리스도니 죽는 것도 유익함이라 그러나 만일 육신으로 사는 이것이 내 일의 열매일진대 무엇을 택해야 할는지 나는 알지 못하노라 내가 그 둘 사이에 끼었으니 차라리 세상을 떠나서 그리스도와 함께 있는 것이 훨씬 더 좋은 일이라 그렇게 하고 싶으나 내가 육신으로 있는 것이 너희를 위하여 더 유익하리라

(빌립보서 1:12-24)

장 어려움을 주는 것은 무엇입니까?

공부를 해 나가면서 당신이 갖고 있는 갈등을 극복하는데 도움을 주는 몇 가지 새로운 제안들을 공부해 보십시오. 일반적으로 서양사람들은 실제적이고 실용적이나 동양사람들은 "체면"을 중요시합니다. 어떤 사람은 체면을 위해 자결까지 했습니다. 체면을 손상하는 것은 수치이며 위신을 잃는 것입니다. 체면을 지킨다는 것은 자존심과 좋은 평판을 얻는 것입니다. 동양 사람들은 다른 어떤 일보다 체면을 지키는 일을 우선적으로 생각합니다. 체면을 손상하는 것은 최대의 굴욕입니다. 당신의 가치관을 돌아보면서 이 문제를 깊이 생각해 보십시오! 왜냐하면 갈등의 문제를 다루며 당신에게 가장 문제가 되는 것은, 체면을 세우는 옛 가치관들과 밀접한 관계가 있기 때문입니다. 체면을 세우는 일은 당신에게 얼마나 중요한 일입니까? 수치와 굴욕을 당하지 않으려고 얼마나 많은 신경을 쓰고 있으며 그것이 당신의 삶과 다른 사람의 삶에 얼마나 영향을 줍니까? 당신의 명성이나 평판을 보호하기 위해서 거짓을 말하거나 진실을 숨겼던 경험이 있습니까? 있다면 말해 보십시오! 어떤 것이 당신의 자존심을 상하게 합니까?

그리스도인이 되기 전에 삶에서 가장 중요한 것은 당신의 자존심이었습니다. 당신도 모르게 자존심을 지키기 위해 치열하게 경쟁하는 성격이 굳어져 있었습니다. 자존심에 당신의 인생 전부를 걸고 있다고 해도 과언이 아닙니다. 어느 풋볼 선수가 이런 말을 했습니다. "나에게 팔이 부러지고, 다리가 부러지고, 머리가 터지는 것보다 중요한 것은 시합에 이기는 것이다." 우리 사회는 "이겨라! 어떤 희생을 치르더라도 이겨라! 이기고 봐야 한다! 패배를 증오하라! 패배자를 증오하라!"라고 사람들을 향해 외치고 있습

니다. 당신이 아직도 패배를 굴욕으로 여기며 체면을 세우는 것에 집착해 있다면 당신의 입장과 지위를 내세우는 잘못된 가치관을 소유한 것입니다. 때때로 당신은 힘이 약해질 것이며, 몸이 아플 때도 있고, 능력이 못 미치는 일로 중압감을 느낄 때도 있을 것입니다. 이러한 일이 생길 때 우리는 세상사람들이 갖고 있는 옛 가치기준에 의해 스스로를 무능력하고 무가치한 존재라고 생각하기 쉽습니다.

그러나 바울이 주는 교훈을 생각하십시오! 그는 그가 살던 시대에 가장 훌륭한 사람 중에 한 사람이었습니다. 바울에게 다른 사람의 평가는 더 이상 문제가 되지 않았습니다. 그의 가치관 속에 자기 입장이나 지위는 없습니다. 그러나 로마의 몇몇 그리스도인들에게는 그렇지 않았던 것 같습니다. 그들은 많은 전도여행과 여러 교회가 읽을 수 있는 서신을 쓰며 큰 일을 이루는 바울을 보며 시기했습니다. 그들은 감옥에 갇혀 자유롭게 활동하지 못하는 바울을 보면서 속으로 기뻐했습니다. "복음을 위해서 택함을 받았다고 하지만 그도 로마에서는 무력해졌어! 우리가 있는 로마에서 그는 아무 일도 할 수 없지! 여기서는 우리가 그리스도를 전파하고 명성을 떨쳐야지!" 그들은 이렇게 생각했습니다. 바울은 이런 그들의 생각을 꿰뚫어 보았습니다. 빌립보서 1장 17절에 "그들은 나의 매임에 괴로움을 더하게 할 줄로 생각하여 순수하지 못하게 다툼으로 그리스도를 전파 하느니라!"라고 말했습니다. 중요해지려는 그들의 욕망이 갈등의 원인이 되었습니다.

당신에게 갈등이 있을 때 먼저 물어야 할 질문은 "나의 체면을 세우기 위해서 이 싸움에서 내가 이겨야 하는가?" 입니다. 이 질문에 예라고 대답한다면 교만한 당신의 죄를 자백하십시오! 우리는 사람의 평가가 아니라 하나님의 평가를 두려워해야 합니다. 바울 사도는 갈라디아서 1장 10절에서 이렇게 고백합니다.

"이제 내가 사람들에게 좋게 하랴 하나님께 좋게 하랴 사람들에게 기쁨을 구하랴 내가 지금까지 사람들의 기쁨을 구하였다면 그리스도의 종이 아니니라"

바울의 가치관 속에는 사람의 평가를 두려워하는 마음이 없었습니다. 오직 하나님의 평가를 기대하는 마음만 가득했습니다. 이 과의 성경 말씀에서 중심이 되는 구절을 보십시오! 당신이 가진 세상의 목표와 욕망에 대해 당신이 취해야 할 태도가 한 구절에 요약되어 있습니다. 그 구절을 당신의 말로 설명해 보십시오!

찾아냈습니까? 빌립보서 1장 21절입니다. "이는 내게 사는 것이 그리스도니 죽는 것도 유익함이라." 이 말씀은 그리스도가 우리 삶의 중심임을 말해 주고 있습니다. 이 세상 그 어떤 것도 우리를 매어놓지 못하며 실패하게 할 수 없습니다. 당신이 이러한 사실을 확실하게 이해하고 느낄 때 체면과 지위와 명성을 지키려는 끊임없는 갈등으로부터 당신은 자유하게 됩니다. 원래 죄를 뜻하는 헬라어 단어는 "하말티아"인데 "과녁에서 벗어난다"는 뜻입니다. 하나님을 목표로 삼고 살아가야 할 우리들, 하나님의 가치관과 하나님의 뜻, 그리고 하나님의 관점에서 보며 살아야 할 우리들이 그 목표와 과녁에서 벗어나서 나 중심적인 삶을 사는 것이 바로 죄입니다. "하나님은 모든 영광과 존귀를 받으시기에 합당하시다"는 성경구절 중에서 "합당"이란 말은 "가치를 인정해 준다"는 뜻입니다. 다시 말하면 합당이라는 말은 하나님을 하나님으로 인정해 드리고 하나님의 체면을 높여드린다는 뜻입니다. 이것이 바로 예배입니다. 그렇기 때문에 예배를 소홀히 여기는 사람은 믿음이 없는 사람입니다. 그는 지극히 자기중심적인 사람이며 옛 가치관 속에서 헤매고 있는 사람입니다. 하나님은 우리 모두가 이러한 옛 가치관으로부터 자유하기를 바라고 계십니다. 진정한 성공은 우리가 사람들에게 인정받는 것이 아니라, 하나님께 인정을 받는 것입니다. 만왕의 왕이신 하나님의 체면을 살리지 않고(하나님의 영광을 높이지 않고) 내 체면만을 생각하는 것은 죄입니다. 진리 안에서 자유하십시오! 당신이 하나님의 자녀라는 사실만으로도 만족하십시오. 당신은 이 세상에서 하나밖에 없는 걸작품 예수님 짜리입니다.

주님은 다양함 속의 연합을 말씀하시지만
사탄은 그것을 분열과 불화의 씨앗으로 사용한다.
주님의 피가 그 차이를 메울 것이다.

- 토미 테니

묵상하고 열매 맺기

1. 오늘 공부를 통해 당신이 깨달았거나 배워야 할 진리는 무엇입니까?

2. 주님의 사역자로 변화된 삶을 살기 위해 당신이 기억하고 적용해야 할 것은 무엇입니까?

3. 변화된 삶을 위해 하나님께 드리는 기도를 하십시오.

둘째 날 : 갈등 요소 1 - 마음의 갈등

민수기 24장 16절, 야고보서 4장 8절, 빌립보서 3장 13~14절, 빌립보서 4장 11절을 읽으십시오!

남편이 퇴근해서 집에 오면 심하게 다투던 부부가 있었습니다. 그들은 부부의 문제를 놓고 이야기하다가 그 원인을 발견했습니다. 그것은 둘 중 한 사람에게 그날 기분 나쁜 일이 있었기 때문이었습니다. 그래서 해결책을 생각해 냈습니다. 부인이 기분좋지 않은 날은 문에 하얀 카드를 붙여서 감정이 정상적이 아님을 남편에게 알리도록 했습니다. 남편이 그날 기분이 좋지 않다면 집에 들어오면서 들고 있는 신문을 바닥에 내 던지도록 했습니다. 첫날 저녁에 방문에 하얀 카드가 붙어 있었습니다. 남편은 부인에게 다정히 해주며 특별히 그날 밤 친절을 베풀었습니다. 다음날 저녁에는 남편이 집에 들어서면서 들고 있던 신문을 팽개쳐 버렸습니다. 부인은 남편에게 반갑게 인사하며 위로의 말을 했습니다. 이틀을 무사히 잘 지냈습니다. 그런데, 셋째 날 부인은 문에 하얀 카드를 붙였습니다. 남편은 집에 들어서며 신문을 내 던졌습니다. 어떠했을까요?

당신은 기분나쁜 일이 있을 때 어떻게 합니까? 마음의 갈등은 당신을 비참하게 만듭니다. 마음에 갈등이 있으면 그 기분을 주변 사람에게 다 풀어 버리는 것이 보통입니다. 사실 마음속에서 일어나는 대부분의 갈등은 당신이 갖고 있는 두 가지 가치관이 충돌하기 때문입니다. 당신의 옛 가치관과 그리스도인이 된 후의 새로운 가치관이 당신 속에 함께 존재하기 때문입니다. 이런 문제에 대해 어떤 해결이 있습니까? 예! 있습니다.

누가복음 22장 54~62절에는 예수님이 재판을 받으실 때 베드로

하나님의 말씀을 듣는 자가 말하며 지극히 높으신 자의 지식을 아는 자, 전능자의 환상을 보는 자, 엎드려서 눈을 뜬 자가 말하기를

(민수기 24:16)

하나님을 가까이하라 그리하면 너희를 가까이하시리라 죄인들아 손을 깨끗이 하라 두 마음을 품은 자들아 마음을 성결하게 하라

(야고보서 4:8)

형제들아 나는 아직 내가 잡은 줄로 여기지 아니하고 오직 한 일 즉 뒤에 있는 것은 잊어버리고 앞에 있는 것을 잡으려고 푯대를 향하여 그리스도 예수 안에서 하나님이 위에서 부르신 부름의 상을 위하여 달려가노라

(빌립보서 3:13-14)

내가 궁핍하므로 말하는 것이 아니니라 어떠한 형편에든지 나는 자족하기를 배웠노니

(빌립보서 4:11)

가 경험했던 심한 마음의 갈등이 기록되어 있습니다. 베드로는 그리스도를 사랑했고 그분께 헌신했습니다. 지난 3년 반 동안 그리스도를 따르며 헌신했습니다. 그러나 그리스도께서 잡혀 조롱당할 때 그리스도께 대한 사랑과 자기의 안전을 위한 두려움 때문에 베드로의 마음은 갈등을 일으켰습니다. 그리스도의 뒤를 멀찍이 따라가며 가야바의 뜰까지 이르렀지만, 그는 예수님과 똑같은 운명으로 고난당할 것이 두려웠습니다. 사람들이 베드로를 알아볼 때 그의 마음에 있는 두 개의 가치관(그리스도를 사랑하는 마음과 자기의 안전에 대한 두려움)이 갈등을 일으켰습니다. 누가복음 22장 61~62절을 읽어 보십시오!

> 주께서 돌이켜 베드로를 보시니 베드로가 주의 말씀 곧 오늘 닭 울기 전에 네가 세 번 나를 부인하리라 하심이 생각나서 밖에 나가서 심히 통곡 하니라
> (누가복음 22:61-62)

베드로는 어떻게 했습니까? 그의 착잡했던 심정과 자신에 대한 혐오감과 좌절감이 베드로로 하여금 통곡하게 했습니다. 당시 베드로가 느꼈던 감정을 조금이라도 느껴 보십시오! 사람들 앞에서 조롱을 당하며 패배자로 보이는 것을 좋아하는 사람은 없습니다. 그러나 그런 경험이 도움이 될 수도 있습니다. 당신이 허락만 한다면 베드로에게 다시 찾아 오셔서 위로하신 그리스도께서 당신을 도와주실 것입니다. 당신은 과거에 패배와 수치를 당했던 때가 있었습니까? 그때 당신의 경험과 그 경험으로부터 깨달았던 교훈을 말해 보십시오!

____

____

____

야고보서 4장 8절에 보면 우리를 위한 명령이 있습니다. "하나님을 가까이 하라 그리하면 너희를 가까이하시리라 죄인들아 손을 깨끗이 하라 두 마음을 품은 자들아 마음을 성결하게 하라." 당신에게 마음의 갈등이 일어날 때 전능하신 하나님을 바라보아야 합니다. 당신의 마음을 싸움터로 만드는 두 마음을 바로 인식해야

합니다. 야고보서 4장 8절을 당신의 삶에 어떻게 적용할 수 있겠습니까? "하나님을 가까이" 할 수 있는 당신의 방법은 무엇입니까? 당신이 삶의 현장 속에서 실천해야 할 일 세 가지만 적어 보십시오!

1. ____________________
2. ____________________
3. ____________________

당신 나름대로 실천할 수 있는 일이 있을 것입니다. (1) 당신이 품은 두 마음을 용서해 주시도록 하나님께 간청하며 자백과 기도의 시간을 갖는다. (2) 당신에게 말씀하신 하나님의 뜻을 발견하며 성경을 읽고 연구한다. (3) 매일매일의 사건과 관계속에서 하나님의 존재하심을 느끼도록 열린 마음을 갖는다.

빌립보서 3장 13~14절에 당신이 해야할 한 가지 일에 대한 중요한 말씀이 있습니다. 당신이 옛 가치관과 미련을 버리고 하나님을 섬기기로 작정할 때 마음은 평안을 얻습니다. 이 말씀은 내적 갈등이 없는 삶, 즉 옛 것을 버리고 오직 새로운 가치관에 몰두하는 삶을 보여 줍니다. 빌립보서 3장 13~14절을 읽어 보십시오!

형제들아 나는 아직 내가 잡은 줄로 여기지 아니하고 오직 한 일 즉 뒤에 있는 것은 잊어버리고 앞에 있는 것을 잡으려고 푯대를 향하여 그리스도 예수 안에서 하나님이 위에서 부르신 부름의 상을 위하여 달려가노라
(빌립보서 3:13-14)

빌립보서 3장 13~14절은 당신의 삶에 활력을 줄 놀라운 좌우명입니다. 이 말씀을 읽을 때 당신은 목표를 향해 힘껏 달려가는 육상선수의 모습을 생각했을 것입니다. 그는 피곤에 지쳐있을지 모르지만 경주의 마지막 목표에 온 정력을 쏟고 있습니다. 이미 달려온 거리는 잊어버리고 앞을 향해 달려갑니다. 앞에 있는 목표만을 기억하는 것이 그리스도인으로서 당신이 가야 할 길이며 당신의 갈등을 없애는 최선의 방법입니다. 당신의 지난 삶을 부도난 수표처럼 생각하십시오. 잊어버리십시오. 진정한 자유를 누리려면 "내가 주인이 되어야 하겠다"는 옛 가치관을 떨쳐 버리고 당신

의 생활양식이 근본적으로 변화되어야 합니다. 행복은 당신이 내리는 결정의 결과로 주어집니다. 하나님을 주인으로 섬기는 것을 선택할 때 당신의 삶은 상상할 수 없이 풍요로워질 것입니다. 바울은 이렇게 고백합니다.

"내가 궁핍하므로 말하는 것이 아니니라 어떠한 형편에든지 나는 자족하기를 배웠노니" (빌 4:11)

아래에 있는 것들 중에서 당신에게 그리스도를 섬기는 가장 중요한 가치관과 갈등을 일으키는 것에 표시해 보십시오!

불친절, 물질주의, 이기적 야망, 두려움, 정욕, 참지 못함, 편견 , 불안, 소외감, 다른 사람을 비난함, 교만, 무관심, 분노, 정직하지 못함, 뜬소문, 탐냄.

이 모든 것을 대신 하여 당신이 가져야할 두 가지 삶의 원리를 기억해야 합니다. 야고보서 4장 8절은 "하나님께 가까이 나아감" "마음을 깨끗이 함"이라고 가르쳐 줍니다. 당신은 혹시 석유를 퍼내는 방법을 아십니까? 석유를 뽑아 낼 만큼 물을 채워 넣습니다. 물이 채워지는 것만큼 석유를 뽑아내게 되는 것입니다. 마찬가지로 당신이 하나님을 가까이하면 할수록 옛 가치관에서 오는 갈등은 사라질 것입니다. 마음을 깨끗이하고 하나님께 나아가십시오.

묵상하고 열매 맺기

1. 오늘 공부를 통해 당신이 깨달았거나 배워야 할 진리는 무엇입니까?

2. 주님의 사역자로 변화된 삶을 살기 위해 당신이 기억하고 적용해야 할 것은 무엇입니까?

3. 변화된 삶을 위해 하나님께 드리는 기도를 하십시오.

셋째날 : 갈등요소 2 - 다른 사람과의 갈등

내가 유오디아를 권하고 순두게를 권하노니 주 안에서 같은 마음을 품으라 또 참으로 나와 멍에를 같이한 네게 구하노니 복음에 나와 함께 힘쓰던 저여인들을 돕고 또한 글레멘드와 그 외에 나의 동역자들을 도우라 그 이름들이 생명책에 있느니라

(빌립보서 4:2-3)

그러므로 예물을 제단에 드리려다가 거기서 네 형제에게 원망들을 만한 일이 있는 것이 생각나거든 예물을 제단 앞에 두고 먼저 가서 형제와 화목하고 그 후에 와서 예물을 드리라

(마태복음 5:23-24)

네 형제가 죄를 범하거든 가서 너와 그 사람과만 상대하여 권고하라 만일 들으면 네가 네 형제를 얻은 것이요 만일 듣지 않거든 한두 사람을 데리고 가서 두 세 증인의 입으로 말마다 확증하게 하라 만일 그들의 말도 듣지 않거든 교회에 말하고 교회의 말도 듣지 않거든 이방인과 세리와 같이 여기라 진실로 너희에게 이르노니 무엇이든지 너희가 땅에서 매면 하늘에서도 매일것이요 무엇이든지 땅에서 풀면 하늘에서도 풀리리라 진실로 다시 너희

빌립보서 4장 2~3절, 마태복음 5장 23~24절, 마태복음 18장 15~22절, 고린도전서 6장 1~8절을 읽으십시오!

다른 사람과의 갈등을 일으키는 가장 중요한 원인 중 한 가지는 "체면" 때문입니다. 오늘 읽은 빌립보서 4장 2~3절에는 물러설 수 없이 팽팽히 맞서 있는 두 사람 유오디아와 순두게에 대해 말해주고 있습니다.

다른 사람과의 갈등을 해결할 수 없을 때 우리는 극심한 스트레스를 받게 되며 불행을 느끼게 됩니다. 당신은 동료 그리스도인과 해결될 수 없을 것 같은 갈등을 경험해 본적이 있습니까?

(　　　) 예　　　　(　　　) 아니요.

그런 적이 있다면 어떤 문제였는지 말해 보십시오!

____

결국에는 그 문제를 해결하셨습니까? 그렇다면 그 방법을 말해 보십시오!

____

그 문제를 다 해결했다면 그 결과에 만족합니까? 아니면 여전히 상처가 남아 있습니까?

____

만약 아직도 그 사람과 갈등을 느끼고 있다면 해결할 수 있는 방법을 찾기 위해 주의를 기울여 공부하십시오! 그러나 그 갈등을 이미 해결했다면 다음에 공부할 내용과 당신이 해결했던 과정을

비교해 보십시오! 빌립보서 4장 2절에서 바울은 유오디아와 순두게에게 "내가 유오디아를 권하고 순두게를 권하노니 주 안에서 같은 마음을 품으라"고 권면합니다. 지난과에서는 우리 속에 있는 두 마음이었는데, 이번에는 두 사람에게 있는, 두 마음입니다. 자기 위주로 살아가는 사람이 하나님의 가치관과 갈등을 일으키며 이번에는 양상이 다른 문제를 야기시켰습니다. 그 갈등의 원인이 유오디아에게 있었는지, 순두게에게 있었는지 두 사람 모두에게 있었는지 모릅니다. 본문에서는 그 이유에 대해 말해주지 않습니다. 그러나 위에서 말한 세 가지 중에 하나일 것입니다. 빌립보서 4장 3절에서 바울은 교회에게 두 사람 사이의 불화를 해소하는데 도움을 주라고 부탁합니다. 그리스도의 몸안에서 둘이 갈등할 때 그 싸움은 그들 사이에는 해결되든지 아니면 전체 몸(교회)안에서 해결되어야 합니다. 갈등을 해결하는 과정을 성경은 다음과 같이 말해 줍니다.

제 1 단계: 갈등을 느끼는 사람과 화해를 위해 노력하라 (마 5:23~24).

상대방과의 관계를 위해 당신이 먼저 시작해야 합니다. 어떤 대가를 치르더라도 다시 화해할 수 있다면 그것은 충분한 가치가 있습니다. 화해는 잘못한 사람이 먼저 손을 내미는 것이 아니라, 성숙한 사람이 먼저 손을 내미는 것입니다. 내 자존심이 허락하지 않아도 화해를 위해 먼저 상대에게 다가서는 것은 하나님이 원하는 그리스도인의 모습입니다. 생각해 보십시오! 만약 예수님께서 자신의 권위와 체면을 생각했더라면 죄많은 인간의 모습으로 이 땅에 오실 수 있겠습니까? 그러나 그분은 그렇게 하셨습니다. 여기에 그분의 위대한 사랑이 있는 것입니다. 하나님께서는 이런 사랑으로 우리에게 사랑하도록 말씀하고 있습니다. 내 감정이나 생각이 나를 설득해서가 아니라, 하나님의 사랑이 나를 강권하기 때문에 내가 먼저 상대에게 화해의 손을 내미는 것입니다. 내 사랑

에게 이르노니 너희 중의 두 사람이 땅에서 합심하여 무엇이든지 구하면 하늘에 계신 내 아버지께서 그들을 위하여 이루게 하시리라 두세 사람이 내 이름으로 모인 곳에는 나도 그들 중에 있느니라

(마태복음 18:15-20)

너희 중에 누가 다른 이와 더불어 다툼이 있는데 구태여 불의한 자들앞에서 고발하고 성도 앞에서 하지 아니하느냐 성도가 세상을 판단할 것을 너희가 알지 못하느냐 세상도 너희에게 판단을 받겠거든 지극히 작은 일 판단하기를 감당하지 못하겠느냐 우리가 천사를 판단할 것을 너희가 알지 못하느냐 그러하거든 하물며 세상 일이랴 그런즉 너희가 세상 사건이 있을 때에 교회에서 경히 여김을 받는 자들을 세우느냐 내가 너희를 부끄럽게 하려하여 이 말을 하노니 너희 가운데 그 형제간의 일을 판단할 만한 지혜 있는 자가 이같이 하나도 없느냐 형제가 형제와 더불어 고발할 뿐더러 믿지 아니하는 자들 앞에서 하느냐 너희가 피차 고발함으로 너희 가운데 이미 뚜렷한 허물이 있나니 차라리 불의를 당하는 것이 낫지 아니하며 차라리 속는 것이 낫지 아니하냐 너희는 불의를 행하고 속이는구나 그는 너희 형제로다

(고린도전서 6:1-8)

그러므로 예물을 제단에 드리려 다가 거기서 네 형제에게 원망 들을만한 일이 있는 줄 생각나거든 예물을 제단 앞에 두고 먼저 가서 형제와 화목하고 그 후에 와서 예물을 드리라
(마태복음 5:23-24)

으로 사랑하는 것이 아닙니다. 하나님의 사랑으로 사랑하는 것입니다. 어떤 면에서 사랑은 자발적인 것이 아니라 자신의 유익을 위해 반드시 순종해야할 하나님의 명령입니다.

나를 사랑하신 예수님의 은혜 때문에 빚진 자의 심정으로 사랑하게 되는 것입니다. 이 사랑에는 체면이나 부끄러움이 없습니다. 갈등의 원인이 누구에게 있든지 당신이 먼저 행동해야 합니다. 당신의 체면이 땅에 떨어지더라도 당신이 먼저 화해를 시도해야 합니다. 사랑은 우리가 의식적으로 순종해야할 명령이기 때문입니다. 사랑의 명령에 순종할 때 우리는 예수님이 이 땅에 성육신(Incarnation)하셨던 그 위대한 사랑에 동참하게 되는 것입니다.

만일 듣지 않거든 한두 사람을 데리고 가서 두세 증인의 입으로 말마다 확증하게 하라
(마태복음 18:16)

제 2 단계: 당신보다 성숙한 그리스도인의 권면을 받아들이라(마 18:16).

두 사람이 스스로 갈등을 해결할 수 없다면, 교회(몸)안에서 목자나 더 성숙한 리더의 권면을 받아들여야 합니다. 갈등의 당사자보다는 다른 사람이 더 객관적으로 문제를 바라볼 수 있습니다. 갈등은 다른 사람들에게 파급되기 전에 빨리 해결되는 것이 중요합니다. 갈등이 있을 때 사람들은 자신의 주장에 동의를 구하기 위해서 다른 사람들을 끌어들입니다. 그렇기 때문에 본인들끼리 갈등을 해결할 수 없다면 갈등초기에 목자에게 말하고 그의 권면을 받아들이는 것이 중요합니다. 목자는 영적인 부모이며 두 사람을 사랑하는 객관적인 시각에서 갈등을 바라볼 수 있기 때문입니다. 그리고 목자들 간에도 갈등이 있을 수 있습니다. 그러나 이런 경우 목자들도 교회의 리더로 세운 담임목사의 권면에 따라야 합니다. 그들은 모두의 유익을 위해 결정할 것이며 내가 보지 못하는 것을 볼 수 있기 때문입니다.

하나님은 질서의 하나님이십니다. 하나님이 세우신 권위에 순

종하는 것도 믿음입니다. 우리는 하나님의 가족이기 때문에 갈등은 반드시 아름답게 해결되어야 합니다. 갈등이 생길 때 리더의 충고를 듣고 따라야 믿음이 성숙해집니다.

제 3 단계: 목장이나 교회 전체의 의견을 따르라(마 18:17).

만일 그들의 말도 듣지 않거든 교회에 말하고…
(마태복음 18:17)

두 사람 사이의 갈등이 해결되지 않고 깊어지면 결국 목장과 교회의 공동체성을 심각하게 파괴하게 됩니다. 갈등을 겪는 두 사람이 목자나 성숙한 그리스도인의 개인적인 권면을 받아드리지 않는다면 두 사람의 갈등은 이미 목장이나 교회에 그 영향을 미치고 있는 것입니다. 이런 경우 두 사람의 갈등을 감추거나 덮어 놓는 것이 아니라 목장이나 교회 전체 앞에 놓여 져야 한다는 것이 성경의 가르침입니다. 깊은 갈등은 단지 두 사람의 문제가 아니라 교회 전체 문제이기 때문입니다. 갈등의 당사자는 목장이나 교회 전체의 의견에 순종해야 합니다. 그러나 두 사람에게서 시비를 가려내는 일은 부드러운 분위기에서 이루어져야 합니다. 손가락 하나를 다쳤을 때 온 몸이 고통을 느꼈던 일을 기억합니까? 다투는 사람을 처리하기 위해서 교회가 모임을 가질 때도 그와 같은 고통이 있는 것입니다.

제 4 단계: 사랑과 은혜 안에서 영적 질서와 권위를 세우라(마 18:17).

교회의 말도 듣지 않거든 이방인과 세리와 같이 여기라
(마태복음 18:17)

마지막 단계는 그 사람이 교회의 권면을 거부하고 완강하게 반항할 때 취할 수 있는 것입니다. 두 사람 중 그 누구라도 교회의 최종적인 권면을 거부한다면 교회는 사랑과 은혜로 끝까지 기다리되 영적 권위와 질서를 위해서 그를 상대하지 말아야 합니다. "이방인이나 세리"처럼 여겨야 합니다. 교회공동체의 최종권면을 받아드리지 않는 사람은 교회공동체 안에 남아 있을수가 없습니다. 그리스도 안에서 하나된 교회의 영적 권위와 질서가 무너지면

한 몸을 이룰수가 없기 때문입니다. 자유는 진리 안에서 얻어지는 것이며 사랑과 은혜는 영적 질서 안에서 누리는 것입니다. 이렇게 하면 은혜와 사랑이 없다고 비난할 수도 있습니다. 그러나 이것은 예수님이 직접 말씀하신 교훈입니다. 무조건 문제를 덮어두고 감싸주는 것만이 은혜와 사랑이 아닙니다. 문제의 본질을 덮어두고 적당히 하는 것을 은혜라고 한다면 우리는 하나님의 은혜를 모독하는 것입니다. 진정으로 그 사람을 사랑한다면 그 사람을 이해하고 용서해주더라도 잘못된 것은 분명하게 고치는 것이 옳습니다. 예수님은 원수도 사랑하라고 하셨지만 성전을 더럽힌 사람들은 채찍을 들고 책망하셨습니다. 성도간의 갈등은 반드시 해결되어야 합니다. 교회는 한 몸이기 때문입니다. 비록 아픔이 있더라도 그를 끝까지 사랑하는 마음으로 문제를 해결하도록 노력해야 합니다. 그런 것들로 인하여 결국 교회공동체 전체가 깨어질 수도 있기 때문입니다. 아무리 고집이 센 사람이라도 교회는 그를 포기할 수 없습니다. 그를 상대하지 않되 불쌍히 여겨야 합니다. 그리고 그가 돌아올 때까지 기다려 주어야합니다. 마태복음 18장 21~22절을 읽어보십시오.

그 때에 베드로가 나아와 이르되 주여 형제가 내게 죄를 범하면 몇 번이나 용서하여 주리이까 일곱번까지 하오리이까 예수께서 이르시되 네게 이르노니 일곱번 뿐 아니라 일곱 번을 일흔 번까지라도 할지니라
(마태복음 18:21-22)

당신은 주님이 말씀하신 용서의 원리가 교인들 사이에 일어날 갈등을 처리하는 일에 어떤 도움을 줄 수 있다고 생각하십니까? 당신 생각을 말씀해 보십시오.

____

____

____

예수님이 말씀하신 용서의 원리는 그냥 내버려 두라는 의미가 아닙니다. 잘못된 행위는 고치고 지적하되, 상대가 잘못을 인정하면 사랑의 마음으로 용서하는 태도가 필요하다는 것을 강조하는 것입니다. 대부분 신속하게 해결될 수 있는 많은 갈등이 오래 지

속되는 것은 당사자 중에 어느 한 사람, 또는 두 사람이 서로 용서하기를 거절하기 때문입니다. 그리스도인들의 문제를 법정으로 가져가야 합니까? 이 질문에 대한 명확한 대답이 고린도전서 6장 1~8절에 있습니다.

그리스도인들은 지체들 사이의 갈등과 분쟁을 해결하기 위해 세상법정으로 갈 수는 없습니다. 어떤 그리스도인 변호사가 그리스도인들이 서로 싸우며 지불하는 비용이 선교헌금과 맞먹는다는 계산을 한적이 있습니다. 성경은 그리스도인들이 이런 식으로 분쟁하는 것을 결코 좋아하지 않습니다. 주님이 우리를 용서하신 것처럼 서로를 용서하는 자가 되어야 합니다.

불화란 교회를 먹어치우는 또 하나의 교회다.
그것은 일종의 자기 파괴적인 기독교 식인주의이다.

- 토미 테니

너희 중에 누가 다른 이와 더불어 다툼이 있는데 구태여 불의한 자들 앞에서 고발하고 성도 앞에서 하지 아니하느냐 성도가 세상을 판단할 것을 너희가 알지 못하느냐 세상도 너희에게 판단을 받겠거든 지극히 작은 일 판단하기를 감당하지 못하겠느냐 우리가 천사를 판단할 것을 너희가 알지 못하느냐 그러하거든 하물며 세상 일이랴 그런즉 너희가 세상 사건이 있을 때에 교회에서 경히 여김을 받는 자들을 세우느냐 내가 너희를 부끄럽게 하려 하여 이 말을 하노니 너희 가운데 그 형제간의 일을 판단할 만한 지혜 있는 자가 이같이 하나도 없느냐 형제가 형제와 더불어 고발할 뿐더러 믿지 아니하는 자들 앞에서 하느냐 너희가 피차 고발함으로 너희 가운데 이미 뚜렷한 허물이 있나니 차라리 불의를 당하는 것이 낫지 아니하며 차라리 속는 것이 낫지 아니하냐 너희는 불의를 행하고 속이는구나 그는 너희 형제로다

(고린도전서 6:1-8)

묵상하고 열매 맺기

1. 오늘 공부를 통해 당신이 깨달았거나 배워야 할 진리는 무엇입니까?

2. 주님의 사역자로 변화된 삶을 살기 위해 당신이 기억하고 적용해야 할 것은 무엇입니까?

3. 변화된 삶을 위해 하나님께 드리는 기도를 하십시오.

넷째 날 : 갈등요소 3 - 확신에서 오는 갈등

먼저 사도행전 4장 1~21절을 읽으십시오.

종교 개혁자 마틴 루터(Martin Luther)는 로마서 5장 8절을 읽고 변화됐습니다. 이 말씀을 주의 깊게 읽어 보십시오.

루터는 로마가톨릭교회의 사제로 있으면서 당시 사람들처럼 오랜 세월동안 참회의 고백과 기도생활과 자기 학대를 통해 구원을 얻을 수 있다는 믿음으로 살아왔습니다. 그러던 어느 날 루터는 성경을 읽다가 오직 그리스도를 믿는 믿음으로만 자기의 죄가 완전하게 용서됨을 깨닫고 기쁨의 눈물을 흘렸습니다. 그래서 그는 독일 비텐베르크교회 제단의 십자가상을 바라보며 "나의 하나님! 나의 하나님! 저를 위하여! 저를 위하여!"라고 울부짖었습니다. 당시에 교회의 극심한 타락과 부패가 루터를 새롭게 변화시켰습니다. 그는 성경을 근거로 종교개혁에 필요한 95개 조항의 자기 입장을 밝혔습니다. 루터의 상급자들은 95개 조항을 모두 취소하도록 명령했습니다. 그러나 루터는 담대히 맞섰습니다. "나는 결코 취소할 수 없다! 내가 여기 서 있다! 하나님은 나를 도우신다!"고 외쳤습니다. 하나님은 루터를 도우셨습니다. 왜곡된 기독교 역사는 자기의 확신을 굽히지 않았던 한 사람에 의해서 올바른 방향을 찾았습니다.

우리는 지금 민주주의 국가에 살고 있습니다. 다수가 옳다고 생각하고 결정하는 것이 진리가 되고 상식이 되는 시대에 살고 있습니다. 그러나 역사는 다수의 결정이 항상 옳은 것만은 아니라는 것을 알려줍니다. 진리가 소수일 때도 있습니다. 세상은 다수의 의견에 의해 지배되며 이끌어져 가지만 하나님은 언제나 믿음을 가진 확신있는 소수에 의해 다수를 이끌어 가십니다. 모세, 여호

사도들이 백성에게 말할 때에 제사장들과 성전 맡은 자와 사두개인들이 이르러 예수 안에 죽은 자의 부활이 있다고 백성을 가르치고 전함을 싫어하여 그들을 잡으매 날이 이미 저물었으므로 이튿날까지 가두었으나 말씀을 들은 사람 중에 믿는 자가 많으니 남자의 수가 약 오천이나 되었더라 이튿날 관리들과 장로들과 서기관들이 예루살렘에 모였는데 대제사장 안나스와 가야바와 요한과 알렉산더와 및 대제사장의 문중이 다 참여하여 사도들을 가운데 세우고 묻되 너희가 무슨 권세와 누구의 이름으로 이 일을 행하였느냐 이에 베드로가 성령이 충만하여 이르되 백성의 관리들과 장로들아 만일 병자에게 행한 착한 일에 대하여 이 사람이 어떻게 구원을 받았느냐고 오늘 우리에게 질문한다면 너희와 모든 이스라엘 백성들은 알라 너희가 십자가에 못 박고 하나님이 죽은 자 가운데서 살리신 나사렛 예수 그리스도의 이름으로 이 사람이 건강하게 되어 너희 앞에 섰느니라 이 예수는 너희 건축자들의 버린 돌로서 집 모퉁이의 머릿돌이 되었느니라 다른 이로써는 구원을 받을 수 없나니 천하 사람 중에 구원을 받을 만한 다른 이름을 우리에게 주신 일이 없음이라 하였더라 그들이 베드로와 요한이 담대하게 말함을 보고 그들을 본래 학문 없는 범인

수아, 다윗, 침(세)례 요한, 바울, 심지어 예수님도 다수에 의해서는 배척을 받으셨습니다. 오늘날 어떤 사람들은 모든 교인들의 의견에 따라 교회가 움직여져야 한다고 주장하는 사람들도 있습니다. 그러나 교회는 오직 하나님의 뜻과 말씀의 원리를 따라 이끌어져야 합니다. 교회정치는 민주주의가 아니라 신본주의입니다. 모두가 원하는대로 행하는 것이 아니라 주님이 원하는대로 행해야 합니다. 교회가 부패한 다수의 주장과 적당히 타협할 때 타락하는 것입니다. 교회는 사람들이 바라는대로 변화되는 것이 아니라 하나님의 말씀대로 순종해야 합니다. 교회는 사람들이 하고 싶은 일을 하는 것이 아니라, 사람들이 해야할 일을 가르쳐야 합니다. 교회는 사람들이 듣고 싶은 말을 해주는 것이 아니라, 들어야 할 말을 해야 합니다.

오늘날 교회는 루터처럼 믿음으로 살기를 결심하는 사람들을 필요로 하고 있습니다. 루터의 마음에는 오직 한 가지, 자기가 진리라고 믿는 것을 절충하여 타협하지 않고 차라리 죽음을 택하겠다는 분명한 가치관이 있었습니다. 수세기에 걸쳐 많은 그리스도인들이 자기들의 신앙과 신념을 위해 기꺼이 목숨을 버렸습니다. 당신에게도 그러한 가치관이 있습니까? 하나님 편에서 하나님의 뜻을 위해 목숨까지 내놓으며 버릴 수 있는 영적인 용기가 있습니까?

호텔 지배인으로 일하는 어떤 그리스도인은 그의 주인이 호텔에 도박장을 설치하라고 압력을 가했을 때 거절하고 사표를 썼습니다. 오늘날도 불의를 거부하고 진리에 대한 자기의 신념을 지킨 사람들이 있습니다. 사도행전 4장에 보면 예루살렘의 유대인 공회가 베드로와 요한이 그리스도를 전파한 것 때문에 감옥으로 보낸 기록이 있습니다. 17절을 보면 그들의 결정이 이러했습니다. "이것이 민간에 더 퍼지지 못하게 그들을 위협하여 이후에는 이 이름으로 아무에게도 말하지 말게하자 하고…" 만일 당신이 베드

으로 알았다가 이상히 여기며 또 전에 예수와 함께 있던 줄도 알고 또 병 나은 사람이 그들과 함께 서 있는 것을 보고 비난할 말이 없는지라 명하여 공회에서 나가라 하고 서로 의논하여 이르되 이 사람들을 어떻게 할까 그들로 말미암아 유명한 표적 나타난 것이 예루살렘에 사는 모든 사람에게 알려졌으니 우리도 부인할 수 없는지라 이것이 민간에 더 퍼지지 못하게 그들을 위협하여 이 후에는 이 이름으로 아무에게도 말하지 말게 하자 하고 그들을 불러 경고하여 도무지 예수의 이름으로 말하지도 말고 가르치지도 말라 하니 베드로와 요한이 대답하여 이르되 하나님 앞에서 너희의 말을 듣는 것이 하나님의 말씀을 듣는 것보다 옳은가 판단하라 우리는 보고 들은 것을 말하지 아니할 수 없다 하니 관리들이 백성들 때문에 그들을 어떻게 처벌할지 방법을 찾지 못하고 다시 위협하여 놓아 주었으니 이는 모든 사람이 그 된 일을 보고 하나님께 영광을 돌림이라

(사도행전 4:1-21)

우리가 아직 죄인 되었을 때에 그리스도께서 우리를 위하여 죽으심으로 하나님께서 우리에 대한 자기의 사랑을 확증하셨느니라

(로마서 5:8)

로와 요한처럼 다른 사람들에게 예수님을 말하는 것 때문에 감옥에 가게 될 수 있다면 어떻게 할 것입니까? 이런 질문은 당신의 입장과는 너무도 거리가 멀어서 선뜻 대답할 수 없을 것입니다. 이 질문을 보다 당신의 입장에 더 적합한 것으로 바꾸어 보겠습니다. 다음과 같은 경우 당신은 어떻게 하겠습니까?

1. 직장 상사와 동료들과 함께 출장 중에 함께 외출하여 외설스런 술집과 부도덕한 장소에 어울려 다녔습니다. 당신만 빠진다는 것은 불가능하며, 그것은 곧 직장의 상사와 동료들에게 왕따당한다는 것을 의미합니다. 이런 경우 당신은 어떻게 하겠습니까?

2. 금년에도 직장이나 친밀한 친구들과의 연말모임과 망년회 모임이 있을 것입니다. 작년에는 먹고 마시는 난장판 모임이었습니다. 당신은 어떻게 할 것입니까? 핑계를 대고 참석하지 않을 것입니까? 적당히 거짓말을 하고 피할 것입니까? 아니면 솔직한 당신의 감정을 말할 것입니까?

3. 회사 업무 중에 중요한 계약을 하는 모임에 참석했습니다. 계약 후 질펀한 술상이 준비됐습니다. 당신도 분위기를 깨지 않도록 압력을 받았습니다. 이런 경우에 어떻게 할 것입니까?

4. 주차장에서 다른 차에 흠을 냈습니다. 당신의 차는 아무렇지도 않았습니다. 아무도 본 사람은 없습니다. 이런 경우 당신은 어떤 행동을 취할 것입니까?

5. 이중장부를 만들어서 세금을 크게 줄일 수 있습니다. 다른 많은 사람들도 이렇게 합니다. 이렇게 하는 것이 일반적인 사회 분위기이기 때문에 당신도 어쩔 수가 없다고 생각합니까?

6. 직장에서 사용하도록 공급된 사무용품 중에는 집에서도 필요한 것들이 있습니다. 퇴근시 집에 가지고와서 사용해도 특별히 지적하거나 말할 사람은 없습니다. 당신의 의견은 어떻습니까?

7. 당신의 직장 책임자는 멀리 출장을 떠났습니다. 당신은 얼마 동안 일을 안 할 수도 있습니다. 적당히 일하고 놀아도 아무도 모릅니다. 어떻게 하겠습니까?

지금까지 열거한 상황 중에서도 당신에게 가장 갈등을 일으키는 것은 어느 것입니까? 어느 것이 당신에게 가장 심각한 문제입니까?

____

____

상황에 따라서 타협할 수 있다고 생각한다면 그것은 참된 가치관이 아닙니다. 아마도 그것은 당신이 다시 점검해야 할 영역의 가치관일 것입니다. 언젠가 성숙한 그리스도인으로 존경했던 사람의 실망스러운 행동에 대해서 실족하는 일이 생길지도 모릅니다. 그 사람은 여러 가지 훌륭한 장점을 소유하고 있지만 아직 옛 가치관을 버리지 못했을 수도 있습니다. 그런 사람을 보게된다면 실족하거나 실망하지 말고 그의 모습으로부터 당신의 가치관을 다시 확인하며 당신은 어떻게 살아야 할 것인가에 대해 배워야 합니다. 그렇지 않으면 당신도 그와 같은 사람이 될 것입니다.

운동장에서 달음질하는 자들이 다 달릴지라도 오직 상을 받는 사람은 한 사람인 줄을 너희가 알지 못하느냐 너희도 상을 받도록 이와 같이 달음질하라 이기기를 다투는 자마다 모든 일에 절제하나니 그들은 썩을 승리자의 관을 얻고자 하되 우리는 썩지 아니할 것을 얻고자 하노라 그러므로 나는 달음질하기를 향방 없는 것 같이 아니하고 싸우기를 허공을 치는 것 같이 아니하며 내가 내 몸을 쳐 복종하게 함은 내가 남에게 전파한 후에 자신이 도리어 버림을 당할까 두려워함이로다

(고린도전서 9:24-27)

바울은 고린도전서 9장 24~27절 보면 이 세상에서 어떤 사람도 다음과 같은 말을 할 수 없다는 것을 보여 줍니다. "나는 이미 도달했다. 나는 전혀 흠이 없다. 나는 이제 더 할 일이 없다."

고린도전서 9장 24~27절을 읽고 다음의 설명 중에 옳은 것과 옳지 못한 것을 "O"와 "×"로 구별해 보십시오!

( ) 1. 경주에서 이기는 사람은 오직 한 사람이기 때문에 당신은 헌신에 너무 집착하지 않는 편이 좋다.

( ) 2. 자제력은 그리스도인의 삶에 필수적인 특징이다.

( ) 3. 당신은 그리스도인으로서 분명한 삶의 목표를 가져야 한다.

( ) 4. 헌신된 그리스도인으로서 당신이 성취할 목표는 일시적인 것이다.

물론 1번과 4번만 틀린 것입니다. 앞으로도 당신의 가치관을 점검하는 작업은 쉬지않고 계속해야 할 과제입니다. 그리스도를 영광되게 하지 않는 것들은 과감히 버리십시오! 중요한 것을 중요하게 여기고, 사소한 것을 사소하게 여기십시오. 잃어도 될 것을 지키기 위해 잃지 말아야 할 것을 잃는 자가 되지 마십시오. 결코 영적인 실패자가 되지 않겠다는 결심을 하십시오!

묵상하고 열매 맺기

1. 오늘 공부를 통해 당신이 깨달았거나 배워야 할 진리는 무엇입니까?

2. 주님의 사역자로 변화된 삶을 살기 위해 당신이 기억하고 적용해야 할 것은 무엇입니까?

3. 변화된 삶을 위해 하나님께 드리는 기도를 하십시오.

다섯째 날 : 갈등요소 4 - 권위와 책임에 대한 갈등

먼저 히브리서 13장 17절을 읽으십시오.

너희를 인도하는 자들에게 순종하고 복종하라 그들은 너희 영혼을 위하여 경성하기를 자신들이 청산할 자인 것 같이 하느니라 그들로 하여금 즐거움으로 이것을 하게 하고 근심으로 하게 하지 말라 그렇지 않으면 너희에게 유익이 없느니라

(히브리서 13:17)

섬기는 자의 삶에 중심이 되는 한 가지 사실은 그에게는 언제나 "최선의 것"을 결정하는 주인이 있다는 것입니다. 어머니가 결정한 것을 자녀들이 아버지께 불평함으로 변경하게 되거나, 아버지의 엄격함이 어머니의 조정으로 무산되는 가정의 자녀들은 불행합니다. 남편과 부인이 서로 주도권을 취하려고 다투게 된다면 그 부부는 참으로 비참해 집니다. 권위와 책임의 한계가 분명하지 않을 때(심지어 그리스도인의 단체에서도) 일하는 사람들에게 큰 혼란이 생길 것입니다. 하나님이 세운 원칙에는 모든 상황이 똑같이 적용됩니다. 교회에서는 사랑으로 행해야 된다고 말합니다. 그러나 이 말은 영적 권위와 질서를 무시하라는 말이 아닙니다. 오히려 더욱더 겸손하게 서로에게 순종하고 질서를 지키며, 목자와 리더의 영적 권위를 인정하라는 의미입니다. 하나님은 혼란과 혼돈의 하나님이 아니라 질서의 하나님이시기 때문입니다. 그러나 불행하게도 고린도교회에는 영적 권위의 한계가 분명하지 못했습니다. 고린도전서 14장 40절에 보면 이렇게 말하고 있습니다.

"모든 것을 품위 있게 하고 질서 있게 하라"

당시 고린도교회 일부 교인들은 바울의 영적 권위에 반항하는 태도를 보였습니다. 심지어 다른 사람들은 충동하여 바울의 권위를 거역하도록 하고 있었습니다. 그러나 바울은 고린도후서 10장에서부터 13장에서 고린도교회의 상황에 대해 말할 수 있는 권위가 있음을 주장하며, 자신의 권위를 옹호하고 있습니다. 바울이 권위를 주장한 것은 직분이 높기 때문이 아니라 말씀을 가르치는 스승이며 하나님의 종이었기 때문이었습니다. 당신은 리더의 영

적 권위에 대한 갈등 때문에 마음이 편하지 못한 적이 있습니까? 당신을 인도하는 리더의 영적 권위에 반항하는 경향이 있을지도 모릅니다. 만일 당신이 영적인 리더의 위치에 있다면 당신이 책임진 분야에서 당신의 권위가 무력해지는 것을 경험하고 있을지도 모릅니다. 그러나 성경은 이렇게 말합니다.

"너희를 인도하는 자들에게 순종하고 복종하라 그들은 너희 영혼을 위하여 경성하기를 자신들이 청산할 자인 것 같이 하느니라 그들로 하여금 즐거움으로 이것을 하게 하고 근심으로 하게 하지 말라 그렇지 않으면 너희에게 유익이 없느니라"(히 13:17)

누구든지 형제가 사망에 이르지 아니하는 죄 범하는 것을 보거든 구하라 그리하면 사망에 이르지 아니하는 범죄자들을 위하여 그에게 생명을 주시리라 사망에 이르는 죄가 있으니 이에 관하여 나는 구하라 하지 않노라 모든 불의가 죄로되 사망에 이르지 아니하는 죄도 있도다
(요한일서 5:16-17)

요한일서 5장 16~17절은 다른 면에서 책임과 권위에 대한 갈등의 가능성을 말하고 있습니다. 즉, 서로에게 권위를 주장할 수 없는 동등한 위치에 있는 두 사람의 경우입니다. 당신은 동료 그리스도인이 잘못된 행동 때문에 당신의 영적 성장에 방해가 되고 교회를 욕되게 하는 것을 볼 때 어떻게 하겠습니까?

그렇습니다. 무엇보다 먼저 당신은 하나님께 기도해야 합니다. 데살로니가전서 5장 14~15절을 읽어보십시오! 규모없는 자들에게는 어떻게 해야 합니까?(여기서 규모가 없다는 것은 군사 용어로 질서를 파괴하는 병사를 말합니다.)

"또 형제들아 너희를 권면하노니 게으른 자들을 권계하며 마음이 약한 자들을 격려하고 힘이 없는 자들을 붙들어 주며 모든 사람에게 오래 참으라 삼가 누가 누구에게든지 악으로 악을 갚지 말게 하고 서로 대하든지 모든 사람을 대하든지 항상 선을 따르라"

(살전 5:14-15)

마음이 약한 자들(용기를 잃고 낙심한 사람)을 어떻게 하라고 했습니까?

믿음이 약하고 불완전한 자들을 어떻게 하라고 했습니까?

그리스도인들은 경고와 권면과 격려와 위로와 도움과 안내를 받아야 합니다. 위에 있는 질문에 대하여 덧붙여 답한다면 누구에게든지 악을 악으로 갚지 말고 인내하는 마음으로 범죄 하는 그리스도인에게 선을 행하는 마음을 가져야 한다고 쓸 수 있습니다. 그러나 갈라디아서 6장 1절은 우리에게 중요한 교훈을 줍니다. 동료 그리스도인을 바로잡아 주려면 우리가 먼저 영적으로 성숙해서 온유한 마음과 진실한 열심을 가지고 교제를 회복하며 그를 올바로 세워주어야 합니다. 소경이 소경을 인도할 수 없습니다. 그렇기 때문에 우리는 무엇보다도 우리 자신의 영적 성장을 위해 최선을 다해 노력해야 합니다.

묵상하고 열매 맺기

1. 오늘 공부를 통해 당신이 깨달았거나 배워야 할 진리는 무엇입니까?

2. 주님의 사역자로 변화된 삶을 살기 위해 당신이 기억하고 적용해야 할 것은 무엇입니까?

3. 변화된 삶을 위해 하나님께 드리는 기도를 하십시오.

10 단원

생각혁명 _ 갈등 상황에서 승리하는 길

10단원 [암송구절 | 마태복음 18:15]

생각혁명 _ 갈등 상황에서 승리하는 길

첫째 날 : 내적 가치관의 갈등(베드로)

사도행전 10장 1~16절을 읽으십시오.

우리의 가치 체계 속에 옛 가치관이 힘을 잃고 올바른 가치관이 자리잡게 되면 그리스도인들은 갈등 속에서도 평화를 누릴 수 있습니다. 이번 주간에는 성경에서 찾아볼 수 있는 네 가지 갈등의 요소에 대해서 공부할 것입니다. 지난 주간에 배운 네 가지 갈등의 요소를 기억할 수 있습니까? 아래에 기억나는 대로 써 보십시오.

1. ______________________________
2. ______________________________
3. ______________________________
4. ______________________________

베드로에게는 갈등이 있었습니다. 자기 내부에 있는 갈등이었습니다. 그가 예수님을 처음 만난 후부터 그의 마음에는 옛 가치관과 새로운 가치관이 계속 충돌하고 있었습니다. 자기를 주장하

가이사랴에 고넬료라 하는 사람이 있으니 이달리야 부대라 하는 군대의 백부장이라 그가 경건하여 온 집안과 더불어 하나님을 경외하며 백성을 많이 구제하고 하나님께 항상 기도하더니 하루는 제 구 시쯤 되어 환상 중에 밝히 보매 하나님의 사자가 들어와 이르되 고넬료야 하니 고넬료가 주목하여 보고 두려워 이르되 주여 무슨 일이니이까 천사가 이르되 네 기도와 구제가 하나님 앞에 상달되어 기억하신 바가 되었으니 네가 지금 사람들을 욥바에 보내어 베드로라 하는 시몬을 청하라 그는 무두장이 시몬의 집에 유숙하니 그 집은 해변에 있다 하더라 마침 말하던 천사가 떠나매 고넬료가 집안 하인 둘과 부하 가운데 경건한 사람 하나를 불러 이 일을 다 이르고 욥바로

보내니라 이튿날 그들이 길을 가다가 그 성에 가까이 갔을 그 때에 베드로가 기도하려고 지붕에 올라가니 그 시각은 제 육 시더라 그가 시장하여 먹고자 하매 사람들이 준비할 때에 황홀한 중에 하늘이 열리며 한 그릇이 내려오는 것을 보니 큰 보자기 같고 네 귀를 매어 땅에 드리웠더라 그 안에는 땅에 있는 각종 네 발 가진 짐승과 기는 것과 공중에 나는 것들이 있더라 또 소리가 있으되 베드로야 일어나 잡아 먹어라 하거늘 베드로가 이르되 주여 그럴 수 없나이다 속되고 깨끗하지 아니한 것을 내가 결코 먹지 아니하였나이다 한대 또 두 번째 소리가 있으되 하나님께서 깨끗하게 하신 것을 네가 속되다 하지 말라 하더라 이런 일이 세 번 있은 후 그 그릇이 곧 하늘로 올려져 가니라

(사도행전 10:1-16)

려는 욕망과, 진리에 대한 갈망이 계속 충돌했습니다. 베드로에 대해 말해 주는 성경적인 특징을 살펴보면 당신은 매우 혼란스러움을 느끼게 될 것입니다. 베드로의 모습을 보면 어떤 것들은 매우 칭찬할 만하지만 그렇지 못한 것들도 있습니다. 각 성경구절을 읽고 오른쪽에 있는 내용과 짝을 지워보십시오!

( ) 1. 마태복음 26:69~74	a. 충동적이다.
( ) 2. 사도행전 3:1~7	b. 겁이 많다.
( ) 3. 사도행전 10:25~26	c. 용감하다.
( ) 4. 요한복음 13:8~9	d. 성령 충만하다.
( ) 5. 사도행전 5:1~4	e. 동정심이 많다.
( ) 6. 사도행전 4:17~20	f. 겸손 하다.

아마도 당신은 b, e, f, a, d, c 이렇게 순서대로 답했을 것입니다. 예수님이 잡히시던 날 밤 베드로는 큰 잘못을 범했습니다. 그러나 그는 결국 사탄과의 싸움에서 이겼습니다. 두려움에 떨었던 베드로는 그 후 예수님을 죽인 당시 종교 지도자들 앞에서 그들의 죄악을 담대히 지적하며 하나님의 아들을 죽인 자들이라고 강력하게 비판합니다. 그 어떤 것도 베드로를 겁쟁이로 만들지 못했습니다. 베드로는 또 다시 그리스도를 배반하지 않았습니다. 베드로는 담대한 마음을 가지고 유대인을 섬기는 사역을 시작했습니다. 베드로는 유대인이었기 때문에 유대인의 관습과 언어와 종교에 익숙했습니다. 이방인들에게 복음을 전한다는 것은 베드로에게 불가능한 것이었습니다. 그의 가치체계 속에는 그가 어린 시절부터 간직하고 있던 이방인들에 대한 편견이 쌓여 있었습니다.

그러나 예수님은 제자들에게 예루살렘과 유대로부터 시작하여 사마리아와 땅끝까지 나아가 제자를 삼고 침(세)례를 주라고 명령하셨습니다. 당시 사마리아인들은 반은 유대인이고 반은 이방인

이었습니다. 적어도 그들은 절반은 유대인이었으므로 베드로가 갖고 있는 관심의 영역에 속할 수 있었을 것입니다. 그러나 이방인들은 달랐습니다. 어릴적부터 베드로가 배운 가치체계에 따르면 거룩한 유대인이 부정한 이방인과 교류하는 것은 절대로 용납할 수 없는 일이었습니다. 하지만 이러한 태도를 취한 사람은 단지 베드로만이 아니었습니다. 새롭게 형성된 예루살렘교회는 유대인들 중심이었고 그들에게 이방인들에 대한 관심은 전혀 기대할 수 없었습니다. 오늘날 교회들 중에도 예루살렘교회같이 자기중심적인 삶을 사는 교회가 있습니다. 당신은 어떻습니까? 지구의 한 쪽에서는 각종 질병과 가뭄으로 굶어 죽어가는 사람들에 대해 깊은 동정과 관심이 있습니까? 지구의 다른 쪽에서 복음을 알지 못하고 죽어가는 사람들을 볼 때 당신은 어떠한 생각이 듭니까? 요즘 당신의 기도내용에 포함되는 기도범위는 어디까지입니까?

베드로는 욥바라는 곳에서 시몬이라는 친구와 함께 휴식을 취하고 있었습니다. 점심때가 되어 음식이 준비되는 동안 베드로는 지붕위로 올라가서 기도하고 있었습니다. 베드로는 기도중에 하늘로부터 커다란 보자기가 내려오는 환상을 보았습니다. 그 보자기 속에는 갖가지 동물들이 있었으며, 그 동물들은 모두가 유대인들에게 금지된 불결한 것들이었습니다. 환상중에 하나님의 음성이 들려왔습니다. "베드로야 일어나 잡아 먹으라." 그러나 곧 베드로의 마음속에 다른 음성이 들려왔습니다. "베드로야! 너는 유대인이다. 유대인들은 절대로 이런 동물의 고기를 먹을 수 없다." 그 때 베드로는 큰 소리로 "안됩니다. 주님, 그럴 수 없습니다."라고 외쳤습니다. 얼마나 모순된 것입니까? 베드로는 예수님을 주님(주인)이라고 고백하였는데 그 입으로 안 된다고 거절합니다. 예수님을 주인으로 인정한다면 그분께 거역하는 말을 할 수 없습니다. '주님'과 '안됩니다'라는 두 단어는 결코 양립할 수 없습니다.

베드로의 마음속에는 지금까지 베드로가 갖고 있었던 오랜 생각과 주님의 말씀이 서로 갈등을 일으켰습니다. 16절을 보면 그 갈등은 쉽사리 해결되지 않았다는 것을 알 수 있습니다. 베드로는 세 번씩이나 거부했습니다. 그러나 베드로는 결국 자기의 옛 가치관을 버리고 새로운 가치관을 수락했습니다.

지금까지 살아오면서 당신의 판단과 다른 주님의 요구에 대해서 "주님! 아닙니다"라고 말했던 경험이 있습니까? 그런 경험이 있었다면 어떤때 그랬는지 말해 보십시오. 그리고 하나님의 뜻을 행하기 위해 당신이 버려야 할 것의 목록들을 아래에 기록해 보십시오.

____

____

베드로에게 새로운 가치관이 정착되었을 때 단지 유대인만을 섬기는 사람이 아니라 모든 사람들을 섬기는 제사장이 될 수 있었습니다. 그 결과로 이방인이었던 고넬료가 회심하게 되었습니다. 하나님은 지금까지 당신이 갖고 있었던 삶의 기준과 판단을 새롭게 하기 원합니다. 당신이 소홀히 했던 사람들에게도 가서 하나님의 용서와 사랑을 실천하라고 요구하실 것입니다. 이 얼마나 감격적인 일입니까? 당신의 생각과 고정관념이 담긴 가치관이 바뀌면 갈등을 해결하는 새로운 방식을 경험하게 될 것입니다. 당신의 옛 가치관에 담겨있는 편견과 편협함을 버리고 주님의 말씀에 순종하는 삶을 결심해야 합니다.

수없이 제기되는 다양한 주장들을 받아들이는 것도 생각에서 시작되며, 하나님의 뜻을 받아들이는 것이나, 사탄의 뜻을 받아들이는 것도 생각에서 출발한다. 분노, 부끄러움, 증오와 같은 생각들은 사탄으로부터 온다. 반면 건강하고 건설적인 생각은 하나님께로부터 온다. 최후의 승리

자는 하나님의 생각과 비전을 수용하고 그들의 인생을 통해 이를 발전시켜 나가는 이들이다.

- 세자르 카스텔라노스

묵상하고 열매 맺기

1. 오늘 공부를 통해 당신이 깨달았거나 배워야 할 진리는 무엇입니까?

2. 주님의 사역자로 변화된 삶을 살기 위해 당신이 기억하고 적용해야 할 것은 무엇입니까?

3. 변화된 삶을 위해 하나님께 드리는 기도를 하십시오.

둘째 날 : 다른 사람과의 갈등 (바울과 바나바)

사도행전 15장 35~40절, 디모데후서 4장 11절을 읽으십시오.

'다른 사람들과의 갈등!'이 얼마나 고통스러운 일입니까? 믿음이 좋은 사람들이 서로의 의견차이로 갈등하게 될 때 그리스도인들은 어떻게 해야 합니까? 우리는 바울과 바나바의 경우를 통해 배울 수 있습니다. 바나바의 조카였던 젊은 마가는 예루살렘에서 와서 그들의 사역을 돕고 배우고 있었습니다. 그러나 선교여행이 너무 힘들어서 그랬는지 이유는 정확하지 않지만 선교여행 중에 있던 마가는 바울과 바나바를 떠나 돌아가 버리고 말았습니다. 후에 바울과 바나바는 안디옥으로 돌아왔고 계속 함께 사역하였습니다. 그들은 누구보다도 서로를 잘 알고 있었습니다. 바울은 열정이 있고 의지가 강하여 자기의 일에 전적으로 몰두하며 헌신했습니다. 바나바(위로의 아들이라는 뜻)는 온순하고, 민감하며, 화평케 하는 사람이었습니다. 후에 다시 선교의 일을 하게 되었을 때 바나바는 마가와 다시 동행하기를 원했습니다. 그러나 바울은 마가와 동행할 수 없다고 반대했습니다. 마가의 삼촌이기도 한 바나바는 바울의 의견과는 달리 마가에게 다시 한번 기회를 주어야 한다고 생각했습니다. 그러나 바울은 그렇게 하기를 원치 않았습니다. 사람보다 사역이 먼저라고 생각했습니다. 사도행전 15장 39절에 '심히 다투어'라는 헬라어는 영어단어 '감정의 폭발'(Paroxysm)이 어원입니다. 바울과 바나바는 격렬하고 심한 갈등을 겪었습니다. 그들 사이의 의견차이를 좁힐 수 없었습니다. 그들 모두 자기의 생각을 조금도 양보할 수 없었던 것입니다.

그러나 마침내 해결점을 찾았습니다. 그들은 각자 행동하기로 결정했습니다. 바나바는 마가를 데리고 떠났고, 바울은 실라를 데

바울과 바나바는 안디옥에서 유하며 수다한 다른 사람들과 함께 주의 말씀을 가르치며 전파하니라 며칠 후에 바울이 바나바더러 말하되 우리가 주의 말씀을 전한 각 성으로 다시 가서 형제들이 어떠한가 방문하자 하고 바나바는 마가라 하는 요한도 데리고 가고자 하나 바울은 밤빌리아에서 자기들을 떠나 함께 일하러 가지 아니한 자를 데리고 가는 것이 옳지 않다 하여 서로 심히 다투어 피차 갈라서니 바나바는 마가를 데리고 배 타고 구브로로 가고 바울은 실라를 택한 후에 형제들에게 주의 은혜에 부탁함을 받고 떠나

(사도행전 15:35-40)

누가만 나와 함께 있느니라 네가 올 때에 마가를 데리고 오라 그가 나의 일에 유익하니라

(디모데후서 4:11)

리고 전도 여행길에 올랐습니다. 그러나 성경에는 그들이 서로 원수가 되었다는 암시를 전혀 하지 않습니다. 그들의 동역은 끝났으나 피차 존경하는 마음은 계속되었습니다. 바울과 바나바는 둘 다 신실했던 하나님의 사람들이었습니다. 그들의 불화는 이기적인 싸움이 아니었습니다. 단순히 주님께 헌신하는 방법의 문제였습니다. 우리들도 이런 갈등을 겪을수가 있습니다. 충실하고 헌신된 동료 그리스도인과 단지 헌신하는 방법의 차이로 갈등을 겪을 수 있습니다. 이런 경우를 말해 보십시오! 당신이 하려는 일은 무엇이었습니까? 당신 친구는 어떻게 하려고 했습니까? 당신의 생각엔 두 사람이 다 옳았다고 보십니까? 당신의 갈등을 해결한 방법을 말해 보십시오!

당신은 그 사람과 친구로 헤어졌습니까? 아니면 적이 되었습니까? 마가에 대한 기록은 그후에도 성경에 나타나는데 바나바에 관한 그후의 이야기는 전혀 없습니다. 전하는 말로는 바나바는 구브로에서 순교했다고 합니다. 그리고 요한 마가는 그의 시체를 예루살렘으로 옮겨 장사를 치렀다고 합니다. 그리고 그후 마가는 바울의 사역에 동참하였고 동역하였습니다(딤후 4:11). 초대교회 사도들은 자신들의 생각을 끝까지 고집하지 않았습니다. 마가는 바울 일행의 환영을 받고 그들과 함께 동역했습니다. 그들은 계속해서 성숙해가는 인격의 소유자였습니다. 바울과 바나바의 심한 갈등이 해결된 방법을 통해서 우리가 얻는 교훈은 무엇입니까? 다음과 같은 몇 가지를 말할 수 있습니다.

1. 그리스도인은 서로 배척하지 않습니다.

견해의 차이는 있을 수 있지만 인간관계의 단절은 있을 수 없습니다. 나와 다른 견해를 가졌다고해도 그 사람을 배척해서는 안 됩니다. 의견이 다르다고 사람을 배척하는 것은 어리석은 것입니다. "그리스도인은 완전한 사람이 아니며 다만 용서받은 사람" 임을 잊지 마십시오! 서로의 부족함을 인정해 주십시오.

2. 그리스도인들도 의견이 항상 같지는 않습니다.

그리스도인이라고 항상 의견이 같을 수는 없습니다. 바울과 바나바의 경우도 그랬습니다. 의견의 차이는 신실한 그리스도인들에게도 있을 수 있습니다. 사람마다 기질과 성격의 차이가 있습니다. 중요하게 생각하는 것이 서로 다를 수가 있습니다. 서로의 의견이 서로 다를 수 있다는 가능성은 항상 인정하십시오. 그 사람은 내가 아닙니다. 의견이 다른 것 뿐이지 그 사람이 잘못된 것이 아닙니다. 혹시 나와 다른 의견은 공격할 수는 있어도, 다른 사람의 인격을 공격해서는 안 됩니다. 의견이 다르다고 다른 사람의 인격과 감정을 상하게 하지 마십시오.

3. 때때로 최선의 해결은 두 사람의 입장을 동시에 인정하는 것입니다.

의견의 차이를 즉시 해결하려고 무리할 때 관계가 깨어지기 쉽습니다. 그래서 후에 꼭 필요한 경우에도 쉽게 화합하지 못하게 됩니다. 바울과 바나바의 경우는 지혜롭게 해결되었습니다. 두 사람이 만약 이기적인 주장을 했다면 아마도 서로를 억누르려고 했을 것입니다. 그들의 심한 감정의 대립으로 인해 많은 사람들에게 상처를 주었을 것입니다. 다행히 그들은 성숙한 사람들로서 피차의 입장을 인정했습니다. 그들은 각자 다른 방향으로 갔지만 그리스도 안에서 서로를 계속해서 존경했습니다. 방법이 다르다면 두 사람의 의견을 동시에 수용하는 것도 갈등을 해결하는 한 방법입니다.

4. 결정하기가 힘들 때 "예수님이라면 어떻게 하실까?"라고 질문하십시오.

의견은 서로 얼마든지 다를 수 있습니다. 하지만 우리의 의견과 주장보다 더 중요한 것은 주님의 생각입니다. 둘의 의견이 맞지 않을 때 자기의 생각을 주장하기보다는 예수님이라면 어떻게 하실까?라는 질문을 던져보십시오. 자신의 감정과 주장과 생각보다 더 중요한 것은 예수님의 입장에서 해결하는 것입니다.

5. 갈등의 해결은 시간과 장소가 중요합니다.

만약 두 사람의 의견이 어떤 경우로 결정이 되어도 다 좋은 것이라면 어느 한 사람이 다른 사람의 의견을 따르든지 아니면 두 개의 의견을 동시에 실행하는 것입니다. 그러나 두 사람의 다른 의견을 동시에 실행할 수 없다면 두 사람이 장소를 달리해서 실행하는 것이 해결방법입니다. 두 사람이 모두 올바른 태도를 가졌다면 일시적으로 헤어지는 것이 후에 그들을 더욱 가깝게 할 것입니다. 때로는 시간이 성숙한 사람들의 다른 의견을 해결해 줄 수도 있습니다.

6. 서로 존중히 여길 때 갈등은 해결될 수 있습니다.

이것이야말로 하나님께서 원하는 것입니다. 함께 기도함으로 갈등을 끝내는 사람은 정말로 복된 사람입니다. 비록 자신의 의견이 더 합당해 보여도 다른 사람과 또 그 사람의 의견을 존중하는 태도를 갖는다면 문제는 해결됩니다. 그렇기 때문에 서로 각자의 방법으로 사역을 한다 할지라도 서로간에 존경하는 마음을 품어야 합니다. 내가 원하는 방법으로만 진행하는 것을 고집하는 것이 아니라, 교회공동체와 하나님의 영광을 위해 최종 결정을 내리는 것입니다. 바울과 바나바의 이야기에서 당신이 배운 여섯 가지 교훈을 생각하여 다음과 같이 의견이 다른 두 그리스도인의 경우에 대한 당신의 해결 방법을 제시해 보십시오!

김 선생과 박 선생은 같은 교회에서 청년들을 지도하는 분입니다. 그들은 5년 동안 함께 일해 왔고 서로의 지도 능력을 존경하며 매우 친한 사이였습니다. 그런데 최근 두 사람 사이에 의견의 차이로 갈등이 생겼습니다. 여름방학 전도여행에 참여할 사람은 활동적이며 헌신된 회원만 선정해야 한다고 김 선생은 생각했습니다. 그러나 박 선생은 누구든지 예비훈련 모임에 참석하기만 하면 원하는대로 전도여행에 갈 수 있다고 주장했습니다. 이러한 갈등 때문에 전도여행 계획이 잘 진행되지 못하고 있습니다. 두 지도자는 이 문제를 어떻게 해결할 수 있겠습니까? 당신의 생각을 아래에 말해보십시오.

____

____

____

____

어떤 사람들은 직업, 동료, 그리고 친구들을 바꾸지만 자기 자신을 바꾸려는 생각은 결코 하지 않는다.

- 존 C. 맥스웰

묵상하고 열매 맺기

1. 오늘 공부를 통해 당신이 깨달았거나 배워야 할 진리는 무엇입니까?

2. 주님의 사역자로 변화된 삶을 살기 위해 당신이 기억하고 적용해야 할 것은 무엇입니까?

3. 변화된 삶을 위해 하나님께 드리는 기도를 하십시오.

셋째 날 : 확신에서 오는 갈등 (바울과 베드로)

갈라디아서 2장 6~14절을 읽으십시오.

확신 때문에 생기는 갈등이 문제가 된다면 그것은 당신의 소중한 가치관이 있기 때문입니다. 그러한 가치관이 있기 때문에 갈등이 생기며 그러한 갈등 때문에 문제가 발생하는 것입니다. 젊은 선교사 세인트(Nate Saint), 엘리엇(Jim Elliot), 플레밍(Pete Fleming), 유테리안(Roger Youderian), 그리고 맥컬리(Ed McCully)는 잔인한 아우카(Auca) 인디안 들에게 복음을 전하는 것이 자기들의 목숨보다 중요하다고 믿고 있었습니다. 이들 다섯 명의 선교사들은 에콰도르의 밀림속 커러레이 강가에서 야영을 하고 있었습니다. 얼마후 그들 모두는 창으로 찔려 죽은 시체로 발견되었습니다. 그들이 갖고 있었던 믿음의 확신은 그들의 목숨까지 버리게 했습니다.

물론 모든 그리스도인이라고 다 그런 것은 아닙니다. 목숨을 버리는 것을 선택하기보다는 주님을 배반하는 편을 택하는 사람들이 많습니다. 하지만 베드로는 막다른 상황에서 주님을 배반했던 일이 있은후에 다시는 그런 일을 반복하지 않았습니다. 하지만 베드로에게는 아직도 사람을 기쁘게하기 위해서 태도를 변경하는 기회주의적인 면이 남아 있었습니다. 베드로의 이런 기회주의적인 모습은 갈라디아서 2장 7절에서 14절까지 나타나 있습니다. 그의 태도에는 아직도 사람들을 의식하여 외식하는 비겁함이 있었습니다. 베드로를 꺼리게 한 것은 이방인들에 대한 것이었습니다. 일찍이 하나님께서는 욥바에서 베드로 뿐만 아니라 이방인들에게도 구원이 있음을 분명하게 보여주셨습니다. 그럼에도 불구하고 예루살렘의 주요 지도자들은 이방인들에 대한 부정적인 편견에 여전히 사로잡혀 있었습니다. 베드로는 어떤 것이 하나님이 원하는 것인지를 알고 있었지만 다른 사람들의 비난을 두려워했

유력하다는 이들 중에 (본래 어떤 이들이든지 내게 상관이 없으며 하나님은 사람을 외모로 취하지 아니하시나니) 저 유력한 이들은 내게 의무를 더하여 준 것이 없고 도리어 그들은 내가 무할례자에게 복음 전함을 맡은 것이 베드로가 할례자에게 맡음과 같은 것을 보았고 베드로에게 역사하사 그를 할례자의 사도로 삼으신 이가 또한 내게 역사하사 나를 이방인의 사도로 삼으셨느니라 또 기둥 같이 여기는 야고보와 게바와 요한도 내게 주신 은혜를 알므로 나와 바나바에게 친교의 악수를 하였으니 우리는 이방인에게로, 그들은 할례자에게로 가게 하려 함이라 다만 우리에게 가난한 자들을 기억하도록 부탁하였으니 이것은 나도 본래부터 힘써 행하여 왔노라 게바가 안디옥에 이르렀을 때에 책망받을 일이 있기로 내가 그를 대면하여 책망하였노라 야고보에게서 온 어떤 이들이 이르기 전에 게바가 이방인과 함께 먹다가 그들이 오매 그가 할례자들을 두려워하여 떠나 물러가매 남은 유대인들도 그와 같이 외식하므로 바나바도 그들의 외식에 유혹되었느니라 그러므로 나는 그들이 복음의 진리를 따라 바르게 행하지 아니함을 보고 모든 자 앞에서 게바에게 이르되 네가 유대인으로서 이방인을 따르고 유대인답게 살지 아니하면서 어찌하여

억지로 이방인을 유대인답게 살게 하려느냐 하였노라
(갈라디아서 2:6-14)

습니다. 후에 베드로는 혼자 안디옥 교회를 방문했습니다. 예루살렘의 다른 지도자들이 없을 때 그는 이방인들과 더불어 그들의 풍습에 따라 식사를 했습니다. 그때 갑자기 예루살렘의 지도자 몇 명이 들어왔습니다. 베드로는 그 자리를 피해 물러갔습니다. 베드로는 하나님의 말씀보다 동료 지도자들의 눈치를 더 살폈습니다. 베드로는 이방인들과 함께 식사하는 일을 즉시 중단하고 그 자리를 피했습니다. 베드로의 이런 비겁한 태도는 바울을 실망시켰습니다. 바울은 베드로가 눈치를 보며 비위를 맞추려 했던 바로 그 사람들(예루살렘 지도자들) 앞에서 베드로를 강하게 책망했습니다.

우리들은 이런 베드로의 태도에서 중요한 교훈을 얻어야 합니다. 어떤 사람들은 주위 사람이나, 환경에 따라서 변하는 표리부동한 마음을 보여줍니다. 우리도 예수를 믿는다고 하면서 이렇게 행동할 때가 있습니다. 그러나 앞으로 당신은 하나님의 교훈에 일치하는 쪽을 선택해야 합니다. 어떤 때는 그것이 당신 혼자만의 의견이 될 수도 있습니다. 하지만 대다수의 사람들이 주장한다고 해서 항상 옳은 것은 아닙니다. 오히려 진리는 헌신되고 믿음이 있는 소수의 사람들이 지키는 것입니다. 지금 당신은 헌신되지 못한 다수의 사람들 속에서 그들의 결정이 주는 편안함을 즐기고 있지는 않습니까? 우리는 어떤 일을 논의할 때 많은 사람들의 의견을 따라 결정하기 전에, 그것이 정말로 하나님의 뜻에 맞는지를 생각해 봐야 합니다. 어떤 것이 교회공동체와 하나님의 영광을 위한 것인지를 생각할 수 있어야 합니다. 당신은 베드로처럼 사람들을 의식하여 소신껏 행동하지 못했던 경우는 없었습니까? 그때 느꼈던 당신의 감정을 말해 보십시오!

바울이 베드로를 책망했던 것처럼 누군가 당신의 모순된 행동을 책망했던 적이 있습니까? 있다면 말씀해보십시오.

____

____

이러한 경험을 통해 당신이 배운 것은 무엇입니까?

____

____

당신은 다른 사람들이나 환경이 당신의 행동을 좌우하게 해서는 안됩니다. 하나님의 말씀과 기준이 당신의 태도를 결정하게 만들어야 합니다. 당신이 성경적인 가치관을 더욱 강화해야 할 분야에 표시해 보십시오!

(　　) 진실을 말함
(　　) 당신과 다른 부류의 사람들을 대하는 방법
(　　) 사회 활동에서 당신의 행동
(　　) 사업상의 거래
(　　) 성생활의 순결
(　　) 교회 활동에 대한 헌신
(　　) 직장에서의 행동
(　　) 기타(구체적으로)

당신이 일관성있는 믿음의 행동을 하지 않을때 사람들은 당신에 대해 회의적인 태도를 갖게 될 것입니다. 이러한 당신의 행동은 가족이나 친구를 비롯해 당신의 행동을 주의깊게 관찰하는 불신자들을 실망시킬 것입니다. 당신은 그리스도인으로서 어떤 확신을 갖고 있습니까? 당신의 직장이나 사업장 속에서 분위기와 환경 때문에 성경적인 가치관과 믿음의 확신대로 사는 것을 주저

하고 있지는 않습니까? 그런 경우가 있었다면 왜 그렇게 행동했는지 평가해 보십시오!

마음이 현실을 만들어 낸다. 우리는 마음을 바꿈으로써 현실을 바꿀 수 있다.

- 플라톤

묵상하고 열매 맺기

1. 오늘 공부를 통해 당신이 깨달았거나 배워야 할 진리는 무엇입니까?

2. 주님의 사역자로 변화된 삶을 살기 위해 당신이 기억하고 적용해야 할 것은 무엇입니까?

3. 변화된 삶을 위해 하나님께 드리는 기도를 하십시오.

넷째 날 : 권위와 책임에 대한 갈등(아브라함과 롯)

아브람이 애굽에서 그와 그의 아내와 모든 소유와 롯과 함께 네게브로 올라가니 아브람에게 가축과 은과 금이 풍부하였더라 그가 네게브에서부터 길을 떠나 벧엘에 이르며 벧엘과 아이 사이 곧 전에 장막 쳤던 곳에 이르니 그가 처음으로 제단을 쌓은 곳이라 그가 거기서 여호와의 이름을 불렀더라 아브람의 일행 롯도 양과 소와 장막이 있으므로 그 땅이 그들이 동거하기에 넉넉하지 못하였으니 이는 그들의 소유가 많아서 동거할 수 없었음이니라 그러므로 아브람의 가축의 목자와 롯의 가축의 목자가 서로 다투고 또 가나안 사람과 브리스 사람도 그 땅에 거주하였는지라 아브람이 롯에게 이르되 우리는 한 친족이라 나나 너나 내 목자나 네 목자나 서로 다투게 하지 말자 네 앞에 온 땅이 있지 아니하냐 나를 떠나가라 네가 좌하면 나는 우하고 네가 우하면 나는 좌하리라 이에 롯이 눈을 들어 요단 지역을 바라본즉 소알까지 온 땅에 물이 넉넉하니 여호와께서 소돔과 고모라를 멸하시기 전이었으므로 여호와의 동산 같고 애굽 땅과 같았더라 그러므로 롯이 요단 온 지역을 택하고 동으로 옮기니 그들이 서로 떠난지라 아브람은 가나안 땅에 거주하였고 롯은 그 지역의 도시들에 머무르며 그 장막을 옮겨 소돔까지 이르렀더라 소돔 사람은 여호와

창세기 13장 1~18절의 성경을 자세히 읽고 다음의 설명이 맞으면 "O" 표를 하고, 옳지 않으면 "X" 표를 하십시오!

( ) 1. 아브라함은 매우 부자였고 롯은 가난했다.
( ) 2. 롯의 목동들과 아브라함의 목동들이 서로 다투고 있었다.
( ) 3. 이 다툼을 해결하기 위해 아브라함이 먼저 행동했다.
( ) 4. 롯은 자기의 삼촌 아브라함을 존경하여 가장 나쁜 땅을 선택했다.
( ) 5. 아브라함과 롯의 다툼을 해결하는 가장 좋은 방법은 서로 헤어지는 것이었다.

아마도 당신은 2, 3, 5번이 성경의 이야기와 일치한다는 것을 알았을 것입니다. 권위에 반항이 생기면 그 집단은 비참해집니다. 아브라함은 롯을 데리고 하나님이 지시하신 땅으로 옮겨왔습니다. 아브라함은 연장자이며, 지도자였고 족장이었습니다. 또한 모든 가족들의 존경을 받는 사람이었습니다. 하나님과 사람 앞에서 아브라함은 그 종족의 지도자로 인정을 받았습니다. 그러나 롯은 그러한 아브라함의 권위를 인정하지 않았던 것 같습니다. 그들이 벧엘에 이르렀을 때 롯은 자기 삼촌의 정당한 권위를 존중하지 않았습니다. 오히려 자기주장을 내세우며 아브라함의 권위에 불만을 가지고 있었습니다. 아브라함의 권위에 대한 롯의 반항은 곧 그의 목동들 사이에 퍼졌습니다. 아브라함을 따르는 사람과 롯을 따르는 사람이 생기게되어 그 부족은 둘로 나뉘었습니다. 이방 신을 섬기는 가나안 사람들과 브리스 사람들이 있는 곳에서 하나님을 섬기는 두 사람 사이에 갈등이 생겼습니다. 롯의 반항으로 하나님의 이름이 욕을 당하게 되었습니다. 아브라함은 잠을 이룰 수

가 없었습니다. 아브라함은 이제 어떻게 하여야 되겠습니까?

오늘날 많은 부모들이 불순종하여 반항하는 자녀들로 인하여 잠을 이루지 못합니다. 많은 직장에 파벌이 있어 긴장이 고조되고 있습니다. 심지어 교회에서도 불순종하는 교인들이 당을 짓고 교회를 분열하게 만듭니다. 또한 많은 가정과 부부관계도 하나님이 정해주신 모형을 따르지 않기 때문에 진통을 겪고 있습니다.

롯은 자신의 태도에서 초래되는 결과가 목동들에게 퍼져서 발생한 상황에 대해 모르고 있었습니다. 어쩌면 알고도 방관하고 있었는지 모릅니다. 어쨌든 롯은 하나님께서 아브라함에게 허락하신 권위를 인정하지 않았습니다. 아브라함은 이런 갈등의 상황을 해결하려고 시도했을 것입니다. 아브라함은 자기와 오랫동안 동고동락했던 조카 롯과의 관계가 깨어지는 것을 원치 않았습니다. 아브라함이 행동을 취하지 않는다면 갈등은 끝없이 계속되었을 것입니다. 아브라함은 고민 속에 한 가지 결정을 내려야 했습니다. 아브라함이 롯을 떠나는 것이었습니다.

사실 하나님께서 아브라함을 처음에 부르실 때 아브라함에게 "네 본토 친척 아비의 집을 떠나라" 고 명령하셨습니다. 그러나 아브라함은 부모를 일찍 여의고 고아가 된 조카 롯을 데리고 출발했습니다. 아브라함은 하나님의 명령보다는 인간적인 감정으로 일을 처리했습니다. 오랜 세월이 흐른 뒤에 아브라함은 처음에 순종하지 못했던 하나님의 명령을 깊은 상처와 아픔으로 순종해야만 하는 경험을 했습니다. 이러한 결과가 온 것은 전적으로 아브라함의 책임이었습니다. 결국 아브라함은 자신의 권위와 책임에 도전하는 조카 롯과 헤어질 결정을 하게 됩니다. 아브라함은 이제 자신의 권위와 책임에 도전하는 롯과의 사이에서 일어난 갈등을 해결해야만 했습니다. 아브라함의 행동은 당신에게도 중요한 갈등 해

앞에 악하며 큰 죄인이었더라 롯이 아브람을 떠난 후에 여호와께서 아브람에게 이르시되 너는 눈을 들어 너 있는 곳에서 북쪽과 남쪽 그리고 동쪽과 서쪽을 바라보라 보이는 땅을 내가 너와 네 자손에게 주리니 영원히 이르리라 내가 네 자손이 땅의 티끌 같게 하리니 사람이 땅의 티끌을 능히 셀 수 있을진대 네 자손도 세리라 너는 일어나 그 땅을 종과 횡으로 두루 다녀 보라 내가 그것을 네게 주리라 이에 아브람이 장막을 옮겨 헤브론에 있는 마므레 상수리 수풀에 이르러 거주하며 거기서 여호와를 위하여 제단을 쌓았더라

(창세기 13:1-18)

결의 원리를 제공합니다. 아브라함이 내린 결정을 정리해 봅시다.

1. 나의 권위를 인정하지 않는 사람에 대해 책임을 질 수 없다.
2. 나를 따르지 않는 사람을 훈계하는 일은 불가능하다.
3. 순종하지 않는 사람은 문제를 해결하려고 하지 않는다. 내가 해야 한다.
4. 개인의 감정으로 갈등을 처리하지 말고, 믿음으로 문제를 해결해야 한다.
5. 내가 내린 결정 이후의 모든 것은 순종하지 않는 사람이 책임을 져야 한다.

당신의 경우를 생각해 보십시오! 당신에게는 권위에 대한 갈등이 있었습니까?

예 (　　　　　　) 아니요 (　　　　　　)

있었다면 누구와 어떤 갈등이었는지 말해 보십시오! 그 갈등을 해결하기 위해 앞서 말한 다섯 단계를 적용해 보십시오! (만약 이런 경험이 없었다면 다른 사람의 경우를 생각해 보십시오)

갈등을 해결하는 방법 5단계의 적용

1. ______________________________
2. ______________________________
3. ______________________________
4. ______________________________
5. ______________________________

아브라함은 이와 같은 다섯 단계의 모형을 따랐습니다. 아브라함은 몇번이나 롯과 갈등의 문제를 해결하려고 했을 것입니다. 그러나 롯은 듣지 않았습니다. 아브라함은 더 이상 롯을 훈계하려 하지 않았습니다. 그래서 (1) 그는 문제 해결방법을 결정했습니다. (2) 그는 가나안 사람들과 브리스 사람들에게 자기의 믿음을 증거 했습니다. 이들 이방인들은 아브라함이 하나님을 신뢰하는 것을 알았습니다. (3) 아브라함은 너그럽게 롯으로 하여금 그가 원하는 지역을 선택하도록 했습니다. (4) 이후로 롯은 자기의 생활에 스스로 책임을 져야 했습니다. 롯은 자기의 생각대로 가장 좋은 지역인 소돔과 고모라를 선택했습니다. 그러나 훗날 자신의 선택이 자기 소유와 아내와 딸들과 자신의 인생까지 파멸시킨 것을 알게 되었습니다. 하지만 아브라함이 취한 원리는 하나님의 축복을 받게 했습니다. 그가 기대했던 이상의 복을 받았습니다. 땅의 모래알만큼 많은 자손의 복을 약속받았습니다.

우리가 아브라함이 택했던 갈등 해결의 원리를 따른다는 것은 매우 고통스러운 일입니다. 하지만 이것은 분명히 모든 싸움을 끝내고 평화를 가져오는 원리입니다. 이번에는 다른 사람을 인정하는 입장에서 아브라함의 원리를 생각합시다. 즉 아브라함의 입장이 아니라 롯의 입장에서 취해야 할 올바른 원리입니다.

1. 나의 삶을 인도하도록 하나님이 정해 주신 사람에게 순종한다.
2. 리더의 훈계를 받아들이고 순종하는 것은 나에게 매우 중요한 부분이다.
3. 하나님이 인정하신 권위를 존중할 때 신임을 얻고 결정적인 역할에 참여하게 된다.
4. 나의 반응과 행동은 하나님께 대한 나의 믿음을 나타내는 것이어야 한다.
5. 내가 순종하여 행한 일들은 나를 인도한 사람이 책임 질 것이다.

앞에서 말한 갈등을 생각해 보십시오! 그 경우에 당신이 순종하였다면 당신의 갈등은 어떻게 변했을지 말해 보십시오!

리더나 윗사람이 잘못을 해서 갈등이 발생했다면 당신은 그 갈등을 어떻게 해결할 것입니까?(다섯 단계를 참고하여 해결단계와 방법을 말해 보십시오!)

권위와 책임에 대한 갈등은 기도하는 마음으로 주의를 기울여 신중하게 결정 내려야 합니다. 이것은 대단히 중요한 일이기 때문입니다. 지도자를 잘 만나느냐 잘못 만나느냐에 따라 당신의 운명과 인생이 좌우 될 수 있습니다. 성경은 소경이 소경을 인도하면 둘 다 구덩이에 빠진다고 말씀합니다. 때로는 지도자의 방식이 여러분의 마음에 들지 않을 수도 있습니다. 그러나 하나님은 지도자들을 통해 비전을 주시고 이끌어 가십니다. 하나님이 세우신 지도자들의 권위와 책임을 인정하고 순종해야 합니다. 만일 당신이 지도자에 대해 갈등을 갖고 있다면 반드시 해결되어야 합니다. 권위와 책임에 대한 갈등이 지속되면 피차 치유될 수 없는 상처가 생기기 때문입니다. 이제 롯의 입장에서 취할 수 있는 갈등 해결의 원리들을 신중하게 생각해 보고 실천하십시오.

"가르침을 받는 자는 말씀을 가르치는 자와 모든 좋은 것을 함께 하라. 스스로 속이지 말라 하나님은 업신여김을 받지 아니하시나니 사람이 무엇으로 심든지 그대로 거두리라"(갈 6:6-7)

묵상하고 열매 맺기

1. 오늘 공부를 통해 당신이 깨달았거나 배워야 할 진리는 무엇입니까?

2. 주님의 사역자로 변화된 삶을 살기 위해 당신이 기억하고 적용해야 할 것은 무엇입니까?

3. 변화된 삶을 위해 하나님께 드리는 기도를 하십시오.

너희가 피곤하여 낙심하지 않기 위하여 죄인들이 이같이 자기에게 거역한 일을 참으신 이를 생각하라 너희가 죄와 싸우되 아직 피흘리기까지는 대항하지 아니하고 또 아들들에게 권하는 것 같이 너희에게 권면하신 말씀도 잊었도다 일렀으되 내 아들아 주의 징계하심을 경히 여기지 말며 그에게 꾸지람을 받을 때에 낙심하지 말라 주께서 그 사랑하시는 자를 징계하시고 그가 받아들이시는 아들마다 채찍질하심이라 하였으니 너희가 참음은 징계를 받기 위함이라 하나님이 아들과 같이 너희를 대우하시나니 어찌 아버지가 징계하지 않는 아들이 있으리요 징계는 다 받는 것이거늘 너희에게 없으면 사생자요 친아들이 아니니라 또 우리 육신의 아버지가 우리를 징계하여도 공경하였거든 하물며 모든 영의 아버지께 더욱 복종하며 살려 하지 않겠느냐 그들은 잠시 자기의 뜻대로 우리를 징계하였거니와 오직 하나님은 우리의 유익을 위하여 그의 거룩하심에 참여하게 하시느니라 무릇 징계가 당시에는 즐거워 보이지 않고 슬퍼 보이나 후에 그로 말미암아 연단 받은 자들은 의와 평강의 열매를 맺느니라 그러므로 피곤한 손과 연약한 무릎을 일으켜 세우고 너희 발을 위하여 곧은 길을 만들어 저는 다리로 하여금 어그러지지 않고 고침을 받게 하라 모든 사

다섯째 날 : 네가지 갈등과 한가지 결과

히브리서 12장 3~15절을 읽으십시오!

"주님! 왜 이런 갈등이 있어야 합니까? 그리스도인으로서, 저는 삶의 평안을 원했습니다. 제 자신의 내부에 있는 마음의 갈등, 다른 사람과의 갈등, 확신에서 오는 갈등, 또 권위와 책임에서 생기는 갈등, 이 모든 갈등을 주님께서 제거해 주실 수 없겠습니까?" 물론 하나님께서는 그렇게 하실 수 있습니다. 그리고 이미 그러한 능력을 주셨습니다. 하나님은 우리에게 이 능력을 주시기 위해서 예수 그리스도를 보내셨습니다. 예수님은 하나님과 동등됨을 취하지 아니하시고 갈보리의 길을 택하셨습니다. 가시면류관과 십자가를 지셨습니다. 히브리서 12장 3절에 보면 예수님께서는 "너희가 피곤하여 낙심하지 않기 위하여" 자기에게 거역하는 고통을 참으셨다고 말합니다. 그분은 당신이 가는 그 길을 가셨습니다. 4절의 말씀을 보면 예수님은 당신이 겪지 않는 일도 경험하셨습니다. 당신이 심한 갈등으로 어찌할 바를 모를 때 히브리서 12장 5절에서 7절까지를 깊이 묵상하십시오! 이 구절의 내용을 당신의 말로 간단히 줄여서 말해 보십시오!

아마도 이렇게 요약 할 수 있을 것입니다. 주님의 징계하심은 나를 사랑하시는 증거다. 당신이 그리스도인으로 성숙하려면 갈등을 옳게 처리할 줄 알아야 합니다. 우리에 대한 하나님의 생각은 재앙이 아니라, 평안이기 때문입니다. 하나님은 우리가 고생하고 근심하며 사는 것을 원하는 것이 아니라, 행복하고 평안한 삶을 살기를 원하고 계십니다(애 3:33). 다만 하나님께서는 당신의 모난 인격을 원만하게 만들기 위해서 수많은 갈등을 도구로 사용하

십니다. 히브리서 12장 11절에 보면 "무릇 징계가 당시에는 즐거워 보이지 않고 슬퍼 보이나 후에 그로 말미암아 연단받은 자들은 의의 평강의 열매를 맺느니라"고 합니다. 하나님은 당신의 영적 성장에 관심이 있습니다. 하나님은 여러가지 시련과 갈등을 통해 우리를 단련시키십니다. 그렇기 때문에 당신이 겪는 모든 갈등과 시련은 그 하나하나가 중요합니다. 당신이 겪는 괴로움은 하나님께서 당신을 위해 처방하신 보약이라고 생각하십시오. 갈등을 괴로워하지 말고 갈등을 처리하는 방식을 배워감으로 점점 더 성숙해가는 영적 즐거움을 맛보십시오.

위에서 말한 내용을 이해하셨습니까? 당신의 지난날을 돌이켜 보고 한때는 무척 괴로운 일이었으나 그 일을 통해 하나님께서 큰 교훈을 주셨던 경우를 생각해 보십시오! 긍정적인 마음으로 다음의 물음에 대답해 보십시오!

1. 갈등의 내용

____

2. 갈등을 느낀 시간

____

3. 갈등의 해결방법

____

4. 결과

____

5. 영적으로 성숙된 부분

____

람과 더불어 화평함과 거룩함을 따르라 이것이 없이는 아무도 주를 보지 못하리라 너희는 하나님의 은혜에 이르지 못하는 자가 없도록 하고 또 쓴 뿌리가 나서 괴롭게 하여 많은 사람이 이로 말미암아 더럽게 되지 않게 하며

(히브리서 12:3-15)

히브리서 12장 10절에 보면 당신이 영적으로 성장하여 도달하게 될 목표가 있습니다. 아래에 기록해 보십시오!

____

____

그렇습니다. 당신을 향한 하나님의 궁극적인 목표는 그분의 거룩하심에 참여하게 하는 것입니다. 갈등을 잘 처리한 결과는 당신에게 부족한 부분이 고침을 받아 거룩함에 이르게 합니다. 거룩함에 이르게 된다는 말을 다시 생각해 보십시오! 거룩은 구별된다는 의미입니다. 마음의 갈등을 통해 당신은 거룩함에 이르게 됩니다. 다른 사람과의 갈등을 옳게 처리할 때 당신은 거룩함에 이르게 됩니다. 목숨보다 더 소중한 하나님의 교훈에 당신이 헌신할 때 거룩함이 주어집니다. 권위와 책임에서 생기는 갈등을 극복할 때 당신의 거룩함은 발전됩니다. 아담의 자녀들처럼 갈등의 피해자로 끝내는 것이 아니라, 하나님의 자녀답게 갈등을 성숙의 도구로 사용해야 합니다. 거룩한 하나님의 자녀답게 성장하고, 하나님의 사역자로 성숙해가는 것은 당신에 대한 하나님의 영적인 목표입니다.

히브리서 12장 15절을 보십시오. 이 말씀은 당신이 마음의 갈등과 싸울때 주의해야 할 영적인 교훈을 주고 있습니다. 우리는 하나님의 일방적인 은혜로 우리가 받아야 마땅한 형벌을 면제받았습니다. 우리도 이와같은 하나님의 은혜를 이웃에게 베풀 수 있어야 합니다. 그러기 위해서는 우리들 마음속에 쓴 뿌리가 번성하지 못하도록 만들어야 합니다. 쓴뿌리는 인간의 마음속에서 성장하는 매우 강력한 잡초입니다. 솟아날때 뽑아버리지 않으면 순식간에 번성해서 당신의 삶 전체를 덮게 될 것입니다.

갈등의 목적을 이해하셨다면 이제부터는 갈등을 두려워하지 말고, 오히려 갈등을 통해 당신의 인격을 향상시키시는 하나님께 감사하십시오. 하나님께서는 당신을 파멸시키기 위해 고통을 주신 것이 아닙니다. 그분이 원하시는 일은 당신이 그리스도인으로 성숙한 인격을 소유하는 것입니다. 크고 작은 수많은 갈등을 통해 당신은 좀 더 빠르게 거룩함과 하나님이 원하시는 수준에 이르게 됨을 감사하십시오! 갈등을 믿음의 거침돌로 바라보지 말고, 영적 성숙의 디딤돌로 바라보십시오. 하나님은 당신을 너무나 사랑하시기 때문에 세상이 주는 것과 같지 않은 평강과 평화를 주십니다.

"평안을 너희에게 끼치노니 곧 나의 평안을 너희에게 주노라 내가 너희에게 주는 것은 세상이 주는 것과 같지 아니하니라 너희는 마음에 근심하지도 말고 두려워하지도 말라"(요 14:27)

묵상하고 열매 맺기

1. 오늘 공부를 통해 당신이 깨달았거나 배워야 할 진리는 무엇입니까?

2. 주님의 사역자로 변화된 삶을 살기 위해 당신이 기억하고 적용해야 할 것은 무엇입니까?

3. 변화된 삶을 위해 하나님께 드리는 기도를 하십시오.

11 단원

인생 혁명 _ 내적인 기초석

11 단원 [암송구절 | 고린도전서 3:16]

인생 혁명 _ 내적의 기초석

첫째 날 : 당신의 마음 (신앙과 불신의 원천)

요한복음 5장 44절, 마가복음 9장 17~24절, 히브리서 11장 6절을 읽으십시오!

우리는 그동안 몇 가지 핵심적인 그리스도인의 가치관에 대해 배워 왔습니다. 이번 단원에서는 당신의 나머지 모든 가치관을 형성해 줄 기본적인 진리들을 배우게 될 것입니다. 모든 사람은 DNA라는 작은 세포로 구성되어 있습니다. 이것은 각기 다른 형태로 결합하여 독특한 세포를 이루게 됩니다, 마찬가지로 벽돌 하나하나가 당신의 가치관을 구성하는 최소한의 단위라고 생각해 봅시다. 다섯 개의 기초석은 그리스도인으로서 당신의 가치관을 구성해 주는 기본원리들입니다. 이중에서 셋은 당신 내부에 있는 것인데, 신앙을 갖게 하는 당신의 생각과 하나님의 성전으로서의 당신의 몸과 하나님의 종으로서의 당신의 영을 말합니다. 둘은 당신의 외부에 존재하는 것으로서 당신의 삶에 중요한 물질과 당신의 생활 주변에 있는 사람들입니다.

너희가 서로 영광을 취하고 유일하신 하나님께로부터 오는 영광은 구하지 아니하니 어찌 나를 믿을 수 있느냐

(요한복음 5:44)

무리 중의 하나가 대답하되 선생님 말 못하게 귀신 들린 내 아들을 선생님께 데려왔나이다 귀신이 어디서든지 그를 잡으면 거꾸러져 거품을 흘리며 이를 갈며 그리고 파리해지는지라 내가 선생님의 제자들에게 내쫓아 달라 하였으나 그들이 능히 하지 못하더이다 대답하여 이르시되 믿음이 없는 세대여 내가 얼마나 너희와 함께 있으며 얼마나 너희에게 참으리요 그를 내게로 데려오라 하시매 이에 데리고 오니 귀

신이 예수를 보고 곧 그 아이로 심히 경련을 일으키게 하는지라 그가 땅에 엎드러져 구르며 거품을 흘리더라 예수께서 그 아버지에게 물으시되 언제부터 이렇게 되었느냐 하시니 이르되 어릴 때부터니이다 귀신이 그를 죽이려고 불과 물에 자주 던졌나이다 그러나 무엇을 하실 수 있거든 우리를 불쌍히 여기사 도와 주옵소서 예수께서 이르시되 할 수 있거든이 무슨 말이냐 믿는 자에게는 능히 하지 못할 일이 없느니라 하시니 곧 그 아이의 아버지가 소리를 질러 이르되 내가 믿나이다 나의 믿음 없는 것을 도와 주소서 하더라

(마가복음 9:17-24)

믿음이 없이는 하나님을 기쁘시게 하지 못하나니 하나님께 나아가는 자는 반드시 그가 계신 것과 또한 그가 자기를 찾는 자들에게 상 주시는 이심을 믿어야 할지니라

(히브리서 11:6)

당신이 살펴볼 첫 번째 벽돌은 신앙을 갖게 하는 당신의 마음입니다. 당신은 어떤 하나님과 당신의 관계를 소중하게 여기십니까? 마태복음 22장 37~38절을 주목해 보십시오! 당신은 어떻게 하나님을 사랑해야 합니까?

1. ______________ 2. ______________ 3. ______________

마음, 목숨, 뜻 부분에서 각각 하나님이 원하시는 분량은 어느 정도입니까? 전부 다 '예' 라고 대답하셨습니까? 당신은 정말로 마음속 깊이 하나님의 존재하심을 인정하십니까? 그분은 진실로 당신에게 실재하십니까? 그분은 얼마만큼 당신에게 실제적인 분이십니까? 세상의 어떤 사람보다도 당신에게 구체적인 분이십니까? 당신이 그분의 실재를 의심한다면 그분과의 관계에서 당신의 가치관을 확립할 수 없을 것입니다. "당신은 하나님을 믿느냐?" 고 물을 때 "물론 나는 믿고 있지!" 라고 대부분 말합니다. 그러나 중요한 문제는 이것입니다. 당신은 순간순간 당신의 삶에서 그분과 함께 하느냐 하는 것입니다. 하나님에 대한 당신의 생각을 말해 줄 수 있는 아래의 설명을 읽고 당신의 경우에 해당되는 곳에 표시 하십시오!

( ) 하나님이라고? 교회는 다니고 있지만 진짜 하나님이 계신 줄 어떻게 알아? 죽어봐야지!
( ) 잘 알 수 없지! 어딘가 계실지도 모르지만.
( ) 물론 하나님을 믿지. 그러나 그분은 나와 별 상관이 없어.
( ) 하나님은 내 삶의 한부분이나 마찬가지야. 나의 주인이시지. 그러나 가끔 바쁘다 보면 그분을 잊고 지낼 때가 많아.
( ) 한 순간도 주님이 나와 함께 하심을 느끼지 못할 때가 없다.

예수님께서는 우리들의 잘못된 생각을 꾸짖으시며 사람에게서

영광을 얻으려는 유혹에 대해 경고하셨습니다. "너희가 서로 영광을 취하고 유일하신 하나님께로부터 오는 영광은 구하지 아니하니 어찌 나를 믿을 수 있느냐?"(요 5:44) 만일 당신의 명예와 영광이 당신을 칭찬하는 사람의 입술로부터 온다면 하나님께 대한 당신의 신앙은 불완전한 것입니다. 당신이 하나님의 자녀이기 때문에 존엄성과 영광을 소유했다는 것을 확신하는 것이 제대로 된 신앙입니다. 최근 당신의 삶에 있었던 삶의 위기에 대해 생각해 보십시오! 당신은 그때 하나님과 어떤 관계였습니까? 당신에게 매우 실제적인 분이었습니까? 구체적으로 설명해 보십시오!

만약 그때 하나님께서 당신이 생각했던 만큼 실제적인 분이 아니었다면 왜, 도대체, 무엇 때문이라고 생각하십니까?

마가복음 9장 17~24절에 큰 위기를 만난 어떤 아버지의 이야기가 있습니다. 어떤 위기였습니까?

그렇습니다. 그의 아들은 고침을 받아야 했고 오직 하나님만이 그 아들을 도울 수 있었습니다, 그러나 그 아버지의 마음속에는 과연 예수님은 자기 아들을 고쳐주실 수 있을까라는 의심이었습니다. 예수님은 아이 아버지의 생각과는 관계없이 아들을 고쳐주실 수 있는 모든 능력을 갖고 계신 분이었습니다. 문제는 예수님이 아니라, 아버지였습니다. 지금 그가 의심하고 있던 예수님과 사랑했던 아들은 서로를 절실히 필요로 하고 있었습니다. 이 순간

아이의 아버지는 자기 생애 처음으로, 자신에게 문제가 있다는 사실을 깨닫게 됩니다. 그래서 그는 "나의 믿음 없는 것을 도와주소서!"라고 외쳤습니다(24절). 그렇습니다. 자신의 연약함을 고백하고 하나님께 도움을 요청하는 사람은 도우시고, 치료하시고, 인도하시는 하나님을 만날 수 있습니다. 문제는 주님께 있는 것이 아닙니다. 우리들이 소유하고 있는 연약한 믿음입니다. 만일 영적 가치관의 기초석인 우리의 마음이 믿음으로 충만하도록 만든다면 우리는 언제나 살아계신 하나님을 경험할 수 있게 될 것입니다. 히브리서 11장 6절을 읽고 말씀의 내용을 깊이 생각해 보십시오!

하나님은 자기를 찾는 자들에게 항상 좋은 것으로 채워주시는 분이십니다. 이것이 아버지의 마음입니다. 이사야 49장 15절에 보면 하나님은 이렇게 말씀합니다. "여인이 어찌 그 젖 먹는 자식을 잊겠으며 자기 태에서 난 아들을 긍휼히 여기지 않겠느냐 그들은 혹시 잊을지라도 나는 너를 잊지 아니할 것이라." 사람은 잊어도 하나님은 잊지 않으십니다. 여러분이 다른 어떤 것에서 영광을 구하지 아니하고 하나님을 부지런히 찾을 때 당신의 마음은 믿음으로 가득 채워질 것입니다. 아름다운 신앙의 집을 건축하기 위해 첫 번째 기초석을 든든하게 놓으십시오.

영혼은 육체의 생명이고 믿음은 영혼의 생명이다.
그리스도는 믿음의 생명이다.

- 존 트랩

묵상하고 열매 맺기

1. 오늘 공부를 통해 당신이 깨달았거나 배워야 할 진리는 무엇입니까?

2. 주님의 사역자로 변화된 삶을 살기 위해 당신이 기억하고 적용해야 할 것은 무엇입니까?

3. 변화된 삶을 위해 하나님께 드리는 기도를 하십시오.

둘째 날 : 당신의 몸 (산 제물인가?)

고린도전서 3장 16~17절, 고린도전서 15장 40~49절, 고린도후서 6장 16절~7장 1절을 읽으십시오!

너희는 너희가 하나님의 성전인 것과 하나님의 성령이 너희 안에 계시는 것을 알지 못하느냐 누구든지 하나님의 성전을 더럽히면 하나님이 그 사람을 멸하시리라 하나님의 성전은 거룩하니 너희도 그러하니라

(고린도전서 3:16-17)

하늘에 속한 형체도 있고 땅에 속한 형체도 있으나 하늘에 속한 것의 영광이 따로 있고 땅에 속한 것의 영광이 따로 있으니 해의 영광이 다르고 달의 영광이 다르며 별의 영광도 다른데 별과 별의 영광이 다르도다 죽은 자의 부활도 그와 같으니 썩을 것으로 심고 썩지 아니할 것으로 다시 살아나며 욕된 것으로 심고 영광스러운 것으로 다시 살아나며 약한 것으로 심고 강한 것으로 다시 살아나며 육의 몸으로 심고 신령한 몸으로 다시 살아나나니 육의 몸이 있은즉 또 영의 몸도 있느니라 기록된 바 첫 사람 아담은 생령이 되었다 함과 같이 마지막 아담은 살려 주는 영이 되었나니 그러나 먼저는 신령한 사람이 아니요 육의 사람이요 그 다음에 신령한 사람이니라 첫 사람은 땅에서 났으니 흙에 속한 자이거니와 둘째 사람은 하늘에서 나셨느니라 무릇 흙에 속한 자들은 저 흙에 속한 자와 같고

당신의 가치체계를 위한 건물의 두 번째 벽돌은 당신의 몸을 도덕적으로 사용하는 것에 대한 기독교적 관점입니다. 이 주제는 너무 중요하기 때문에 그것을 다루는데 두 번이 더 걸릴 것입니다. 불신자들은 육체가 인생에 있어 가장 중요한 요소라고 생각합니다. 개인의 수입금액 중 상당한 부분이 육체를 위해 쓰여 집니다. 자동차와 비행기가 그것을 운반합니다. 밤낮에 걸쳐 각종 아름다운 옷들이 그것을 감쌉니다. 사우나에 가고 운동을 하고 몸에 좋은 것이라면 돈을 아끼지 않습니다. 조금만 아프면 약을 먹고 의사의 치료를 받고 수술까지 합니다. 각종 좋은 것이 사람의 육신을 위하여 준비되어 있습니다.

어떤 사람은 다른 사람에게 매혹당하는 가장 중요한 요소 가운데 하나가 몸매에 있습니다. 많은 광고물을 보면 상품 하나에 여러 명의 매력적인 육체가 나옵니다. 바닷가에 가는 사람들에 대한 조사를 보면 많은 남자들은 여자들의 몸매를 구경하러 간다고 합니다. 물론 대부분의 여자들은 그들의 몸매와 외모에 대한 찬사를 듣기 위해 가고 있습니다. 요즘처럼 다이어트에 관심이 많은 시대는 일찍이 없었습니다. 사람들은 왜 우리의 몸에 대해 그렇게 집착하게 되었을까요? 아담의 후예들은 육체없이 아무 의미도 찾을 수 없기 때문입니다. 오늘날 많은 사람들이 웰빙(잘 먹고 건강하게 잘 사는 것)인생을 꿈꿉니다. 하지만 웰다잉(믿음으로 살다가 하나님 나라에 가는 것)이 더 중요합니다. 어떤 사람들은 "인생은 아름다운 것이다"라고 주장합니다. 그러나 그것은 오래 가지 못합니다! 죽음이 모든 것을 끝장냅니다. 다이아몬드나 다른 보석들로 장식된 육체는

찬사를 받는 관심의 초점이 됩니다. 떠벌리기 잘하는 사람들은 자기가 가까이 대했던 유명한 사람들에 대해 자랑합니다. 다른 모든 사람들이 그런 사람들과 사귈 수 있는 자신으로부터 깊은 감명을 받게 되리라는 것을 알기 때문입니다.

그러나 예수님은 물질에 대한 어떤 욕심도 단호히 배격하셨습니다. 예수님은 겉옷 한벌에 만족하셨습니다. 영적인 삶보다 겉모습을 더 중요하게 여기는 바리새인들의 겉치레를 비판하셨습니다. 예수님은 육체는 영원한 생명을 위한 잠깐동안의 거주지인 것을 아셨습니다. 이 땅의 영광과 저 하늘의 영광은 감히 비교할 수 없다는 것을 알고 계셨습니다. 그러나 이보다 훨씬 더 중요한 사실이 있습니다. 예수님은 그의 육체가 단지 사람의 영혼이 머무르는 곳이 아니라 영원한 하나님의 성령이 거하시는 곳임을 아셨습니다. 그런 지식이 그분에게서 모든 것을 변화시켰고 또한 우리의 모든 것을 변화시킬 것입니다. 오늘 읽은 성경 말씀이 가르치는 바와 같이 여러분의 몸에는 거룩한 하나님의 영이 거하고 계십니다. 고린도전서 3장 16~17절을 읽으십시오!

- 성경은 몸에 대해 어떻게 말하고 있습니까?

____

- 누가 당신의 몸 안에 사십니까?

____

- 성전의 목적은 무엇입니까?

____

- 그렇다면 당신의 몸을 무엇을 위해 사용하겠습니까?

____

위의 성경 구절은 당신의 몸이 거룩한 하나님의 전으로서 하나님의 영이 거하신다고 가르치십니다. 성전의 용도가 예배드리기

무릇 하늘에 속한 자들은 저 하늘에 속한 이와 같으니 우리가 흙에 속한 자의 형상을 입은 것 같이 또한 하늘에 속한 이의 형상을 입으리라

(고린도전서 15:40-49)

하나님의 성전과 우상이 어찌 일치가 되리요 우리는 살아 계신 하나님의 성전이라 이와 같이 하나님께서 이르시되 내가 그들 가운데 거하며 두루 행하여 나는 그들의 하나님이 되고 그들은 나의 백성이 되리라 그러므로 너희는 그들 중에서 나와서 따로 있고 부정한 것을 만지지 말라 내가 너희를 영접하여 너희에게 아버지가 되고 너희는 내게 자녀가 되리라 전능하신 주의 말씀이니라 하셨느니라 그런즉 사랑하는 자들아 이 약속을 가진 우리는 하나님을 두려워하는 가운데서 거룩함을 온전히 이루어 육과 영의 온갖 더러운 것에서 자신을 깨끗하게 하자

(고린도후서 6:16-7:1)

위한 장소로 제공되는 것이라면 당신의 몸을 그 소유주이신 하나님을 기쁘시게 하는데 사용해야 할 것입니다. 무엇보다 가장 중요한 사실은 당신이 몸의 소유주가 아니라는 겁니다. 당신의 만족을 위해 다른 사람에게 잘 보이기 위해 몸을 사용할 권리가 없습니다. 종은 자신의 몸에 속한 모든 것이 그 주인에게 속하게 됩니다! 여러분은 예수 그리스도의 보배피로 값 주고 산 자들입니다. 당신의 육체를 남용하거나 학대하지 마십시오. 육체의 해가 되는 것들을 거리낌없이 먹고 마시는 것은 당신에게 육체를 맡기신 하나님의 은혜를 무시하는 것입니다.

물론 먹고 마시는 문제가 우리의 구원과 연관되어 있는 것은 아닙니다. 예를 들어 자기의 자녀가 날마다 똥 싸고 뭉개며 지저분하게 군다고 해서 그 아이를 자기의 호적에서 지울 부모는 없을 것입니다. 마찬가지로 육체에 해가 되는 것들을 먹고 마셨다고 해서 구원받지 못하는 것은 아닙니다. 그러나 하나님은 우리가 하나님의 자녀답게 성장하고 성숙하는 거룩한 삶을 살기를 원하십니다. 당신이 하나님 편에서 생각하고 이런 하나님의 마음을 이해할 때 지난날 당신의 몸을 가지고 행한 일들에 대한 당신의 생각이 어떻게 바뀝니까? 지금은 행하지 않은 일로 기독교인이 되기 이전에 당신의 몸을 가지고 행한 일 몇 가지만 써보십시오!

예수 믿기 전에 행했으며 지금도 가끔씩 행하는 일들을 써보십시오! 그리고 왜 그렇게 하는지 변명을 해보십시오! 지금 당신의 감정은 어떻습니까?

하나님은 당신의 주님께서 당신이 거하고 있는 육체의 모든 필요에 대해 공급하실 것을 약속하셨습니다. 예수님은 먹을 것, 입을 것, 거할 집에 대해 염려하지 말 것을 말씀하셨습니다. 그는 당신이 육체를 위한 그분의 약속에 굳게 설 때 모든 것을 제공하시겠다고 약속하셨습니다. 당신의 몸은 그 주인이 뜻하신대로 사용하시려고 보존됩니다. 그분은 자신의 이름을 위해 그것을 사용하기 원하십니다. 하나님은 자신이 선물하신 육체가 훼손되는 것을 원하지 않으십니다. 하나님은 당신의 육체를 거룩하게 보존하시기를 원하십니다. 당신은 당신 몸에 대한 소유주가 아니라 청지기일 뿐이라는 사실을 기억하십시오. 이 사실이 당신의 의식주와 취미생활에 어떤 영향을 미치는지 기록해 보십시오!

"부정한 것을 만지는 것," 즉 몸을 더럽히는 것은 성전을 잘못 사용하는 것입니다. 그것은 하나님이 거하시며 봉사의 일을 수행하는데 가치 있게 쓰이는 성전으로 간수하지 않는 것을 말합니다. 고린도후서 6장 17절과 고린도후서 7장 1절은 "육과 영의 온갖 더러운 것에서 자신을 깨끗하게 하자"고 교훈하고 있습니다. 이것은 당신이 하나님의 가치관으로 벽돌을 쌓아가기 위한 새로운 기초석을 제공하게 될 것입니다. 다음과에서는 이런 면에 초점을 맞추게 될 것입니다.

죄를 범하고 힘들게 변명하는 것보다 참회의 눈물을 흘리는 쪽이 더 낫다.

- 토마스 아 켐피스 -

묵상하고 열매 맺기

1. 오늘 공부를 통해 당신이 깨달았거나 배워야 할 진리는 무엇입니까?

2. 주님의 사역자로 변화된 삶을 살기 위해 당신이 기억하고 적용해야 할 것은 무엇입니까?

3. 변화된 삶을 위해 하나님께 드리는 기도를 하십시오.

셋째 날 : 당신의 도덕 기준(절대적인가?)

고린도전서 6장 9~18절, 에베소서 5장 29~32절을 읽으십시오!

• 고린도전서 6장 13절은 당신의 몸에 대하여 무엇을 말하고 있습니까?

맞습니다. 당신의 몸은 이기적 욕망을 위해서가 아니라 주님을 섬기기 위해서 존재합니다. 오늘날 소설류로부터 상업광고에 이르기까지 문란한 생활방식이 당연하고 추천할 만한 것으로 조장되어 왔습니다. 자유와 멋이라는 이름 아래 성적이고 자극적이고 도덕적 타락이 정당화되고 있습니다. 많은 사람들이 서로 마음만 맞으면 성적인 관계를 가질 수 있다는 생각을 가지고 있습니다. 사회적인 분위기도 이러한 것들을 묵인 내지는 방조하는 입장을 견지하고 있습니다. 하지만 대다수의 사람들이 생각하고 있다고 그것이 진리가 될 수 있습니까? 그렇지 않습니다! 몸은 욕망을 위한 소유물도 아니며, 욕망을 채우는 것이 육체의 권리도 아닙니다. "몸은 주를 위해 있고, 주는 몸을 위하신다" 고 바울 사도는 말했습니다. 누가 성인입니까? 책임질 수 있는 연령에 달한 자입니까? 아니면 무책임한 연령에 달한 사람입니까? 불결한 성생활은 무책임과 미숙함의 상징입니다. 섹시한 모습이 아름다움으로 칭송받는 이 시대에 거룩함이 삶의 특징이 되는 성도가 되어야 합니다.

예수님은 산상수훈을 통해 부정직, 순결치 못함, 자기중심성, 사랑의 결핍 등 네 가지 범주의 죄에 대해 말씀하셨습니다. 이 네 가지 모두 하나의 주제 아래 함축될 수 있는데 그것은 "무책임한 삶" 입니다. 바울 또한 하나님께 무책임한 태도를 나타내는 몇 가지 죄들을 명시하고 있습니다. 고린도전서 6장 9~10절을 읽고 그

불의한 자가 하나님의 나라를 유업으로 받지 못할 줄을 알지 못하느냐 미혹을 받지 말라 음행하는 자나 우상 숭배하는 자나 간음하는 자나 탐색하는 자나 남색하는 자나 도적이나 탐욕을 부리는 자나 술 취하는 자나 모욕하는 자나 속여 빼앗는 자들은 하나님의 나라를 유업으로 받지 못하리라 너희 중에 이와 같은 자들이 있더니 주 예수 그리스도의 이름과 우리 하나님의 성령 안에서 씻음과 거룩함과 의롭다 하심을 받았느니라 모든 것이 내게 가하나 다 유익한 것이 아니요 모든 것이 내게 가하나 내가 무엇에든지 얽매이지 아니하리라 음식은 배를 위하여 있고 배는 음식을 위하여 있으나 하나님은 이것 저것을 다 폐하시리라 몸은 음란을 위하여 있지 않고 오직 주를 위하여 있으며 주는 몸을 위하여 계시느니라 하나님이 주를 다시 살리셨고 또한 그의 권능으로 우리를 다시 살리시리라 너희 몸이 그리스도의 지체인 줄을 알지 못하느냐 내가 그리스도의 지체를 가지고 창녀의 지체를 만들겠느냐 결코 그럴 수 없느니라 창녀와 합하는 자는 그와 한 몸인 줄을 알지 못하느냐 일렀으되 둘이 한 육체가 된다 하셨나니 주와 합하는 자는 한 영이니라 음행을 피하라 사람이 범하는 죄마다 몸 밖에 있거니와 음행하는 자는 자기 몸에 죄를 범하느니라

(고린도전서 6:9-18)

누구든지 언제나 자기 육체를 미워하지 않고 오직 양육하여 보호하기를 그리스도께서 교회에게 함과 같이 하나니 우리는 그 몸의 지체임이라 그러므로 사람이 부모를 떠나 그의 아내와 합하여 그 둘이 한 육체가 될지니 이 비밀이 크도다 나는 그리스도와 교회에 대하여 말하노라

(에베소서 5:29-32)

가운데 기록된 열 가지 형태의 죄들올 적어 보십시오!

①	②	③	④	⑤
⑥	⑦	⑧	⑨	⑩

그런데 고린도전서 6장 11절은 이 모든 죄들에 대한 해결방안을 제시합니다. 그것은 무엇입니까?

예수 그리스도에 대한 믿음은 회개하고 돌아오는 모든 사람을 씻어서 거룩하고 의롭게 합니다. 얼마나 큰 구원입니까? 용서받지 못할 죄는 전혀 없습니다. 당신의 몸은 부정직과 불결함, 자아중심성이나 부정함이 거하기 위한 성전이 아닙니다. 그것은 하나님의 성전인 것입니다. 당신 몸의 지배권은 당신의 지배권에서 제외되었습니다. 당신은 당신몸에 홀로 거하지 않습니다. 왕중의 왕이신 그리스도께서 당신 안에 내주 하십니다. 당신은 당신의 몸을 구하기 위해서 전혀 한 일이 없지만 그는 당신을 구속하기 위해 갈보리에서 자신의 몸을 주셨습니다. 당신의 몸은 당신의 소유가 아님을 기억하십시오!

어느 기독교인이 노름을 하자는 제의를 다른 사람으로부터 받고 다음과 같이 대답을 했습니다. "저는 자주 그 노름을 즐겼지요. 그러나 제 손을 잃고 난 후부터는 더 이상 그것을 할 수 없었습니다." 그 사람은 몹시 이상했습니다. 두 손이 마비되기는커녕 아무렇지도 않고 멀쩡했기 때문이었습니다. 그 기독교인이 말했습니다. "설명해 드릴까요? 12년 전에 저의 소유권을 예수 그리스도께 이전했습니다. 바로 그날 그분은 제 몸의 사용권을 가지셨지요. 그날이후 이 두 손은 그분을 위한 새 임무들을 많이 수행해 왔

지요. 두 손이 더 이상 만지지 못하게 된 많은 일들을 관찰해 보는 것이 또한 흥미 있었습니다. 어쨌든 선생님 저는 선생님과 놀아드릴 방법이 전혀 없군요."

에베소서 5장 29~32절은 그리스도와 당신의 관계를 남편과 아내 사이의 헌신과 정절에 비유합니다. 그들의 육체적 결합은 자신들의 모든 삶을 상대방을 위한 사랑에 바치겠다는 서약의 일부에 불과 합니다. 바울은 이 명제를 설명하기 위해 구약성경의 한 구절을 인용했습니다. 창세기 2장 24절에 보면 남편과 아내는 그들의 몸을 사용함에 있어 더 이상 독립된 개체가 아닙니다. 혼인서약은 그들의 육체를 하나되게 한 것에 몸을 복종시키겠다는 결단이며, 둘이 하나되는 것에 자신을 맡겨 놓겠다는 위임인 것입니다. 고린도전서 6장 9~18절에 보면 그리스도와 당신의 결혼이 그와 당신을 하나되게 했다고 설명합니다. 당신이 기독교인이 되었을 때 그리스도와 연합했습니다. 그분을 믿는다고 하는 것은 자신을 기쁘게하기 위해서 자기 멋대로 몸을 사용하지 않는 것을 포함합니다. 이제는 그렇게 한다해도 진정한 만족을 얻을 수 없기 때문입니다. 바울은 몸을 잘못 사용하는 태도를 바로 잡기 위한 훌륭한 교훈을 제시하고 있습니다. 왼쪽 구절들과 관계된 오른쪽의 말들을 연결 지으십시오!

( ) 12절 A. 불결한 성생활은 하나님이 거하시는 장소로서의 당신 몸에 대해 죄를 짓는 것이다.

( ) 13절 B. 도덕적으로 용납할 수 있는 것이라 해도, 당신이 그것을 지배하기보다 그것이 당신을 지배하기 시작하면 잘못된 것이다.

( ) 15절 C. 몸은 하나님의 뜻대로 섬기기 위한 것이지 인간의 이기적 욕망을 채우기 위한 것이 아니다.

(　　) 18절　D. 당신은 그리스도의 몸에 일부이다.

당신의 몸은 그리스도가 거하시는 장소 이상의 목적을 갖도록 하지 마십시오. 낮에 예배드리는 교회당을 그날 저녁엔 술집으로 운영할 수 있겠습니까? 열등하고 잘못된 목적에 육체를 제공함으로서 사탄에게 이용당하지 마십시오. 당신의 육체가 그리스도의 것임을 기억하십시오.

어린아이 몇 명이 배 몇 개를 몰래 집어넣었다. 그러나 한 아이는 알고도 그렇게 하지 않았다. 이 모습을 은밀히 지켜본 선생님은 "너는 아무도 보는 사람이 없는데도 넌 왜 그것을 가져가지 않았니?" 그러자 그 아이가 오히려 반문하듯 따져 물었다. "보는 사람이 없다니요? 선생님 제가 그 자리에 있었잖아요. 저는 제 자신의 모습을 두 눈으로 똑똑히 보고 있었어요. 그래서 내가 나쁜 짓을 하지 못하도록 감시하고 있었는걸요?"

말초적 즐거움은 비누 거품같이 반짝이다 없어진다.
지적인 즐거움은 조용하고 아름답고 은근하고 영원하며
보이지 않는 세상까지 올라간다.

- 존 H. 오기

묵상하고 열매 맺기

1. 오늘 공부를 통해 당신이 깨달았거나 배워야 할 진리는 무엇입니까?

2. 주님의 사역자로 변화된 삶을 살기 위해 당신이 기억하고 적용해야 할 것은 무엇입니까?

3. 변화된 삶을 위해 하나님께 드리는 기도를 하십시오.

넷째 날 : 당신의 영 (하나님의 종인가?)

하늘을 창조하여 펴시고 땅과 그 소산을 내시며 땅 위의 백성에게 호흡을 주시며 땅에 행하는 자에게 영을 주시는 하나님 여호와께서 이같이 말씀하시되

(이사야 42:5)

마음이 갈라지며 시집 가지 않은 자와 처녀는 주의 일을 염려하여 몸과 영을 다 거룩하게 하려 하되 시집 간 자는 세상 일을 염려하여 어찌하여야 남편을 기쁘게 할까 하느니라

(고린도전서 7:34)

술 취하지 말라 이는 방탕한 것이니 오직 성령으로 충만함을 받으라

(에베소서 5:18)

사도들을 가운데 세우고 묻되 너희가 무슨 권세와 누구의 이름으로 이 일을 행하였느냐 이에 베드로가 성령이 충만하여 이르되 백성의 관리들과 장로들아 만일 병자에게 행한 착한 일에 대하여 이 사람이 어떻게 구원을 받았느냐고 오늘 우리에게 질문한다면 너희와 모든 이스라엘 백성들은 알라 너희가 십자가에 못 박고

이사야 42장 5절, 고린도전서 7장 34절, 에베소서 5장 18절, 사도행전 4장 7~10절을 읽으십시오!

당신의 가치체계를 구성하는 세 번째 벽돌은 당신의 영입니다. 건물의 다섯 가지 벽돌은 당신의 모든 가치를 구성하는 기초단위입니다. 이중에서 셋은 당신속에 있는 것인데 신앙을 갖게 하는 당신의 마음과 하나님의 성전으로서의 당신의 몸과 하나님의 종으로서의 당신의 영을 말합니다. 몸은 하나의 집과도 같습니다. 그 자체로서는 아무 의미도 없습니다. 그것의 가치는 그 안에 사는 사람의 인격에 따라 나타납니다. 그 안에 살고 있는 생명이 진실로 중요한 것입니다. 이사야 42장 5절을 읽으십시오!

하나님이 인간에게 주신 것이 무엇입니까? ______ 과 ________

하나님은 모든 사람들에게 호흡과 영을 주셨습니다. 영이란 말은 진정한 인격, 즉 내면의 자아(inner-self)를 의미합니다. 삼위일체 하나님께서는 자신의 형상을 따라 사람도 삼위일체적인 구조로 만드셨습니다. 사람은 육체, 정신체(=마음), 영체로 구성된 하나의 인격체가 된 것입니다. 그렇기 때문에 사람이 행복하려면 육체적 만족뿐만 아니라 정신적인 만족과 영적인 만족을 얻어야 합니다. 사람은 육체의 본능적 욕구를 채워야 만족하게 됩니다. 또 정신적 만족을 느껴야 행복을 느끼게 됩니다. 그러나 이 두 가지 욕구가 충족되어도 영적인 만족과 필요를 채우지 못하면 인생이 공허하고 불안하게 되어 있습니다. 사람에게 있어서 제일 중요한 것은 영적인 부분입니다. 영적인 평안을 누리지 못하면 그의 정신과 육체는 피곤해질 수밖에 없습니다.

사람을 지으시고 당신을 당신되게 하신 분은 하나님이십니다. 당신의 지능, 창조 능력, 많은 재능들, 그리고 특별히 영적인 은사들은 그의 솜씨입니다. 당신이야말로 시편기자가 말한 대로 놀랍고도 경이로운 존재인 것입니다. 하나님의 걸작품인 것입니다. 이 세상에 사람같이 귀한 존재는 없습니다. 유일하게 사람만이 영이신 하나님의 형상을 닮은 존재이기 때문입니다. 예수님을 믿는 순간 하나님의 성령이 우리 안에 들어와 영적인 존재가 되었고, 영이신 하나님과 소통할 수 있게 되는 것입니다. 유한한 육체로 죽을 수밖에 없던 인간이 영원한 살 수 있는 영적 존재로 변화 받게 된 것입니다. 그동안 당신은 영적인 부분을 어떻게 다루어 오셨습니까?

하나님이 죽은 자 가운데서 살리신 나사렛 예수 그리스도의 이름으로 이 사람이 건강하게 되어 너희 앞에 섰느니라

(사도행전 4:7-10)

잠시 동안 당신의 특성에 대해 생각해 보십시오! 당신이 얼마나 독특한 존재인지 깨달으셨습니까? 전혀 예상도 못해 본 일 일 것입니다! 아래의 빈칸에 당신의 장점이라고 생각하는 특징들을 제목별로 적어 보십시오! 이것은 하나님이 당신을 특별한 인격으로 지으셨다는 것과 그분을 위해 특별한 사명을 수행하도록 적절한 장점을 당신에게 주셨다는 사실을 알게 해 줄 것입니다.

창조성(Creativity)	
재능(Talents)	
능력(Abilities)	
다른 특징들	

당신의 풍부한 재능과 능력들을 그 모든 것의 소유주이신 하나님이 쓰시도록 드리십시오! 당신의 몸안에 영원히 존재할 영으로서의 당신이 있습니다. 당신의 영을 잘 돌보는 것이 얼마나 중요한지 아십니까? 영이 살아야 정신이 살고 정신이 살아야 육체가 살게 됩니다. 우리 육체의 많은 부분이 정신의 지배를 받고 삽니

그런즉 사랑하는 자들아 이 약속을 가진 우리는 하나님을 두려워하는 가운데서 거룩함을 온전히 이루어 육과 영의 온갖 더러운 것에서 자신을 깨끗하게 하자
(고린도후서 7:1)

다. 그리고 그 정신은 우리의 내면에 있는 영의 지배를 받고, 우리의 영은 하나님의 지배를 받습니다. 우리는 이 세 가지 부분이 건강하게 유지되도록 가꾸고 관리해야 됩니다. 고린도후서 7장 1절을 읽으십시오!

위 말씀에 의하면 당신의 어느 두 부분에서 깨끗해(거룩해) 질 수 있습니까?

__________________ 과 __________________

순결이란 말은 육체에만 해당 되는 것이 아니라 영과도 관계되는 말입니다. 그런데 당신의 육체와 마찬가지로 당신의 영도 하나님의 소유인 것입니다. "당신 속에 있는 모든 것"이 그분께 속합니다. 물론 모든 사람이 그들의 영이 하나님께 속한 것임을 알았던 것은 아니었습니다. 사람의 영 속에는 육체의 속박에서 벗어나기를 기대하면서 축적되어 있는 무한한 능력이 있습니다. 사람은 전능하신 하나님의 형상대로 창조된 피조물이기 때문입니다. 사람들은 개인적인 이익을 위해 여러 세기에 걸쳐 그 능력을 사용하는 방법을 찾으려고 애써 왔습니다. 사람들은 자아훈련이나 명상을 통해 자신들의 영 안에 숨어 있는 이 위대한 능력에 가까이 접근 했습니다. 몇몇의 세계적 종교들은 하나님이나 기타 신적인 존재를 부인하면서도 인간의 영적 능력에 몰두해 왔습니다. 이러한 사상을 가진 뉴에이지 운동은 전 세계에 막강한 영향력을 행사하는 범세계적인 것이 되었습니다. 심지어 기독교공동체 안에서 조차 인간적인 방법으로 인간의 무한한 잠재력을 해방시키려고 추구해 온 사람들이 있었습니다. 이러한 접근방식은 전능하신 하나님을 의지하는 것이 아니라, 인간의 능력을 발견하고 개발하도록 시중드는 협조자로 전락시키는 것입니다.

그러나 이런 뉴에이지의 가르침은 항상 "하나님과 같이 되려고" 열망해 온 인간의 이기심에 비추어 볼 때 대단히 매력적인 것입니다. 그러나 이들의 목표는 하나님의 영광을 나타내는 것이 아니라 인간의 영을 찬양하는 것입니다. 인간적인 능력으로 하나님의 일을 하는 것과 성령의 능력으로 행하는 것과는 커다란 차이가 있습니다. 에베소서 5장 18절은 "성령으로 충만"해지도록 권고합니다. 우리 자신의 능력을 의지하지 않고 성령의 능력을 의지하라는 것입니다.

오순절 직후 베드로와 요한은 그들의 사역으로 인해 감옥에 갇혔습니다. 그들은 베드로와 요한에게 "무슨 능력으로, 누구의 이름으로 이런 일을 하느냐?"는 질문을 했습니다. 베드로는 성령의 능력이 주어졌기 때문이라고 대답했습니다. 예수 이름의 권세로 그런 일을 행하며, 올바른 정신으로 그들 앞에 서 있다고 설명했습니다. 제자들은 그들 내면의 영적 잠재력을 개발시키려고 시간을 허비하지 않는 대신 하나님의 강한 능력이 나타나는 통로로 자신들의 영을 제공했습니다. 그들은 하나님으로 인하여 즐거워했고, 하나님과 연합하였고, 하나님을 알아가는데 시간을 충분히 바쳤습니다. 여러분도 그와 같이 행하십시오! 당신의 영을 그분께 속하게 하여 그분이 그것을 지배하게 하십시오! 그분의 삶이 당신의 삶 가운데, 그 분의 능력이 당신의 능력을 통하여, 그분의 사랑이 당신을 통하여 충만히 흘러나오게 하십시오! 당신의 영과 마음과 육체가 하나님의 사랑과 능력의 통로가 되게 하십시오.

아래 목록 가운데서 당신이 소유하고 있다고 느끼는 영적인 은사들에 동그라미를 하십시오! 그리고 이 영적 은사들을 하나님이 사용하시도록 바칠수 있는 방법을 생각해 보십시오! 물론 당신의 영도 하나님의 것임을 잊지 마십시오!

"지혜, 지식, 믿음, 신유, 봉사, 가르침, 구제, 위로, 지도력, 자비, 등등"

• 이 은사를 하나님께 바치는 방법들

____

____

묵상하고 열매 맺기

1. 오늘 공부를 통해 당신이 깨달았거나 배워야 할 진리는 무엇입니까?

2. 주님의 사역자로 변화된 삶을 살기 위해 당신이 기억하고 적용해야 할 것은 무엇입니까?

3. 변화된 삶을 위해 하나님께 드리는 기도를 하십시오.

다섯째 날 : 스스로 택한 길

네 동족 히브리 남자나 히브리 여자가 네게 팔렸다 하자 만일 여섯 해 동안 너를 섬겼거든 일곱째 해에 너는 그를 놓아 자유롭게 할 것이요 그를 놓아 자유하게 할 때에는 빈 손으로 가게 하지 말고 네 양 무리 중에서와 타작마당에서와 포도주 틀에서 그에게 후히 줄지니 곧 네 하나님 여호와께서 네게 복을 주신 대로 그에게 줄지니라 너는 애굽 땅에서 종 되었던 것과 네 하나님 여호와께서 너를 속량하셨음을 기억하라 그것으로 말미암아 내가 오늘 이같이 네게 명령하노라 종이 만일 너와 네 집을 사랑하므로 너와 동거하기를 좋게 여겨 네게 향하여 내가 주인을 떠나지 아니하겠노라 하거든 송곳을 가져다가 그의 귀를 문에 대고 뚫으라 그리하면 그가 영구히 네 종이 되리라 네 여종에게도 그같이 할지니라

(신명기 15:12-17)

신명기 15장 12~17절을 읽으십시오!

당신의 가치를 구성하는 건물의 처음 세 가지 벽돌이 당신 속에 있습니다. 그 세 가지가 무엇인지 기억하고 있습니까? 여기에 써 보십시오.

1. ____________ 2. ____________ 3. ____________

맞습니다. 당신의 마음, 당신의 몸, 당신의 영입니다. 다시 말해 당신 속에 있는 모든 것들이 하나님의 소유물임을 기억하십시오! 그 진리 위에 당신의 가치관을 세우십시오!

한 젊은 여인이 더 이상 자기가 자신의 것이 아님을 하나님께 고백하고 싶었습니다. 그녀의 삶은 갱생원에 가 있던 시절을 포함해서 깨끗지 못한 인생의 연속이었습니다. 주님께서 그녀를 용납하실 수 있다는 사실을 안후, 그녀는 다음과 같이 기도했습니다. “주 예수님, 나에 대해 내가 아는 모든 것을 당신에 대해 내가 아는 모든 것에 바칩니다.”

“나에 대해 내가 아는 모든 것”이란 말은 당신 자신에 대해 별로 잘 알지 못하고 있다는 말입니다. 너무 많은 가치들이 “길거리의 보석들”처럼 선택되고 있습니다. 당신이 그것들에 대해 잘 알게 되기까지는 그분께 드릴 수 없는 인생의 영역들이 있습니다. 당신 속에 당신이 알지 못하는 부분이 얼마나 많이 존재하는지 한번 생각해 보았습니까? 때때로 당신도 깜짝 놀랄만한 행동들을 하곤 하지 않습니까? 그런 경험이 있다면 한번 말해 보십시오!

____

나 자신에 대한 것이나 하나님에 대한 우리의 지식, 역시 제한되어 있습니다. 때문에 그에 대해 우리가 많이 알수록, 우리의 신뢰와 교제는 더 깊어 질 것입니다. 영적인 성숙과정은 그분과 우리들 자신에 관해 더욱 많이 알아가는 것이고, 그와 우리의 관계를 계속 확대시켜 나가는 것입니다. 그러나 중요한 사실은 시작하는데 있습니다. 당신의 마음, 몸, 영의 소유권을 하나님께 맡기는 것이 이러한 생활의 출발점입니다.

이것이 바로 당신이 귀에 구멍 뚫은 종이 되어야 할 이유입니다. 사실 성경이 우리들에 관해 말씀하고 있는 바는 별로 유쾌하지 않습니다. 사람들은 하나님의 종이라는 사실 앞에 꽁무니를 뺍니다. 우리는 모든 노예 주인들이 잔인하다는 생각을 갖고 있습니다. 그러나 바울은 자신이 하나님의 종인 것에 대해 자부심을 가졌습니다. 그가 쓴 서신서의 머리말을 읽어 보십시오! (롬 1:1; 빌 1:1; 딛 1:1을 보십시오!) 바울은 자신을 뭐라고 소개했습니까? 그는 자신을 노예 또는 얽매인 종으로 불렀습니다. 바울은 자기 속에 있는 모든 것이 하나님의 소유라고 생각한 것에 대해 아무 변명도 하지 않았습니다. 그는 자신의 소유권에 대한 어떤 주장도 단호히 배격했습니다. 그는 하나님의 종이었습니다.

이것을 잘 이해하기 위해 고대 유대인들의 습관을 살펴봅시다. 옛날에는 가난이나 기타 여러가지 이유로 다른 사람에게 자신을 일정 기간동안 종으로 팔수가 있었습니다. 그러나 유대의 율법에는 칠 년이 돌아올 때마다 하나님 앞에 거룩한 해로서 모든 노예들은 해방되었습니다. 그래서 가장 긴 노예 봉사의 기간은 6년이고, 주인을 위해 6년 동안만 일하면 됩니다. 그러나 6년간의 봉사가 끝났을 때 종이 다음과 같이 말하면 그 주인의 영원한 종이 되

예수 그리스도의 종 바울은 사도로 부르심을 받아 하나님의 복음을 위하여 택정함을 입었으니
(로마서 1:1)

그리스도 예수의 종 바울과 디모데는 그리스도 예수 안에서 빌립보에 사는 모든 성도와 또한 감독들과 집사들에게 편지하노니
(빌립보서 1:1)

하나님의 종이요 예수 그리스도의 사도인 나 바울이 사도 된 것은 하나님이 택하신 자들의 믿음과 경건함에 속한 진리의 지식과
(디도서 1:1)

었습니다. "나는 내 주인을 사랑한다. 이전에 그러한 사랑과 관심을 남에게 받아 본적이 없다. 나는 자유롭게 되고 싶지 않다. 나는 자원해서 종으로 남아 있고 싶다." 이렇게 결단을 했으면 그 종은 한쪽 귀를 문지방에 대고 구멍을 뚫었습니다. 그 귀의 상처가 낫고 나면 거기에 남게 되는 영원한 구멍은 이 사람이 자원해서 종이 된 것을 모든 사람에게 알리는 표시가 되었습니다. 물론 그 종의 주인이 지나간 6년의 종살이동안 친절하고 자비롭지 못했다면 그런 결단은 있게되지도 않았을 것입니다. 그 종은 단순히 떠나버렸을 것입니다. 그러므로 귀에 뚫은 그 구멍은 자발적인 종의 상징으로서 주인의 사랑과 관심에 대한 하나의 당연한 보답이었던 것입니다.

당신은 귀에 구멍을 가졌습니까? 기독교인은 우연히 귀에 구멍을 뚫는 것이 아니라 깊이 생각하고 의도적인 헌신으로서 구멍을 뚫습니다. 그것은 개인적이고, 자발적인 선택인 것입니다. 주인의 강요나 명령에 따라 하는 것이 아니라 사랑이 동기가 된 자발적인 사건인 것입니다. 지금 이 시간보다 더 좋은 기회가 있겠습니까? 지금 당신이 서 있는 문지방에 귀를 뚫지 않겠습니까? 우리는 영원히 하나님을 섬기고, 하나님은 영원히 우리를 책임지는 관계로 남는 것이 가장 행복한 인생입니다.

저는 당신이 다음과 같이 기도하게 되기를 바랍니다. "하나님 아버지 나에 관해 알고 있는 모든 것, 또 내가 가지고 있는 모든 것, 그리고 나의 모든 것을 주님께 드립니다. 나에 관한 한 주님의 선택에 의존합니다. 이제 그렇게 모든 것을 다해 당신을 사랑하는 표시로서 여기 귀에 구멍을 뚫습니다. 아멘."

무엇이 최악의 죄인가?
하나님의 원래 의도에 미치지 못하는 존재가 되는 것이다.
아담처럼 하나님이 원래 의도하신 사람이 되는 일에
실패하는 것이 최악의 죄이다.

- 존 맥스웰

묵상하고 열매 맺기

1. 오늘 공부를 통해 당신이 깨달았거나 배워야 할 진리는 무엇입니까?

2. 주님의 사역자로 변화된 삶을 살기 위해 당신이 기억하고 적용해야 할 것은 무엇입니까?

3. 변화된 삶을 위해 하나님께 드리는 기도를 하십시오.

12 단원

인생 혁명 _ 외적인 기초석

12단원 [암송구절 | 요한복음 4:35(하반절)]

인생혁명 _ 외적인 기초석

첫째 날 : 물질을 사랑하는 자

사도행전 5장 1~11절을 읽으십시오!

본 단원은 영적인 세계를 탐구하는 마지막 단계입니다. 당신은 지금까지 "가치혁명, 존재혁명, 물질혁명, 관계혁명, 생각혁명, 인생혁명"에 대해 배웠습니다. 이 모든 과정을 통해 당신은 하나님의 사역자로서 하나님 자녀의 가치관으로 변화되는 것이 무엇인지에 대해 배워왔습니다. 예수 믿는 것은 우리 삶에 혁명이 일어나는 것입니다. 삶의 주인이 바뀌는 것이기 때문입니다. 「변화의 삶」에서는 이것을 위해 우리의 가치체계를 하나님이 원하시는 것으로 재구성하고 있는 것입니다. 당신 인생에 영적 혁명을 위한 마지막 두 가지 건물의 벽돌은 당신의 밖에 있는 것으로서 '물질과 사람' 입니다. 주님보다 물질을 더 사랑한 사람들에 대한 이야기를 읽어 보십시오.

초대 교회 성도들은 충만한 사랑과 친교 가운데 살았습니다. 그들은 매일밤 서로 다른 사람들의 가정에 모여 저녁식사를 하며 교

아나니아라 하는 사람이 그의 아내 삽비라와 더불어 소유를 팔아 그 값에서 얼마를 감추매 그 아내도 알더라 얼마만 가져다가 사도들의 발 앞에 두니 베드로가 이르되 아나니아야 어찌하여 사탄이 네 마음에 가득하여 네가 성령을 속이고 땅 값 얼마를 감추었느냐 땅이 그대로 있을 때에는 네 땅이 아니며 판 후에도 네 마음대로 할 수가 없더냐 어찌하여 이 일을 네 마음에 두었느냐 사람에게 거짓말한 것이 아니요 하나님께로다 아나니아가 이 말을 듣고 엎드러져 혼이 떠나니 이 일을 듣는 사람이 다 크게 두려워하더라 젊은 사람들이 일어나 시신을 싸서 메고 나가 장사하니라 세 시간쯤 지나 그의 아내가 그 일어난 일을 알지 못하고 들어오니 베드로가 이르되 그

땅 판 값이 이것뿐이냐 내게 말하라 하니 이르되 예 이것뿐이라 하더라 베드로가 이르되 너희가 어찌 함께 꾀하여 주의 영을 시험하려 하느냐 보라 네 남편을 장사하고 오는 사람들의 발이 문 앞에 이르렀으니 또 너를 메어 내가리라 하니 곧 그가 베드로의 발 앞에 엎드러져 혼이 떠나는지라 젊은 사람들이 들어와 죽은 것을 보고 메어다가 그의 남편 곁에 장사하니 온 교회와 이 일을 듣는 사람들이 다 크게 두려워하니라

(사도행전 5:1-11)

제 했습니다. 그들이 서로 방문하게 될 때 그들은 다른 사람들과 그들의 가정환경에 대해 잘 알게 되었습니다. 다른 사람들은 가난한데 어떤 사람들은 부유한 것이 어리석게 보였습니다. 자발적인 마음에서, 그들은 집과 토지의 일부를 팔아 그 값을 사도들에게 가져왔습니다. 그러면 사도들이 그 돈을 가난한 자들에게 분배했습니다. 바나바(나중에 바울과 함께 선교 여행을 떠난 사람) 역시 그러한 마음에서 땅을 팔아 사도에게 가져왔습니다. 대부분의 초대 교회 성도들은 자기의 소유권을 주장하지 않았습니다. 그들은 자기들이 가진 모든 것이 다 하나님의 것이며 자신들은 단순히 그 물질들을 관리하는 재물의 청지기라는 사실을 잘 알고 있었습니다. 다른 지체를 위해 자기의 물질을 사용하는 성도들에 대한 칭찬과 존경의 말이 교회내에 퍼졌습니다. 얼마 후 아나니아와 그의 아내 삽비라가 그 소식을 들었습니다. 그러나 그들의 마음 깊숙한 곳에는 잘못된 가치관이 들어 있었습니다. 당신이 위에서 읽은 성경 구절에서 그들이 어떻게 잘못된 가치관을 가졌었는지 발견할 수 있습니까? 몇 가지만 기록해 보십시오!

답은 사람마다 다르겠지만 그 중에 한 가지는 다음과 같을 것입니다. 그들은 그 공동체에서 신앙있고 덕망있는 사람이라 평판과 존경을 받기 원했습니다. 그들은 무엇보다 사람들이 자기를 중요한 인물로 생각해 주고 존경의 눈초리로 보아주길 원했습니다. 그들은 잘못된 동기와 목적을 가지고 신실한 바나바의 행동을 모방하기로 결심했습니다. 그들은 땅의 일부를 팔아 그 돈을 사도들에게 가져와 드렸습니다.

그들의 대화는 다음과 같이 이어졌을 것입니다. 삽비라: "여보 그것은 좋은 생각이어요. 그러나 바칠 돈치고는 너무 많군요. 이

돈 중 얼마는 우리가 계획해 온 로마여행을 위해 쓸 수 있겠어요. 지금쯤 아레네 해안의 경치는 볼만할 거예요." 아나니아: "나도 같은 생각을 해 왔오. 아직 뭔가를 해볼 기회는 있어요. 아무도 우리가 판돈의 전체 액수를 알지 못해요. 내가 그 여행을 위해 충분하게 남겨 두겠소."

그들의 결정 가운데 무엇이 치명적인 것이었습니까? 몇 가지가 있습니다. 첫째, 그들은 교회공동체나 하나님의 사람들보다 물질을 더 사랑했습니다. 사람이 물질을 사랑하게 되면 더 이상 사람을 사랑할 수 없습니다. 둘째, 그들의 행동은 물질관에 대한 자신들 내적인 생각의 표시였습니다. 그들은 물질이 주님께 속한 것이 아니라 자신들에게 속한 것이었습니다. 셋째, 참다운 헌금은 남는 것의 처분이 아니라 그것을 바치는 사람의 참다운 희생을 요구하는 것이었습니다. 넷째, 이 부부는 그들이 가질 자격이 없는 명예를 누리려고 했습니다. 당신이 다른 사람에게 "보이기" 위해서 선행을 하거나 그 선행의 결과로 오게 될 긍정적 평가를 기대하며 선행을 할 내면의 유혹을 받는 경험이 있다면 말씀해 보십시오!

그리고 그 결과로 당신이 경험했던 감정과 느낌을 솔직히 말해 보십시오!

그러면 하나님의 정직한 평가보다 세상 사람들의 좋은 평판을 기대하는 것이 왜 하나님을 슬프게 하는 태도인지 설명하십시오!

하나님은 우리가 다른 사람들로부터 얻는 선행의 "대가"를 통해서가 아니라 그분을 기쁘시게 하는 사랑의 관계속에서 우리의 가치를 발견하기 원합니다. 진정한 가치는 사람들에 의해 평가되지 않습니다. 그러나 아나니아와 삽비라는 사람들의 좋은 평가와 평판을 기대하는 아주 잘못된 가치관을 지니고 있었습니다. 그러나 그리스도의 몸안에 거하시는 성령은 이런 그들의 위선과 가식을 용납할 수 없었습니다. "물질"에 대한 그들의 사랑은 거짓위에 거짓을 쌓았고 결국 그들 자신의 속임수 때문에 자신의 생명을 잃고 말았습니다.

이 모든 사건의 진행을 보면서 당신은 어떤 교훈을 받으셨습니까? 하나님은 당신이 필요로 하는 모든 것을 공급하시겠다고 약속하셨습니다. 그분이 그의 약속을 어길 것이라는 두려움 때문에 물질을 쌓아 두지 마십시오! 이스라엘 백성들은 그들이 처음 광야로 들어갔을 때 신앙의 걸음마를 배우고 있었습니다. 하늘로부터 만나가 내렸을 때에 어떤 이들은 만나를 저장해 놓으려고 했습니다. 그러나 그들이 저장해둔 만나는 모두 부패해 버렸습니다. 그런 행위는 하나님을 온전히 믿지 않았던 불신앙의 산증거였습니다. 탐욕이 "어리석음"을 낳았습니다. 탐욕은 작은 죄가 아닙니다. 그것은 온몸과 영을 죽일 수 있는 괴물같은 것입니다. 지금 당신에게 있는 바를 족한 줄을 알며 항상 하나님께 감사한 생활을 하십시오! 히브리서 13장 5절에 보면 하나님은 이렇게 말씀하십니다. "돈을 사랑하지 말고 있는 바를 족한 줄로 알라 그가 친히 말씀하시기를 내가 결코 너희를 버리지 아니하고 너희를 떠나지 아니하리라 하셨느니라." 당신이 가진 것에 족한 줄로 알 때 당신은 하나님과의 관계 속에서 엄청난 비밀들을 발견하게 될 것입니다.

아래에 당신이 하나님보다 더 귀중히 여기고 있는 것들을 생각나는 대로 써 보십시오!

1. ______________ 2. ______________ 3. ______________
4. ______________ 5. ______________ 6. ______________

무엇을 기록하였든 간에 참 소유주는 하나님이심을 잊지 마십시오! 참다운 사역자의 삶에는 탐욕이 자리잡을 수 없습니다. 하나님께서는 섬기는 사역의 온갖 자원을 공급하십니다. 결코 자신을 위해 모든 것을 저장해 두겠다는 어리석음을 범하지 마십시오! 물론 이 말은 노후준비나 자녀교육을 위해 저축이나 예금을 하지 말라는 의미가 아닙니다. 주님은 불의한 청지기 비유를 통해 사람이 미래를 준비하는 것은 지혜로운 것임을 알려 줍니다. 여기서 저장하지 말라는 의미는 필요이상으로 걱정하고 근심하면서 욕심과 탐욕으로 행하지 말라는 말입니다. 하나님의 공급하심을 믿고 여러분이 가진 모든 것을 그것의 주인이신 하나님을 기쁘시게 하는데에 과감하게 투자하는 삶을 살라는 것입니다. 하나님을 의지할 때 그분의 공급은 끝이 없을 것입니다! 광야의 이스라엘 백성들처럼 만나를 저장하는 불신앙을 갖지 마십시오! 하나님이 시작하신 일은 하나님이 진행시키고 하나님이 책임지십니다. 예비하시고 준비하시는 하나님을 신뢰하십시오! 고린도전서 2장 9절에 보면 이렇게 말씀하십니다.

"기록된 바 하나님이 자기를 사랑하는 자들을 위하여 예비하신 모든 것은 눈으로 보지 못하고 귀로 듣지 못하고 사람의 마음으로 생각하지도 못하였다 함과 같으니라"

그러나 이런 말씀에 대해 오해하지 말아야 합니다. 우리가 해야 할 일을 하지 않고 무기력하게 앉아 있으면서 하나님께 모든 책임을 전가하라는 의미로 받아드리면 안됩니다. 믿음이 있으면 더 열심히 준비하고 노력하게 되어있습니다. 믿음이 있으면 실패를 두려워하지 않고 비전을 품고 도전하게 되어있습니다. 전능하신 하나님이 우리를 도우시기 때문입니다. 하나님께서는 믿는 자에게는 능치 못한 일이 없다고 말씀하셨습니다. 하나님이 주신 지혜를 갖고 하나님의 뜻을 이루어 나가시기 바랍니다. 불가능을 가능케 하시는 하나님을 믿고 적극적이고 긍정적인 삶을 살아야 합니다. 우리가 하나님을 온전히 신뢰하며 나아갈 때 하나님은 우리의 모든 것을 책임지십니다. 아무리 어렵고 힘든 상황이 닥친다 해도 불안해하거나 두려워하지 마십시오. 하나님께 여러분의 인생 전체를 맡기십시오. 우리 인생의 주인이신 하나님이 여러분의 모든 것을 책임지십니다.

헌금이란 사람의 마음 상태를 직접 반영하는
하나님께서 우리에게 주신 유일하고 확실한 실체 중 하나다.

- 팀 스티븐스

묵상하고 열매 맺기

1. 오늘 공부를 통해 당신이 깨달았거나 배워야 할 진리는 무엇입니까?

2. 주님의 사역자로 변화된 삶을 살기 위해 당신이 기억하고 적용해야 할 것은 무엇입니까?

3. 변화된 삶을 위해 하나님께 드리는 기도를 하십시오.

둘째 날 : 물질에 대한 태도

집 하인이 두 주인을 섬길 수 없나니 혹 이를 미워하고 저를 사랑하거나 혹 이를 중히 여기고 저를 경히 여길 것임이니라 너희는 하나님과 재물을 겸하여 섬길 수 없느니라 바리새인들은 돈을 좋아하는 자들이라 이 모든 것을 듣고 비웃거늘 예수께서 이르시되 너희는 사람 앞에서 스스로 옳다 하는 자들이나 너희 마음을 하나님께서 아시나니 사람 중에 높임을 받는 그것은 하나님 앞에 미움을 받는 것이니라

(누가복음 16:13-15)

누가복음 16장 13~15절을 읽으십시오!

건물의 네 번째 벽돌은 하나님이 "당신 속에 있는" 모든 것의 주인일 뿐만 아니라 "당신 밖"에 있는 모든 것의 주인도 되신다는 것입니다. 하나님이 세상의 모든 것을 소유하고 계시며 당신은 아무것도 소유하고 있지 않습니다. 예수님은 이 사실을 누가복음 16장 13~15절에서 가르쳐 주셨습니다. 지금 당신 마음속에서는 두 주인이 당신의 삶을 지배하려고 경쟁을 합니다. 한 분은 하나님이시고 다른 하나는 재물입니다. 재물을 사랑하는 자는 "하나님"을 미워합니다. 이런 가치관을 갖고 있는 사람과는 타협의 여지가 없습니다. 그 누구라도 한 사람의 종이면서 동시에 다른 주인을 섬길 수는 없습니다. 로마속담에도 보면 "주인이 둘인 노예는 자유인이다"라고 말합니다. 그러나 이런 예수님의 가르침을 비웃었던 사람들이 있었습니다. 14절을 보십시오. 그게 누구였습니까?

___

성경에서는 그들이 어떤 사람들이었다고 말하고 있습니까?

___

그렇습니다. "돈을 사랑하는 자들"이었습니다. 예수께서 그들에 대해 뭐라고 말씀하셨습니까?

___

___

예수님께서는 바리새인들이 열심을 내며 종교적인 삶을 살았지만 마음으로는 하나님을 사랑하지 않았다고 폭로하셨습니다. 그들은 하나님과 재물을 같이 섬겼습니다. 예수님은 그들의 가치 체

계에 대해 문제를 제기하셨습니다. 그들 마음 가운데는 자신들이 소유한 모든 것이 하나님께 속했다는 청지기의식이 없었습니다. 그들은 대단히 잘못된 형태의 삶을 살았습니다. 그들은 사람들의 인정과 존경을 받기 원했지만, 하나님을 섬기기 위해 자신들의 이익과 쾌락을 희생하려고 하지 않았습니다. 외식하는 이 사람들이 당신에게 무엇을 생각나게 해줍니까?

____

____

물질을 자신의 주인과 우상으로 섬기는 사람들은 자신을 보호하기 위한 수많은 "가면"을 가지고 있습니다. 바리새인들이 얼마나 많은 돈을 벌었다고 생각하십니까? 오늘날 전형적인 중류층에 가까웠습니다. 풍족하게 살았지만 귀족정치에는 관여하지 않았습니다. 가난하지 않았으나 안식일을 제외하고는 먹고살기 위해서 날마다 일해야 했습니다. 보통 사람들과 마찬가지로 헤프게 사치할 여유가 없었습니다. 그래서 그들은 돈을 사랑했습니다. 하루에 다섯 번씩 기도하고 십일조를 드리고 금식을 하며 성경을 읽었습니다. 그러나 그들은 돈을 경배했습니다. 돈은 자신들의 삶에 가장 필요한 것이었기 때문입니다. 그들이 그럴 수 있었다면 당신도 그럴 수 있지 않겠습니까? 아니 사실상, 당신도 그렇지 않습니까?

여기서 잠깐 멈추고 오늘 배운 것을 생각해 봅시다. 다음 내용을 읽고 맞았으면 "O", 틀렸으면 "X"를 표시하십시오.

( ) 1. 당신은 하나님을 섬길지 재물을 섬길지 선택할 필요가 없습니다.

( ) 2. 바리새인들은 대단히 부자였습니다.

( ) 3. 바리새인들은 하나님보다 돈과 명예를 더 사랑했습니다.

믿음으로 아벨은 가인보다 더 나은 제사를 하나님께 드림으로 의로운 자라 하시는 증거를 얻었으니 하나님이 그 예물에 대하여 증언하심이라 그가 죽었으나 그 믿음으로써 지금도 말하느니라

(히브리서 11:4)

(　　　) 4. 당신도 겉으로는 종교적이지만 속으로는 타락할 수 있습니다.

(　　　) 5. 당신이 돈을 많이 갖게 되면 돈만을 사랑하게 됩니다.

스탠리 탐은 놀라운 사람입니다. 여러 해동안 기독교적인 봉사에 충성을 해 왔습니다. 그는 수십만 달러의 이익을 벌어들이는 사업을 하고 있었는데 수익의 많은 부분을 주님의 일에 투자했습니다. 어느날 그가 기도할 때 이런 깨달음이 왔습니다. "스탠리, 누가 네 사업의 소유자냐?" "주님, 아시다시피 저는 그 수익을 당신을 위해 사용하고 있습니다." 하나님이 대답하셨습니다. "그것만 가지고는 충분하지 못하다. 그 사업을 내게 넘겨 다오." 스탠리 탐은 변호사에게 알려서 자기가 전체의 주인이 되지 않고 모든 법인주식을 하나님께 양도하여 그 사업에 하나님께 고용된 회장으로 있고 싶다고 말했습니다. 변호사는 놀라서 그를 바라다보고 "그것은 불가능합니다. 그것은 당신의 아들에게도 불공정합니다. 나는 도와드릴 수 없습니다"라고 말했습니다. 스탠리 탐은 이것을 해줄 수 있는 다른 변호사를 찾아 법적으로 이전을 끝마쳤습니다. 이제 하나님은 법적으로 그 사업의 모든 주식을 소유하셨습니다. 그는 회장으로서 필요한만큼의 월급만 받고 그 법인의 이익금을 청지기로서 관리했는데, 그 액수가 1년에 수백만 달러에 이르게 됐습니다. 그 모험적인 사업은 전 세계의 많은 기독교 사업을 지원했습니다. 그리고 이 사업의 선교지원으로 인해 놀라운 일들이 많이 일어나고 있습니다.

당신은 이 이야기를 읽고 어떤 느낌이 듭니까? 당신도 스탠리처럼 결정을 내려야 한다고 강조하는 것이 아닙니다. 당신이 일 년에 얼마나 많은 돈을 벌어들이는지 그 수입의 액수와는 관계가 없습니다. 당신의 수입이나 통장의 규모가 그것을 나타내는 것이 아니라 당신의 가치관이 그것을 증명합니다. 이 건물의 벽돌을 가졌

습니까? 못 가졌습니까? 당신은 당신밖에 있는 모든 것의 주인이 하나님이심을 알고 있습니까? 당신은 돈많은 사업가가 아닐지도 모릅니다. 가난하거나 평범한 사람일 수도 있습니다. 그러나 지금 모든 경제 문제를 다루는데 있어 하나님께 대한 헌신적인 믿음을 보일 수 있습니까? 당신은 경제적인 실권이 없을 수도 있습니다. 그러나 당신 외부에 있는 모든 것들의 주인도 하나님이라는 가치관을 갖고 살아야 합니다. 히브리서 11장 4절을 주의깊게 읽어보고 하나님이 왜 아벨의 제사는 받으시고, 가인의 제사는 받지 않으셨는지 그 이유에 대해 생각해 보십시오.

하나님이 아벨의 제사를 받으신 이유는 아벨이 하나님께 최선의 예물을 드렸기 때문입니다. 오늘날 많은 사람들이 하나님은 물질이 아니라 마음을 보신다고 주장하고 있습니다. 그러나 주님은 마태복음 6장 21절에 "네 보물 있는 그 곳에는 네 마음도 있느니라" 고 말씀 하십니다. 주님은 물질이 쓰여 지는 것을 통해 그 사람의 인격과 믿음과 헌신을 측정할 수 있다고 말하고 있습니다. 우리는 물질을 통해 하나님이 우리 삶의 주인이심을 드러내야 합니다.

옛날 우리 선조들은 상평통보니 뭐니해서 엽전을 화폐 단위로 사용했다. 그 엽전에는 구멍이 뚫려 있었다. 저는 그것을 허리춤에 차야 하니까 구멍을 뚫어야 했던 기능의 문제로만 보았다. 그런데 거기에 기능의 문제가 아니라 철학이 있었다. 우리 조상들은 돈의 구멍을 통해서 세상을 보았다. 그런데 누군가 돈의 구멍을 막아 버리는 바람에 돈을 통해 세상을 보게 되는 것이 아니라, 돈만 보게 되었다. 그래서 돈 돈 돈 하다가 돈 사람이 많다.

철강왕 앤드루 카네기는 이렇게 말했다. "막대한 부를 축적하는 것은 결코 불법이 아니다. 하지만 부자로 죽는 것은 명예롭지 못하다." 그래서 그는 자신의 재산을 대부분 사회에 환원했다. 생

전에 기부한 돈만 3억 5천만 달러가 넘었다. 7,689개의 교회와 2,811개의 공공도서관등 기부한 단체 이름은 책 한권을 채우고도 남을 정도였다… "부자 되어 나누지 말고, 나누어 부자 되자."

- 송길원의 행복엔진 中에서

우주의 법칙은 존재, 행함, 소유의 순서이다.
절대로 거꾸로 살지 말라.

- 마크 빅터 한센

하나님이 나의 공급처라는 것을 인정하는 것이 십일조이다.

- 마크 빅터 한센

"주라 그리하면 너희에게 줄 것이니 곧 후히 되어 누르고 흔들어 넘치도록 하여 너희에게 안겨 주리라 너희의 헤아리는 그 헤아림으로 너희도 헤아림을 도로 받을 것이니라" (눅 6:38)

묵상하고 열매 맺기

1. 오늘 공부를 통해 당신이 깨달았거나 배워야 할 진리는 무엇입니까?

2. 주님의 사역자로 변화된 삶을 살기 위해 당신이 기억하고 적용해야 할 것은 무엇입니까?

3. 변화된 삶을 위해 하나님께 드리는 기도를 하십시오.

셋째 날 : 사람에 대한 태도

그 일 후에 하나님이 아브라함을 시험하시려고 그를 부르시되 아브라함아 하시니 그가 이르되 내가 여기 있나이다 여호와께서 이르시되 네 아들 네 사랑하는 독자 이삭을 데리고 모리아 땅으로 가서 내가 네게 일러 준 한 산 거기서 그를 번제로 드리라 아브라함이 아침에 일찍이 일어나 나귀에 안장을 지우고 두 종과 그의 아들 이삭을 데리고 번제에 쓸 나무를 쪼개어 가지고 떠나 하나님이 자기에게 일러 주신 곳으로 가더니 제삼일에 아브라함이 눈을 들어 그 곳을 멀리 바라본지라 이에 아브라함이 종들에게 이르되 너희는 나귀와 함께 여기서 기다리라 내가 아이와 함께 저기 가서 예배하고 우리가 너희에게로 돌아오리라 하고 아브라함이 이에 번제 나무를 가져다가 그의 아들 이삭에게 지우고 자기는 불과 칼을 손에 들고 두 사람이 동행하더니 이삭이 그 아버지 아브라함에게 말하여 이르되 내 아버지여 하니 그가 이르되 내 아들아 내가 여기 있노라 이삭이 이르되 불과 나무는 있거니와 번제할 어린 양은 어디 있나이까 아브라함이 이르되 내 아들아 번제할 어린 양은 하나님이 자기를 위하여 친히 준비하시리라 하고 두 사람이 함께 나아가서 하나님이 그에게 일러 주신 곳에 이른지라 이에 아브라함이 그 곳에 제단을 쌓고 나무를 벌여 놓고

창세기 22장 1~14절을 읽으십시오!

당신은 지금까지 마음과 몸과 영 그리고 물질의 가치에 대해 공부하셨습니다. 이제 건물의 다섯 번째 벽돌은 타인을 사랑하는 가치관을 의미합니다. 그러나 그것 또한 당신의 외부에 있는 모든 것의 주인이 하나님이시라는 영역 안에 포함 됩니다. 이삭은 아브라함이 기적으로 얻은 자식이었습니다. 아브라함은 긴 세월 동안 사라가 아들 낳아 주기를 기대했습니다. 그 아들은 태어나는 순간부터 온갖 사랑과 정성을 한 몸에 받았습니다. 당신이 방금 읽은 성경 말씀은 하나님이 아브라함에게 그의 사랑하는 아들을 번제로 바치라고 명령하고 계신 장면입니다(번제는 태워서 드리는 제사입니다). 아브라함에게는 토지도, 장막도, 가축도, 재산도 아무 의미가 없었습니다. 전 재산을 다 잃는다해도 하나님께 대한 아브라함의 신앙은 흔들리지 않았을 것입니다. 그러나 이삭의 문제는 달랐습니다. 아브라함은 그 아들을 지극히 사랑했습니다. 그를 잃는 것은 모든 것 가운데 가장 소중한 것을 잃는 것이었습니다.

어떤 사람들은 이런 하나님의 명령이 사랑의 하나님 성품 속에는 있을 수 없는 잔인한 것이라고 말합니다. 그러나 그들은 핵심은 놓치고 있습니다. 이러하든 저러하든 이삭은 죽게 되어있지 않았습니다. 만약에 아브라함이 이 순종과 믿음의 시험에 실패했다면 그는 이삭을 바치지 않겠다고 했을 것입니다. 시험에 성공했기 때문에 그는 이삭을 대신해 드릴 제물을 얻었습니다. 아브라함의 생애 가운데서 이 놀라운 경험의 교훈은 그의 가치관 가운데 무엇을 가장 소중히 해야 할 것인지를 가르쳐 주었습니다. 아브라함은 가슴 아픈 경험을 통해 그의 삶에 있어서 하나님이 언제나 첫째가 되신다는 진리를 확신하게 된 것입니다.

당신은 모리아 산 제단에 갖다 놓을 사랑하는 사람이 있습니까? 그들이 누구입니까? 당신이 그를 소유합니까? 하나님이 소유합니까? 이것은 매우 어려운 질문입니다. 하나님께서는 우리가 가족들과 친구들을 사랑하기 원하십니다. 그러면 이 사람들이 우리에게 하나님보다 더욱 중요하게 되는 때가 언제인지 어떻게 알 수 있습니까? 아래에 나오는 각각의 상황을 생각해 보고 그것이 적절한 사랑인지 잘못된 우상인지를 판단해 보십시오! 각 문장이 사랑을 말하고 있으면 "사" 우상 숭배를 의미하면 "우"로 표시하십시오!

( ) 1. 김 집사님의 두 살 난 아들은 그에게 있어서 아내나 가족, 교회 등 무엇보다도 중요했습니다.

( ) 2. 이 형제는 교회학교에서 가르치는 일과 성가대에서 찬양하는 일을 중단했습니다. 그의 남편이 주일 아침을 함께 지내며 늦잠을 자고, 맛있고 한가로운 아침 식사를 하고 싶어 했기 때문입니다.

( ) 3. 박 자매는 자기 애인을 대단히 사랑했습니다. 그래서 자기 애인이 결혼하기 전에 성관계를 갖자고 고집하여 사랑하기 때문에 그렇게 했습니다.

( ) 4. 양 집사와 그의 아내는 그의 여섯 달 난 딸의 미래를 주님께 맡기고 그녀를 그분의 손길에 의탁했습니다. 하나님이 책임져 주시기를 기도했습니다.

세 번째까지는 "우" 네 번째에 "사"자를 썼습니까? 오늘날 가정사역이 발달하면서 많은 사람들이 가정이 교회보다 더 중요하다고 주장하고 있습니다. 실제 어떤 기독교지도자는 항상 자기 아내와 가족에 대한 일을 첫 번째로 여기는 삶을 살았습니다. 그는 무자비하리만큼 사역시간과 가족의 시간을 분리시켰습니다. 세월이 흘렀습니다. 그때서야 그는 상처받은 마음으로 아이들이 가정을 떠나가고 하나님마저 버리는 것을 보았습니다. 그는 너무도 늦

그의 아들 이삭을 결박하여 제단 나무 위에 놓고 손을 내밀어 칼을 잡고 그 아들을 잡으려 하니 여호와의 사자가 하늘에서부터 그를 불러 이르시되 아브라함아 아브라함아 하시는지라 아브라함이 이르되 내가 여기 있나이다 하매 사자가 이르시되 그 아이에게 네 손을 대지 말라 그에게 아무 일도 하지 말라 네가 네 아들 네 독자까지도 내게 아끼지 아니하였으니 내가 이제야 네가 하나님을 경외하는 줄을 아노라 아브라함이 눈을 들어 살펴본즉 한 숫양이 뒤에 있는데 뿔이 수풀에 걸려 있는지라 아브라함이 가서 그 숫양을 가져다가 아들을 대신하여 번제로 드렸더라 아브라함이 그 땅 이름을 여호와 이레라 하였으므로 오늘날까지 사람들이 이르기를 여호와의 산에서 준비되리라 하더라

(창세기 22:1-14)

게 자기가 행한 일을 깨달았습니다. 하나님이나 그의 사역보다 가족을 첫째 자리에 놓음으로 그는 그들을 훌륭한 불신자로 만들었던 것입니다. 그들은 그가 가족을 최고의 위치에 올려놓은 것을 보고 하나님보다 가족이 더 중요하다는 생각을 하게되었던 것입니다. 가족? 참으로 중요합니다. 뿐만 아니라 그 동안 교회에서 상대적으로 가정의 가치가 축소되어 왔었던 것도 사실입니다. 그러나 하나님과 교회보다 앞서거나 중요한 것은 아무것도 없습니다. 사역보다 가족이 중요하지만, 가족보다 중요한 것은 교회와 하나님의 나라입니다. 그리스도께서는 교회를 위해 자기의 목숨을 버리셨습니다. 여러분은 모든 상황 가운데서 어떤 사람보다도 하나님을 제일로 여겨야 한다는 것의 중요성을 이해했습니까? 선교사역에 소명을 받았던 한 젊은 처녀가 불행히도 잘 생긴 청년과 사랑에 빠졌습니다. 그는 결혼을 위해 소명을 버리기로 결심했습니다. 그녀에게는 그릇된 소명과 잃어버린 관계에 대한 기억외에 남는 것이 없었습니다. 이같이 기초벽돌을 무시하고 단행된 결정은 그녀에게 더 많은 공허감만 가져다주었을 뿐이었습니다.

당신은 사람들보다 하나님을 더욱 사랑하는 것이 중요하다는 것을 알아야 합니다. 그럴때 하나님은 당신을 위해 특별한 사람을 보내주시고 돌보실 것입니다. 고린도전서 7장 29~31절을 읽어보십시오.

형제들아 내가 이 말을 하노니 그 때가 단축하여진 고로 이 후부터 아내 있는 자들은 없는 자 같이 하며 우는 자들은 울지 않는 자 같이 하며 기쁜 자들은 기쁘지 않은 자 같이 하며 매매하는 자들은 없는 자 같이 하며 세상 물건을 쓰는 자들은 다 쓰지 못하는 자 같이 하라 이 세상의 외형은 지나감이니라

(고린도전서 7:29-31)

바울 사도는 사역의 중요성을 인식할 것과 어떤 사람, 어떤 상황보다 그것을 첫째로 여길 것을 권고하고 있습니다. 예수님도 세상의 어떤 사람들보다 나를 더 사랑하지 아니하면 나의 제자가 될 수 없다고 말씀하셨습니다. 하나님보다 다른 사람들을 더 사랑하게 될때 당신이 생각해야만 되는 원리들은 무엇입니까? 대답은 다 틀리겠지만 아마도 다음의 내용과 비슷하게 쓰셨을 것입니다. 사랑스런 사람들 때문에 성경의 계명이나 교훈들을 결코 거역하

지 말라. 사랑하는 사람들을 보호하거나 기쁘게 하기 위해 하나님께 불순종하지 말라. 하나님은 영원하시다. 하나님은 당신의 삶에 있어서 특별한 모든 사람들을 지으신 분이십니다. 하나님이 당신에게 그들을 주셨습니다. 그렇기 때문에 그들은 당신에게 있어 하나님보다 더 중요해질 수 없으며, 섬기는 제사장으로서 당신의 직분보다 더 중요할 수가 없습니다. 당신에게 가장 중요한 분은 당신에게 모든 것을 주신 하나님이십니다. 심지어 당신의 배우자나 자녀까지도 말입니다. 하나님께서 당신에게 자녀를 선물로 주셨다고 고백하면서도 그 자녀 때문에 하나님을 섬기는 삶을 게을리 한다면 당신은 큰 실수를 하고 있는 것입니다. 하나님은 모든 것의 주인이시기 때문입니다.

묵상하고 열매 맺기

1. 오늘 공부를 통해 당신이 깨달았거나 배워야 할 진리는 무엇입니까?

2. 주님의 사역자로 변화된 삶을 살기 위해 당신이 기억하고 적용해야 할 것은 무엇입니까?

3. 변화된 삶을 위해 하나님께 드리는 기도를 하십시오.

넷째 날 : 가족에 대한 태도

마태복음 12장 46~50절을 읽으십시오!

김영철씨 가족은 유달리 우애가 강했습니다. 명절때 뿐만 아니라 일 년에 한차례씩 모든 가족은 아버지 집으로 빠지지 않고 모였으며 돈독한 가정애를 자랑했습니다. 그것이 그 가정의 전통이었습니다. 둘째 딸이 말합니다. "나는 빠질 수 없어 작년에는 수술을 받고 집에 남겨졌었지. 올해는 꼭 가야 해!" "피는 물보다 진하다"는 사실이 김영철씨 가족을 해마다 모이게 했습니다.

이런 열심과 충성이 가족 사이에 존재한다면 하나님의 백성사이에는 어떤 것들이 존재해야 할까요? 당신의 가족이나 친척이 하나님의 백성보다 더욱 중요하다고 생각하십니까? 그들이 당신의 우선순위 가운데 첫째 자리를 차지합니까? 마태복음 12장 46~50절에 나타난 사건을 생각해 보십시오. 어떤 사람들은 예수님께서 즉시 군중들을 해산시키고 그의 가족들과 애기하려고 만나러 갈 것으로 확신했습니다. 그러나 예수님의 반응은 어떠했습니까?

예수님은 청중들 앞에서 "누가 내 어머니이며 내 동생들이냐?"고 물으셨습니다. 어리둥절해하는 사람들 앞에서 제자들을 가리키면서 "나의 어머니와 나의 동생들을 보라 누구든지 하늘에 계신 내 아버지의 뜻대로 하는 자가 내 형제요 자매요 어머니이니라"고 말씀하셨습니다. 본문에서 예수님이 말씀하신 것의 의미를 적어 보십시오!

____

____

예수께서 무리에게 말씀하실 때에 그의 어머니와 동생들이 예수께 말하려고 밖에 섰더니 한 사람이 예수께 여짜오되 보소서 당신의 어머니와 동생들이 당신께 말하려고 밖에 서 있나이다 하니 말하던 사람에게 대답하여 이르시되 누가 내 어머니이며 내 동생들이냐 하시고 손을 내밀어 제자들을 가리켜 이르시되 나의 어머니와 나의 동생들을 보라 누구든지 하늘에 계신 내 아버지의 뜻대로 하는 자가 내 형제요 자매요 어머니이니라 하시더라

(마태복음 12:46-50)

다른 방식으로 표현할 수도 있겠지만 예수님이 말씀한 주된 의미는 그리스도 안에 있는 형제나 자매는 우리의 가까운 혈족인 어머니, 아버지, 형제, 자매만큼 중요하다는 것입니다. 당신이 하나님의 자녀가 될때, 당신은 하나님 가족의 일원이 되었습니다. 예수의 피로 한가족이 되었습니다. 당신과 같은 핏줄을 나눈 형제들간에 물건을 나눠 쓰는 것이나 서로에 대한 의무를 생각해 보십시오! 당신은 가족을 위해 무슨 일을 합니까?

____

____

아마도 당신은 다음과 같은 것들을 쓸 수 있을 것입니다. 늙으신 부모님을 돌보는 것, 직장이 없는 형제자매를 경제적으로 돕는 일, 형제나 자매가 휴식할 수 있도록 조카들을 돌봐 주는 것, 병든 부모나 형제자매를 돌보는 일들이 그것입니다. 이제 그것에 대해 생각해 봅시다. 당신은 이 세상에서 육적인 가족관계는 아니지만, 영원히 살 영적인 가족인 그리스도인에서 형제나 자매들에게 위의 것과 동일한 일을 할 수가 있습니까? 만약 그렇지 못하다면 당신은 예수님이 마태복음 12장 24~50절에서 모범을 보이신 대로 당신의 가치관을 재조정할 필요가 있습니다. 자녀들은 부모가 가족에게 제한없이 쏟는 애정을 보고 사랑과 관심을 배우게 됩니다. 육체적 관계로부터 정신적인 관계를 배우게 되고 더 나아가 영적인 관계까지 배우게 되는 것입니다. 따라서 당신은 영적인 가족 안에서 서로 사랑하고 돌보는 법을 보고 배워야 합니다. 또 중요한 한 가지 사실은, 믿지 않는 사람들은 기독교인들의 변화된 관계와 모습을 심각하게 바라보고 있다는 것입니다.

어떤 교회에서 십대의 청소년들이 당장 100만원이 필요한 자기들 지체의 한 가정에 관해 알게 되었습니다. 일주일동안 그들은 그 가족을 돕기 위해 번 돈을 모아서 가까스로 21만원을 만들었습니다. 그 모은 헌금을 봉투에 넣어 그것을 그 집의 현관문에다 붙여 놓았습니다. 그리고 벨을 울린 후 숲속으로 숨어 버렸습니다. 그 집 어머니는 기독교인은 아니었지만 그들의 행동을 보고 너무 감격했습니다. 6개월 후 그 교회는 그 십대 청소년들의 선물에 대한 소문을 들은 두 개의 단체로부터 커다란 액수의 수표를 크리스마스 선물로 받았습니다. 그 돈을 어떻게 써야 될지를 물어봤을 때, 그 회사의 지배인은 다음과 같이 말했습니다. "당신같은 사람들에게 돈을 어떻게 쓰라고 말할 필요가 없습니다. 당신들은 진실로 하나님의 가족들입니다." 그렇습니다. 하나님의 가족들은 영적인 관계를 깊이 생각합니다. 우리들은 이땅에서 육체적인 관계 속에서 서로 얽히고 필연적인 관계를 맺으며 삽니다. 그러나 그 관계는 100년 안에 다 끝나는 관계입니다. 정말로 지혜로운 사람이라면 영원한 관계를 위해 더욱더 귀중히 여기게 될 것입니다.

이 건물의 벽돌은 처음 네 개를 구성한 것과 동일한 진리를 포함합니다. 하나님은 당신 가족을 포함해서 모든 사람, 모든 사물의 주인이십니다. 그것은 하나님의 가족은 당신의 가족만큼이나 중요하며, 당신이 어느 하나만을 더욱 관심 기울여 사랑할 수 없다는 것을 의미합니다. 그리스도의 몸을 사랑하십시오! 예수님은 우리를 위해 자신의 생명을 주기까지 사랑하셨습니다. 교회는 영원한 생명공동체입니다. 오늘부터 그리스도 안에 있는 형제자매들의 필요에 대해 관심을 갖기로 작정하십시오! 그리고 앞으로 그들의 필요를 발견하게 되면 다음과 같은 질문을 해 보십시오! "저 사람이 내 부모, 혹은 형제라면 어떻게 할 것인가?" 그렇게 사랑하십시오. 그것이 하나님의 사람들이 살아가는 거룩한 삶의 방식입니다.

교회의 유일한 존재 이유는 사람들을 그리스도께로 인도하고 그들을 작은 예수로 만드는 것이다. 교회가 이일을 하지 않는다면 모든 교회 전통도, 성직자도, 선교도, 설교도 심지어 성경 자체도 시간 낭비에 불과하다. 하나님이 사람이 되신 목적은 오직 이를 위해서다.

- C.S. 루이스

묵상하고 열매 맺기

1. 오늘 공부를 통해 당신이 깨달았거나 배워야 할 진리는 무엇입니까?

2. 주님의 사역자로 변화된 삶을 살기 위해 당신이 기억하고 적용해야 할 것은 무엇입니까? 특별히 교회와 나의 지체들을 위해 할 수 있는 당신의 결심을 적어 보십시오.

3. 변화된 삶을 위해 하나님께 드리는 기도를 하십시오.

다섯째 날 : 변화의 삶 총정리를 위한 지침

마태복음 5장에서 7장까지 읽으십시오!

한 개인이 갖고 있었던 세상적인 가치관을 버리고 기독교적인 가치관을 따라 생활하도록 만드는 것은 그리스도와의 개인적인 만남입니다. 예수님을 만나면 그의 가치관과 살아가는 방법이 변화되게 되어 있습니다. 신앙생활은 율법이 아니라, 사랑입니다. 신앙생활은 일이 아니라, 관계입니다. 주님과의 개인적이고 친밀한 관계를 기독교 윤리체계와 바꿔놓지 마십시오! 예수님 당시의 유대인들은 이같은 실수를 범함으로 영적인 부패에 빠졌습니다. 행복한 신앙생활을 하기 원한다면 내주하시는 그리스도와 친밀한 교제의 삶을 살아야 합니다. 그럴때 우리 안에 계신 성령님께서 매일 매순간마다 우리의 길을 인도하십니다. 성령님의 인도하심을 따라 주님과 영적으로 교제하는 삶을 살면 하나님 자녀의 풍성함과 하나님 사역자로 섬기는 깊은 감동을 경험하게 됩니다.

본 교재는 하나님 나라를 위한 주님의 사역자로서의 가치체계 형성을 위한 영적 지침서입니다. 나아가 하나님 자녀의 가치관과 말씀을 삶의 현장에서 적용하며 살도록 돕는 교재입니다. 하나님의 말씀은 살았고 운동력이 있어 사람을 변화시키는 능력을 갖고 있습니다. 성숙한 하나님 자녀로 변화하는 삶을 살려면 하나님의 뜻과 말씀을 바로 알아야 합니다. 지금까지 배운바대로 당신이 세상에 존재하는 가장 중요한 이유는 주님을 섬기는 일임을 기억하십시오! 그분께서 당신과의 관계를 새롭게 맺으신 것도, 다른 사람과의 관계도 새롭게 맺어 주신 것도 바로 이런 일들을 하도록 하기 위한 목적이 있는 것입니다. 주님께서 당신과 당신 가족, 그리고 당신이 가진 모든 소유물의 주인이십니다. 그분의 능력으로 그분을 위해 그분과 함께 당신이 상상하고 기대하는 일 이상의 놀랍고 위대한 일을 하게 될 것입니다. 어느 곳에서 그분의 일을 할 수 있을 것인지를 생각하십시오! 그곳은 사람들로부터 고립된 조용한 방안이 아니라, 당신의 가정, 교회, 직장 등 당신이 살아가고 있는 삶의 현장이어야 합니다.

오늘 읽은 성경말씀의 분량이 너무 많다고 생각하십니까? 이전에 공부했던 구절들에 비하면 그럴수도 있습니다. 그러나 읽는 시간으로 생각하면 그리 많지도 않습니다. 오늘 당신이 읽은 성경 본문은 모든 가치를 하나로 결합시키는 방향을 제시하고 있습니다. 그안에는 당신이 여러날 동안 공부해 온 가치형성에 대한 작업을 당신의 남은 일생 동안에 계속해 나갈 수 있도록 도움을 주는 말씀이 들어 있습니다. 이제 이 모든 것을 기초로 하여 당신 인생이 진정한 사역자의 삶, 하나님이 원하시는 삶이 되도록 내재하신 그리스도께 순종하며 성경적 가치관을 실천해 나가는 작업을 하셔야 합니다. 말씀의 앎이 말씀의 삶이 되어야 합니다.

예수님은 약 이십분동안 오늘 읽은 본문의 말씀을 가르치셨습니다. 놀라운 사실은 실제로 그가 말씀하시려 했던 모든 기독교적 가치관이 단 한번의 설교에 포함되어 있다는 것입니다. 그는 삼십분 동안 설교하셨고, 그것을 제자들에게 본을 보이는데 삼년이 걸렸습니다. 마태복음 5~7장을 몇 주동안 생각해 보십시오. 심판, 미움, 살인에 대해서 예수님이 언급하신 내용을 깊이 생각하십시오. 간음, 이혼, 맹세, 복수에 대한 그의 가르침을 생각하십시오! 제자들에게 가르치신 기도의 본문을 묵상하십시오! 산상설교의 끝에 나오는 두 가지 길, 두 가지 열매, 두 사람의 건축자에 대한 비유를 깊이 생각해 보십시오! 주님과 교제하는 시간은(알티=큐티) 평생을 두고 계속해야만 하는 일입니다. 당신이 하나님의 사역자로 섬기는동안 주님의 음성을 듣고 따르는 것은 필수적인 것입니다. 아래 말씀을 읽어보십시오.

"주인이 와서 (　　　　　) 것을 보면 그 (　　　)은 (　　　)이 있으리로다 내가 진실로 너희에게 이르노니 (　　　)이 (　　　)띠고 그 (　　　)을 자리에 앉히고 나아와 (　　　)들리라" (눅 12:37)

이제 「변화의 삶」 양육 훈련을 마무리를 하면서 공부과정이 당신의 삶에 어떤 영향을 미쳤는지 생각해 봅시다. 본 교재는 당신이 하나님의 사역자 가치관으로 변화되어 하나님의 자녀로의 축복을 누리도록 돕는 것입니다.

1. 이제 당신은 자신의 가치관에 대해 얼마나 알게 됐습니까?

잘 안다　　　　　　약간 안다　　　　　　잘 모르겠다

A··················B··················C··················D··················F

2. 당신의 가치관은 본 훈련을 하기 전에 비해 하나님이 원하시는 만큼 변화했다고 생각하십니까?

아주 많이　　　　　　어느 정도　　　　　　별 차이 없다

A··················B··················C··················D··················F

3. 당신의 삶 중 어느 분야의 가치관이 가장 많이 변했는지 설명해 보십시오! 그리고 그 중의 한 가지를 구체적으로 예를 들어보십시오!

____

____

4. 하나님이 기뻐하시려면 당신의 어떤 가치관이 재구성될 필요가 있다고 생각합니까?

____

5. 지난 공부 기간을 자세히 돌아보십시오! 당신의 영적 생활에서 가장 큰 승리는 무엇이었습니까? 그리고 한 가지 구체적인 예도 들어 보십시오!

6. 가장 큰 패배는 무엇이었습니까? 구체적인 예도 들어 보십시오!

당신 삶의 성공과 실패에 대해 하나님께 감사하십시오! 하나님은 이 두 가지를 사용하여 하나님의 형상대로 당신의 가치관과 삶을 재구성하시도록 기대하십니다. 어떤 신학자가 한 말을 꼭 기억하십시오. "내가 무엇인가는 신이 내게 베푼 선물이고, 내가 무엇이 되는가는 내가 신에게 드릴 선물이다."

"그런즉 누구든지 그리스도 안에 있으면 새로운 피조물이라 이전 것은 지나갔으니 보라 새 것이 되었도다" (고후 5:17)

"내가 그리스도와 함께 십자가에 못 박혔나니 그런즉 이제는 내가 사는 것이 아니요 오직 내 안에 그리스도께서 사시는 것이라 이제 내가 육체 가운데 사는 것은 나를 사랑하사 나를 위하여 자기 자신을 버리신 하나님의 아들을 믿는 믿음 안에서 사는 것이라" (갈 2:20)

복음은 결코 위대한 설교자에 의해서가 아니라
복음을 삶으로 보여준 무명의 사람들에 의해서 지켜졌다.

- 밥 로버츠

묵상하고 열매 맺기

1. 오늘 공부를 통해 당신이 깨달았거나 배워야 할 진리는 무엇입니까?

2. 주님의 사역자로 변화된 삶을 살기 위해 당신이 기억하고 적용해야 할 것은 무엇입니까?

3. 변화된 삶을 위해 하나님께 드리는 기도를 하십시오.

변화의 삶 암송구절

단원	말 씀	내 용
2단원	막 10:44-45	너희 중에 누구든지 으뜸이 되고자 하는 자는 모든 사람의 종이 되어야 하리라 인자가 온 것은 섬김을 받으려 함이 아니라 도리어 섬기려 하고 자기 목숨을 많은 사람의 대속물로 주려 함이니라
3단원	엡 5:1-2	그러므로 사랑을 받는 자녀 같이 너희는 하나님을 본받는 자가 되고 그리스도께서 너희를 사랑하신 것같이 너희도 사랑 가운데서 행하라 그는 우리를 위하여 자신을 버리사 향기로운 제물과 희생제물로 하나님께 드리셨느니라
4단원	막 9:35	예수께서 앉으사 열두 제자를 불러서 이르시되 누구든지 첫째가 되고자 하면 뭇 사람의 끝이 되며 뭇 사람을 섬기는 자가 되어야 하리라 하시고
5단원	눅 12:15	그들에게 이르시되 삼가 모든 탐심을 물리치라 사람의 생명이 그 소유의 넉넉한 데 있지 아니하니라 하시고
6단원	마 6:20-21	오직 너희를 위하여 보물을 하늘에 쌓아 두라 거기는 좀이나 동록이 해하지 못하며 도둑이 구멍을 뚫지도 못하고 도둑질도 못하느니라 네 보물 있는 그 곳에는 네 마음도 있느니라

단원	말 씀	내 용
7단원	빌 4:19	나의 하나님이 그리스도 예수 안에서 영광 가운데 그 풍성한 대로 너희 모든 쓸 것을 채우시리라
8단원	롬 1:16	내가 복음을 부끄러워하지 아니하노니 이 복음은 모든 믿는 자에게 구원을 주시는 하나님의 능력이 됨이라 먼저는 유대인에게요 그리고 헬라인에게로다
9단원	히 13:16	오직 선을 행함과 서로 나누어 주기를 잊지 말라 하나님은 이같은 제사를 기뻐하시느니라
10단원	마 18:15	네 형제가 죄를 범하거든 가서 너와 그 사람과만 상대하여 권고하라 만일 들으면 네가 네 형제를 얻은 것이요
11단원	고전 3:16	너희는 너희가 하나님의 성전인 것과 하나님의 성령이 너희 안에 계시는 것을 알지 못하느냐
12단원	요 4:35 (하반절)	나는 너희에게 이르노니 너희 눈을 들어 밭을 보라 희어져 추수하게 되었도다

요단 사역정신

"그러므로 너희는 가서 모든 민족을 제자로 삼아 아버지와 아들과 성령의 이름으로
침(세)례를 베풀고 내가 너희에게 분부한 모든 것을 가르쳐 지키게 하라
볼지어다 내가 세상 끝날까지 너희와 항상 함께 있으리라 하시니라"

1. For God and Church
   하나님의 영광과 그의 몸 된 교회의 영적 성장과 성숙을 위한 도서를 엄선하여 출판한다.
2. Prayer-focused Ministry
   기획 • 편집 • 제작 • 보급의 전 과정을 기도 가운데 진행한다.
3. Path to Church Growth
   건강한 교회를 세우는 축복의 통로로 섬긴다.
4. Good Stewardship and Professionalism
   선한 청지기와 프로정신으로 문서 사역에 임한다.
5. Creating a Culture of Christianity by Developing Contents
   각종 문화 컨텐츠를 개발함으로 기독교 문화 창달에 기여한다.